역사로 읽는
조선 vs 일본
무역 전쟁

역사로 읽는 조선 vs 일본 무역 전쟁

발행일	2020년 12월 4일		
엮은이	전호훤		
펴낸이	손형국		
펴낸곳	(주)북랩		
편집인	선일영	편집	정두철, 윤성아, 최승헌, 배진용, 이예지
디자인	이현수, 한수희, 김민하, 김윤주, 허지혜	제작	박기성, 황동현, 구성우, 권태련
마케팅	김회란, 박진관, 장은별		
출판등록	2004. 12. 1(제2012-000051호)		
주소	서울특별시 금천구 가산디지털 1로 168, 우림라이온스밸리 B동 B113~114호, C동 B101호		
홈페이지	www.book.co.kr		
전화번호	(02)2026-5777	팩스	(02)2026-5747
ISBN	979-11-6539-505-6 03910 (종이책)		979-11-6539-506-3 05910 (전자책)

이 도서의 국립중앙도서관 출판예정도서목록(CIP)은 서지정보유통지원시스템 홈페이지(http://seoji.nl.go.kr)와 국가자료공동목록시스템(http://www.nl.go.kr/kolisnet)에서 이용하실 수 있습니다. (CIP제어번호: CIP2020051180)

(주)북랩 성공출판의 파트너

북랩 홈페이지와 패밀리 사이트에서 다양한 출판 솔루션을 만나 보세요!

홈페이지 book.co.kr • **블로그** blog.naver.com/essaybook • **출판문의** book@book.co.kr

고려 이전부터 조선 후기까지
무역의 관점에서 풀어 쓴 한일관계사

역사로 읽는 조선 vs 일본 무역 전쟁

전호훤 엮음

북랩 book Lab

머리말

5천 년 역사를 가진 한민족이 지금과 같이 오랫동안 분단된 적은 없었다. 머지않아 한국은 통일을 이룩한 후, 용틀임의 시대를 맞이할 것이다. 세계적 미래학자 폴 케네디도 아시아·태평양 시대에 한국이 중심에 설 것이라고 예측하지 않았던가!

필자는 조선이 500년의 장구한 역사를 가진 국가였음에도 구한말에 왜 그렇게 무기력하게 무너졌을까, 하는 의문을 가진 바 있다. 5년 전에 『간도의 역사』를 출간하여 우리 민족이 북방의 위협과 강역문제에 어떻게 대응했는지 살펴보았지만, 이제 남방의 위협에는 또 어떻게 대응했는지 알고자 본서 『역사로 읽는 조선 vs 일본 무역 전쟁』을 내놓게 되었다.

이 책은 방대한 『조선왕조실록』에서 일본 관련 부분을 발췌하여 조선과 일본의 관계사를 정리한 것이다. 그러나 역사적 중요 사건을 전후로 해서는 『일본사기』를 비롯하여, 『해동제국기』, 『근세 한일 관계사료집』 등의 사료를 참고하여 설명을 추가했다. 시기적으로는 조선 이전 시대의 역사적 개관을 거쳐 조선 전기, 임진왜란 전후, 조선 후기를 포함한다.

19세기 말 서세동점의 시대에 중국·조선·일본은 모두 같은 유교 문화권이었음에도 각기 상이한 근대화의 단계를 거쳤다. 그 결과 오랫동안 수구적이었던 중국과 조선은 가장 먼저 근대화를 달성한 일본으로부터 굴욕의 역사를 겪었다. 조선이 자기개혁에 실패하고, 외세에 제대로 대응하지 못해 식민지로 전락하자, 일제의 사학자들은 한민족이 자립능력이 없고 분열성이 강해 외부의 지배가 필요하다고 주장했다. 그러나 역사 서술은 그렇게 될 수밖에 없었던 사회적·객관적 설명이 선행되어야 하는 게 아닌가?

역사란 무엇인가? 그것은 현재의 우리가 과거 세대와 끊임없이 대화하고 호흡함으로써 당대의 시대를 이해해 가는 과정일 것이다. 우리가 만약 과거의 역사를 그저 단편적으로 이해하고 그친다면 현대에 사는 우리는 아무런 교훈도 얻지 못할 것이다. 그러나 우리가 치열했던 당대의 현장을 이해하고 시대정신을 체험할 수 있다면 우리는 미래에 대응할 수 있는 교훈을 얻을 수 있을 것이다.

이 책을 발간한 목적은 만약 한일 관계사를 중국, 일본의 중요한 역사적 사건과 비교하여, 편년체 방식으로 설명한다면, 일반대중에게 보다 널리 알려지는 데 도움이 되지 않을까, 하는 기대에서였다.

이제 『조선왕조실록』을 중심으로 조선의 통치자들이 국가적 문제를 놓고 논쟁했던 정책 결정과정을 생생한 목소리로 들어보자. 이 과정에서 우리는 조선의 역사가 그렇게 될 수밖에 없었던 이유를 이해할 수 있을 것이다. 우리가 '자강불식'의 시기에는 주변국과 우호관계를 유지할 수 있었지만 약해지면 피해가 있었다는 것을 알 수 있다. 인류 역사상 국가 간에는 영원한 동지나 영원한 적이 없었다. 냉혹한 현실의 세계에서는 오로지 생존과 번영의 논리만이 있었을 뿐이다. 그렇다면 다가오는 아시아·태평양 시대의 미래를 위해 우리 세대는 무엇을 해야 할까? 이제 한민족의 역량을 결집시켜 보다 밝은 미래를 맞이해야 할 시간이 되었다.

이 책을 통해 조선과 일본의 과거 역사를 이해하고 시대적 소명을 이해하게 되었다면 감사한 일이라 하겠다.

2020년 12월 청계산 연구실에서

정치학 박사 전호원

목차

머리말 / v

I. 고려 이전, 일본과의 관계

1. 가야, 백제, 신라와 일본과의 관계 / 2

2. 고려와 일본과의 관계 / 11

II. 조선 전기, 일본과의 관계

1. 조선 초기 / 16

2. 기해동정 / 26

3. 계해약조 / 53

4. 3포왜란과 임신약조 / 100

5. 사량진왜변과 정미약조 / 137

6. 을묘왜변 / 153

III. 임진왜란, 정유재란

1. 통신사 파견 / 170
2. 임진왜란 / 180
3. 정유재란 / 202

IV. 조선 후기, 일본과의 관계

1. 정묘, 병자호란과 북벌론 / 216
2. 울릉도(죽도), 북간도 쟁변 / 239
3. 문호 개방 전후 / 260
4. 강화도 조약과 한일합방 / 266

참고문헌 / 284
주석 / 285

I.

고려 이전,
일본과의 관계

1. 가야, 백제, 신라와
일본과의 관계

신석기 시대의 일본 열도에는 동남아에서 건너온 '조몬인'이 살고 있었다. 2012년 11월 1일 일본 산케이 신문에 발표된 「게놈 분석에 따른 일본인의 유전계통 개념도」 연구에 의하면 기원전 3~5세기에 한반도에서 '도래인'이 규슈 서북부와 혼슈 서북단으로 들어왔다고 했다. 도래인들은 조몬인과 혼혈이 되어 '야요이인'들이 되었는데, 도래인과 혼혈되지 않은 조몬인의 유전자형은 현재 홋카이도에 남아 있다는 것이다.

그렇다면 유적을 통해 한반도와 일본의 역사를 확인해 보자. 일본의 후쿠오카 일대는 가라 가야의 유적과 유물이 산재해 있다. 특히 이이모리 유적에서는 야요이 시대의 옹관묘 6백기를 발굴했는데 모두 김해식 옹관묘로 확인됐다.[1] 또한 규슈 북부, 서부 지역의 옹관묘 양식은 중국과 한반도 서남부 유적과 같아, 나주 영산강 유역의 마한세력도 비슷한 시기에 일본열도로 진출한 것으로 보인다.² 요시노가리 유적에서도 가야 유물과 같은 토기, 동검, 곡옥 등이 출토됐으며 규슈에서는 파형동기가 출토되었는데, 이는 김해 대성동 13호분에서 출토된 것과 비슷했다.³

『일본서기』 신대 이야기에 일본의 시조 '소잔오존'이 고천원에서 출운국의 파천 상류로 하강하였다고 했는데, 고천원은 경남 고령, 출운국은 일본 도근현 동부지방으로 이해되고 있다.⁴ 또한 임나는 금관국(가락국)의 별칭이었다. 가야 국가들의 맹주국을 '님나라'라고 불러 임나가 된 것이다. 초기의 맹주국은 금관가야였으므로 임나는 금관가야를 뜻했다.⁵ 그래서 '야마토'는 고령의 가락국을 선조들의 모국으로 인식해 '임나가라'가 신라로부터 공격을 당한 때에는 지원군을 파병했던 기록이 있다.⁶

『한서』〈지리지〉에 기원전 1세기경, 왜에는 100여 개의 소국이 있었다고 했으며 『삼국지』〈위지 동이전〉에도 왜에는 100여 개의 부족국가가 있었다고 했다. 그러나 『위지 왜인전』에는 서기 18년에 비류백제 계통의 백가 무리가 규슈 원주민을 정복한 후, 비류백제 왕실 자제들이 7개 담로주를 통치했다고 기록했다.⁷ 『일본서기』 신대 상기에 '담로주를 모태로 일본을 낳았다'라는 것은 백제인이 세운 담로가 일본 혼슈, 규슈 연안과 대마, 일기도에 있었다는 것을 의미한다.

이와 같이 지역마다 부족국이 난립하다가 비류백제 세력이 규슈에 진출해 담로국, 쿠나국을 만들자,⁸ '야마토'는 나라 지역으로 이동하면서 여러 부족국들을 차례로 정복해 나갔다. 최근 발굴된 유적과 『일본서기』 기록은 시기적으로 많은 차이를 보이지만,[9] '야마토'가 규슈를 떠나 나라지역으로 북상해 갔던 과정은 『일본서기』 신무천황 대의 기록과 유사하다. B.C. 86년에 제10대 숭신천황은 "짐이 복종하지 않는 사람을 쳤다. 기외는 이미 귀화하였으니 인민의 호구를 조사하라"라고 명하였다.[10] 그래서 숭신천황을 국토의 최초 지배자라는 뜻의 '어조국천황', 즉 '야마토' 왕국의 초대 왕으로 이해된다.[11] 서기 110년과 126년에 토착원주민 '하이족'이 소동을 일으켜 군사를 일으켜 치자, 하이족의 족장 족진변이 그 땅을 모두 바쳐 동국이 오랫동안 무사하였다고 했다.[12] 이와 같이 '야마토'는 토착 원주민을 차례로 복속시켜 규슈 서북부, 혼슈 중부까지 장악해 나갔다.

그런데, 신공황후 대에 와서 '야마토'는 정변을 겪었다. 서기 200년 2월에 제14대 중애천황이 신라를 정토하라는 신탁을 무시한 채 웅습을 정벌하려고 축자에 갔다가 그곳에서 급사했다. 이때 신공황후와 대신 무내숙네는 천황의 죽음을 감추고 천하에 알리지 않았다.[13] 황후가 4인의 대신에게 천황의 상을 비밀리에 치르게 했다. 그리고 신공황후는 웅신천황을 출산한 후, 69년간 섭정을 통해 신라를 공격하였고, 백제와는 친교 관계를 수립했다.

제15대 웅신천황 시기에는 많은 백제인들이 도래했다. 283년에는 궁월군이 백제에서 와서 "인부 120현(縣)을 이끌고 귀화하려 했으나, 신라인이 방해하여 가라국에 머물러 있다."라고 말했다. 285년 2월에 왕인 박사가 도착해, 태자 토도치랑자의 스승이 되었

다.[14]

399년 백제는 가야, 왜 병력을 앞세워 신라를 쳐, 신라 서부 일부지역을 점령하려 했다. 이에 신라는 고구려에게 구원을 요청했고, 400년에 광개토대왕이 5만 명의 병력을 동원해 신라를 구원했다. 고구려군은 가야·왜 연합군을 강타해 낙동강 하류 유역까지 추격했다. 이때에 큰 타격을 입은 금관가야 세력이 일본 규슈로 이동하자, 광개토대왕은 대마도의 임나가라까지 추격한 후 일본열도로 진격했다. 〈광개토대왕비문〉에는 "서기 400년(영락10년) 3가라(대마도의 좌호·인위·계지)가 고구려에 귀속되어 바다와 육지가 모두 임나에 통합되어 10국으로 나눠 다스리고 이름을 연정이라 했다. 연정은 고구려 직할이라 광개토대왕의 명령 없이는 자의적으로 행할 수 없었다."라고 했다.

그러나 408년 2월에 왜가 대마도에 병영을 설치하자, 『삼국사기』 신라 18대 실성왕 7년조에 가락국과 신라는 같이 근심하였다고 했다. 이때에 이사금 실성이 대마도를 정벌하려 하자, 미사품이 "험한 곳에 관문을 설치해 그들이 오면 막고, 유리할 때 나가 사로잡는 것이 좋다"라고 간언해 출병을 중지했다. 이후부터 대마도는 왜의 전진기지가 되었다.[15]

이후 야마토 왕조는 제20대 안강천황 이래 골육상쟁의 정변을 겪었다. 그리고 458년에는 야마토 후궁에서 백제계 지진원의 간통사건이 발생하자, 웅략천황은 백제에서 다시 여자를 보내도록 하였다. 과거 백제 전지왕과 비유왕 때에 백제왕녀를 바쳤던 전례가 있었기 때문이다. 그러나 461년 개로왕은 "옛날에 여자를 바쳐 채녀로 삼았다. 그러나 예의가 없어 나라 이름을 실추시켰으니 지금부터는 여자를 바치지 않는 것이 옳겠다" 하였다. 그리고 그의 아우 군군[곤지]에게 "네가 일본에 가서 천황을 섬겨라"라고 하였다. 이때 개로왕은 일본을 다스릴 임금을 만들기 위해 임신한 후궁을 보냈는데, 부인이 축자의 각라도에서 아이를 낳았다. 이에 곤지가 도군을 백제로 돌려보내 나중에 무령왕이 되었다. 이후 일본으로 건너갔던 곤지는 15년간 관서지방의 하내에서 백제계 호족들을 단합시켜 백제의 지원세력이 되도록 활동했다.

475년 고구려의 남진 정책으로 한성백제가 함락되었다. 개로왕이 죽고, 새로 문주왕이 즉위했으나 병관좌평 해구가 일으킨 정변으로 시해되었다. 해구가 13세의 삼근왕을 옹립했으나 3년 후에 한성백제의 귀족 출신 진씨 세력에 의해 다시 의문사를 당해 동성왕이 즉위했다. 이 무렵『일본서기』479년 4월 웅략천왕은 곤지의 다섯 아들 중 둘째인 말다왕(동성왕의 다른 이름)이 어린데도 총명하므로 친히 머리와 얼굴을 어루만지며 은근하게 훈계하고, 축자국의 군사를 보내 나라까지 호송했다는 기록이 있다. 그러나『백제신찬』에는 말다왕이 무도하여 백성들에게 포악한 짓을 하므로 국인(백제 지배층)이 함께 제거해 무령왕이 즉위했다고 했다.[16] 동성왕과 무령왕은 모두 곤지의 아들(이복형제)인데, 동생인 동성왕이 먼저 즉위한 것이므로 무령왕 측에 의한 정변일 가능성도 있다.

현재 일본의 국보인 인물화상경은 503년 무령왕이 게이타이 천황에게 보낸 것으로 고증되었다. 여기에는 "계미년(503년) 8월 대왕의 연간에 남동생인 왕을 위하여 사마께서 아우님의 장수를 염원하여 보내는 것이다"라고 적혀 있다. 화상경을 보낸 사람은 사마왕 즉, 무령왕이고 503년 천황은 게이타이 천황이므로 이들은 친형제라 했다.[17] 곤지는 일본말로 게이타이, 계체이므로 제17대 계체천황과 관련이 깊다.

475년 한성백제가 함락되었을 때, '야마토'에서 한성백제 유민을 받아들이자, 이들은 백제계 호족 소가 씨를 도와 정치, 군사, 재정, 각종 분야에서 활약하였다. 559년에 신라는 가야연맹 6개국을 멸망시키고 562년에 대가야와 가라국, 안라국, 임례국 등을 복속하였다.[18] 이때에 일본의 흠명천황은 신라가 임나를 멸망시킨 것에 대해 선조들의 고향을 상실한 비통함으로 분개하였다.[19] 이후 583년에 민달천황은 비록 실행에 옮기지는 못했으나 임나 재건의 꿈을 포기하지 않았다.[20]

가야연맹 6개국의 멸망 후에 많은 가야인들이 일본 열도로 이주했다. 이후 아스카 시대에 불교문화가 개화되면서 백제계 호족 소가 씨는 일본황실과 인척 관계를 맺어 5대에 걸쳐 실권을 행사했다. 그러나 나카노오에 황태자(훗날 천지천황)가 645년에 정변을 일으켜 소가 씨가 멸문되었다.[21] 나카노오에 황태자는 수도를 나니와로 천도한 뒤, 646년에 천황을 중심으로 하는 중앙집권의 '다이카 개신'을 단행했다.[22] 이 무렵 647년에 신라의 김춘추는 왜를 백제와 분리시키고자, 일본으로 건너가 교섭을 했다. 하지만 백제계 호족과 통혼 관계였던 나카노오에 황태자가 실권을 잡으면서 실패로 돌아갔다.

서기 660년 7월에 나당 연합군이 백제를 공격해 사비성이 함락되었다. 이에 제명천황은 장군들에게 명령하여 군대를 파견하도록 명하였다.[23] 663년 왜국은 백제부흥군을 지원하기 위해 2차례에 걸쳐 3만 2천 명 이상의 대군을 파병했으나, 전멸에 가까운 타격을 받았다. 당시 파병은 일본의 국력을 총동원한 원정이었으나, 주류성이 함락되자 백제의 국인들이 "주유가 항복하였다. 사태가 어찌할 수 없게 되었다. 백제의 이름은 오늘로 끊어졌다. 이제 조상의 분묘가 있는 곳을 어떻게 갈 수 있겠는가? 테례성에 가서 일본 장군들과 만나 무엇을 어떻게 해야 할지 의논하자."라고 말하였다. 그리고 먼저 침복기성에 가 있던 처와 아이들에게 나라를 떠나가려 한다는 마음을 알렸다.[24] 이때 테례성에서 출항한 인원은 5,500명 이상으로 추정된다.[25]

일본은 백강 전투에서 패배한 후, 대마도, 일기도, 축자국에 징발된 병사와 봉화를 두었으며, 축자에는 큰 제방을 만들고 물을 모아 가둔 수성을 축조했다.[26] 그리고 야마토 조정은 백제의 유민을 수용하면서, 60여 명을 일본의 중앙 관료로 영입했다.[27] 664년 2월 9일 천지천황이 관위를 26개로 개편하도록 대황제(훗날의 천무천황)에게 명해, 649년 조정의 관위 19계제를 26계체로 확대해 중하급 관인의 수를 대폭 증가시켰다.[28]

『일본서기』에는 666년 겨울에 경도의 쥐들이 근강으로 옮겨갔다는 기록이 있다.[29] 이 같은 표현은 가야계의 합의를 얻지 못한 천도를 이렇게 표현한 것이다. '야마토' 기존 세력들은 백성들이 천도를 원하지 않아 간하는 자가 많았다고 기록했다. 천지천황은 665년부터 근강에 백제인 4백 명이 이주해 살았는데, 추가로 백제 망명인 2천여 인을 동국에 살게 한 후, 667년 3월에 귀족들의 반대를 무릅쓰고 근강국 대진경으로 천도했다.[30] 즉 백제 망명인들을 중심으로 국내체제를 정비한 것이다. 근강국의 대진궁은 공격을 받기 쉬운 해안에서 멀리 떨어져 있고, 동국, 북륙과 연결되는 요지였기에 긴박했던 국제정세에 대응하려는 목적도 있었다. 또한 669년에도 백제부흥군 좌평 여자신과 귀실집사 등 남녀 7백여 인을 근강국 포생군에 거주하게 했다.[31]

670년에 이르러 왜는 신라와 관계를 단절하고 국호를 일본으로 바꾸었다.[32] 중국의 〈구당서〉 '동이전'에 왜가 일본으로 국호를 바꾼 배경을 다음과 같이 설명했다. "일본국은 왜의 다른 칭호다. 그 나라가 해의 가장자리에 있다고 이름으로 하였다. 혹자는 왜국이 스스로 그 이름이 우아하지 못한 것을 싫어해서 일본으로 고쳤다"라고 하였다. 왜국으로 넘어간 백제 유민들이 지도층이 되면서 스스로를 '야마토'와 다르다고 인식하여 일본을 정식 국호로 사용했을 가능성이 있다.

665년부터 신라는 당과 전쟁하는 동안 일본과 국교를 정상화하였다. 그러나 『해동제국기』 기록에는 720년에 신라가 일본 서쪽 변방을 쳤으며, 731년에도 동해안에서 일본 병선 300척을 격퇴했다

고 했다. 742년에 신라는 일본 사신을 받아들이지 않고, 753년에
도 사신이 예의가 없다며 왕이 접견하지 않았다. 백제계 유민의
후손이 가장 번성했을 때는 제50대 간무천황 시절이다. 790년 간
무천황은 자신의 모계 혈통이 백제에 있다고 인식해,[33] 백제왕의
후손을 우대했다. 794년 간무천황이 교토로 천도한 후, 초기에는
천황의 통치가 이루어졌지만, 점차 귀족과 승려의 세력이 커지면
서 부패가 횡행했다. 12세기에 이르자, 무사집단이 중앙귀족의 권
력투쟁에 개입하였고 마침내 미나모또 요리토모가 승리해 1192년
가마쿠라 막부가 설치되었다. 막부는 부하 무사들을 각지의 군사
나 경찰, 토지관리 책임자를 임명하면서부터, 일본에는 천황을 중
심으로 한 교오토의 조정과, 쇼군을 중심으로 한 가마쿠라 막부
라는 두 개의 정권이 병존하기에 이르렀다.

2. 고려와 일본과의 관계

　고려는 고구려를 계승한다는 차원에서 국명을 고려라 했으나 실제는 신라를 계승하여 귀족 문벌정치와 호국불교가 계속되었다. 일본은 백제 패망 후에 백제 유민들이 일본으로 건너가 일본 지도층으로 편입됐기 때문에 신라에 우호적일 수 없었다. 937년 고려가 건국 이후 체제를 정비하고 일본에 국교를 요청했지만 일본은 거절했다. 939년, 940년에도 국교 관계를 요청했지만, 이후 30여 년 동안 양국의 공적인 통교가 없었다.

　광종 23년(972)에 고려의 남경부사가 대마도에 도착하자, 이를 대재부에서 일본의 조정에 보고했다는 것과,[34] 2년 후인 광종 25년에 일본인 국아가 교역사로서 고려로부터 교역화물을 가지고 일본에 귀국했다는 사실이 있다.[35] 하지만 이후로도 오랫동안 양국의 교류가 없었다. 문종 10년(1056)에 등원뢰충 등 30인이 국사로서는 처음으로 금주(금해)에 건너온 일이 있을 뿐이다.[36] 문종

34년에 고려 례빈성에서 문종의 중풍 치료를 위해 일본에 의사파견을 의뢰하기도 하였다. 이때 일본정부는 조정의 의론에 붙여 검토하였으나 "치료의 효과가 없다면 일본에 욕되는 일이니 보내지 않는 것이 좋겠다"라고 반대하자, 보내지 않기로 하였다.[37]

더욱이 9세기 후반 신라 해적선이 일본 연안을 침탈하면서 더욱 배타적인 인식을 갖게 되었다. 1019년에는 여진족의 해적(도이)이 일본 연안에 침입하고 약탈한 사건이 발생했다. 당시 조정 권신이던 후지와라노 사네스케는 그의 일기 『소우기』에 당시 상황을 기록했다. 처음에 일본은 이들을 고려의 행위라고 의심했으나, 고려 수군에 의해 구조되어 돌아온 259인의 일본인이 고려의 모습을 증언하였다. 그럼에도 일본은 "신라는 국호를 고려로 바꾸었지만, 여전히 야심이 남아있을까 꺼려진다"라며 적당한 답례품을 주어 빨리 돌려보낼 방안을 검토했다.[38]

11세기 초 고려는 경제가 발전하면서 북방의 여진족들이 고려에 귀화하며 조공 회수가 급증하였다. 1073년(문종 27년)에 이르러 고려와 송나라의 무역이 성행하자, 일본 상인도 적극적으로 해외 무역에 나섰다.[39] 이때는 일본의 호상들이 고려왕에게 토산물을 진헌하면 고려왕이 회사하는 무역 형식이었다. 일본인 왕칙정과 송영년 등 42명이 나전·안교·칼·경갑·화병·수은·나갑을 바치며, 일기도 구당관도 33명을 보내 방물을 바치자, 고려는 이들이 뱃길로 개경까지 올 수 있게 허락했다.[40]

문종 29년 윤4월에 일본상인 18명, 6월에 12명, 7월에 59명 등이 와서 토산물을 바쳤으나 송상의 내왕과 비교하면 많은 차이가 있다. 그러나 헌종 이후 교역은 고려에서 여진 정벌, 이자겸의 난, 묘청의 난으로 저조하다가 13세기 말엽부터 1년에 2척의 진봉선을 파견해옴으로써 공무역이 재개되었다. 이때 고려는 대마도가 속주라는 인식으로, 대마도주에게 구당관이나 만호 관직을 내렸다.[41]

무역품을 보면 일본은 수은·유황·진주·향로·도검·감귤·채단 외에, 호초·단목·침향 등 남방 특산품도 있었다. 고려의 하사품은 인삼·사향·호표피·대장경 등이며, 송에서 수입한 약재·견직물·전적 등이었다.[42] 비록 국교 체결은 없었지만, 경상남도 김해에 무역관이 설치되면서 고려와 일본 다자이후 사이에 경제 교류가 진행되어 김해 일대엔 대마도인의 집단 거주지도 형성되었다. 1227년 왜구가 경남 해안을 약탈했을 때, 고려 조정이 일본에 항의했다. 이에 일본 다자이후는 관련자 90명을 처형하는 성의를 보였다. 그러나 1267년 쿠빌라이 칸이 일본에 입조를 요구하면서 양국 관계는 중단되었다. 1268년에는 쿠빌라이가 사절을 보내 입공을 촉구했으나 막부의 집정 호조 도키무네는 거부했다. 만약 쿠빌라이의 휘하로 들어간다면 가마쿠라 막부는 붕괴할 게 뻔했기 때문이다.[43] 1274년에 제1차 려몽 원정군이 함선 900, 병력 4만으로 침공했으나 원정군은 태풍으로 피해를 입고, 퇴각하였다. 1281년 제2차 원정도 동로군 함선 900과 병력 4만, 강동군 함선 3,500과 병력 10만이었으나 태풍으로 재차 실패했다.

가마쿠라 막부는 비록 전쟁에서는 승리했으나 통치력이 약화되었다. 그리하여 몽고군의 침입으로 생활 터전을 잃은 주민들이 왜구가 되어 약탈에 나섰다. 고려 말기의 왜구는 정규군 수준으로 왕성하여 강화의 교동과 예성강 어구까지 출몰해, 고려 조정은 천도를 고려하기도 했다.[44] 우왕 때는 재위 14년 동안 378회의 침입을 받았으나 이성계의 황산 대첩으로 왜구는 자취를 감췄다. 1380년 나세·최무선이 진포 해전에서 신병기인 화포를 활용해 왜선 500여 척을 대파하고 1389년 박위 장군은 대마도 원정으로 왜선 300여 척을 격파한 후, 고려인 포로 1백여 명을 찾아오기도 했다.

II.

조선 전기,
일본과의 관계

1. 조선 초기

　원나라가 망해 중원에서 쫓겨나면서, 요동지역에서는 '새로운 질서를 어떻게 설정하는가?' 하는 문제가 동북아에서 커다란 난제였다.

　1362년 징기스칸 시대의 명장 무칼리의 후손 '나하추'는 쌍성총관부를 탈환하기 위해 고려를 공격했으나 이성계가 이를 격퇴시켰다. 1370년 고려는 이성계를 동북면 원수로 삼아 동녕부와 요성을 함락시켜 고려 윤관 장군이 개척했던 공험진 이남의 '고려지경'을 수복했다. 그리고 "요·심 등지는 본래 우리나라 영토이니, 요하 이동의 본국 강토 내의 백성과 대소 두목관 등은 속히 와서 조회하라"라고 포고했다.[45] 1371년 윤3월 원의 요양행성 평장이던 유익은 '요양이 본래 고려의 땅'이라 하여 고려에 귀부할 것을 요청하였다. 그러나 고려는 국론을 확정 짓지 못해 고려의 강역으로 편입하지 못했다. 결국 유익은 금주·복주·개주·해주의 주민과 함께 명에 귀부하자, 명은 요하지역에 올량합 3위를 설치했다.[46]

1387년 나하추가 명에 투항하자, 명은 요동지역에 철령위 설치를 고려에 통고했다. 이에 고려 우왕은 공험진 이남의 '고려지경'을 상실할지 모른다는 위기감에서 요동정벌을 감행했으나 이성계의 위화도 회군으로 고려는 붕괴되고 말았다.

1392년 조선이 건국되자, 1395년 12월에 북방의 제종 야인들이 조선에 대거 귀화하였다.[47] 고려 공양왕 4년(1392) 이성계가 두만강 상류지역의 여진에게 공험진의 연고권을 내세워, "현재의 속빈, 실적먹, 몽골, 개양, 실련, 팔린, 안돈, 압란, 희자올, 올리인, 고리한, 노별 올적개 지역은 본래 본국의 '공험진' 관할지역이나 아직 귀부하지 않고 있으니, 앞서 귀부한 전례에 따라 요구조건을 모두 들어 줄 것이다."라고 포고했는데 그 결실이 나타난 것이다.

태조가 두만강 지역의 여진을 일시동인하자, 여진 추장 중에는 조선의 관직을 받거나 귀화한 자가 늘어났다. 당시는 요동에 대한 지배력이 애매한 상태에서, 만약 여진이 조선에 귀순하게 되면 요동은 조선의 세력권으로 변할 우려가 높았다. 이에 명 홍무제는 조선에게 귀화 여진을 돌려보내도록 압박하며 국경 폐쇄를 선언하였다. 그리고 "입으로는 신하라 일컫고 조공한다 하면서, 여진을 꾀여 압록강을 몰래 건넜으니, 만약 모든 사람을 돌려보낸다면 짐의 군사는 국경에 들어가지 않을 것이다."라고 위협하였다.[48] 이에 태조는 여진을 찾아 돌려보내며 "황제는 천하를 차지했지만, 우리 작은 나라를 책망하면서, 강제로 청구함이 한량이 없다. 지금 또 나에게 죄가 아닌 것을 책망하면서, 군대를 일으키겠다고 위협하

니, 이것이 어린아이에게 공갈하는 것과 무엇이 다르겠는가?"라고 했다.[49]

이 무렵 명은 조선 사신을 3년에 1회 정도만 방문하도록 배척하였다. 그리고 명 황제는 조선 사신의 꿇어앉음이 바르지 못하다고, 머리를 숙이게 하고 몽둥이로 쳐서 거의 죽게 되었다. 사은사 이염이 초죽음이 되어 요동에 이르렀으나 역마를 주지 않아 걸어서 왔다. 이후에도 명 홍무제는 조선이 보낸 표·전문에 명을 희롱하는 문구가 있다는 구실로 압박하였다. 명 홍무제는 "조선국왕이여! 나는 아직도 기운이 난다. 홍무 21년에 그대의 조그만 나라 군마가 압록강에 이르러 이 중국을 치려하였다. 지금 두 나라 사이에 수재가 농간을 부리는데, 정도전이란 자가 화의 근원일 것"이라고 지적하면서 변경에서 흔단을 내지 말도록 당부하였다.[50]

정도전이 요동에 대한 명의 지배권을 인정하지 않았기에 주원장은 정도전의 압송을 계속 요구했으며 조선 사신 3명을 참수하는 외교적 만행까지 저질렀다. 그러나 이방원이 사신으로 주원장을 직접 만나 고려의 북방정책과 결별하는 태도를 취해 명을 안심시켰다. 이후 이방원이 1차 왕자의 난으로 정도전을 제거하고 모화관을 세우면서 사대정책이 정착되었다.

1338년 일본에서는 무로마치 막부가 시작되었다. 가마쿠라 막부 말기에 고다이고 천황이 막부에 반발해 정변을 일으키자, 가마쿠라 막부는 아시카가 다카우지에게 정변 진압을 명령했다. 그러나 아시카가는 오히려 가마쿠라 막부를 멸망시키고 무로마치 막부를 개창했다. 이무렵 고다이고 천황이 교토를 탈출해 남조를 열고 슈고들에게 많은 권한을 허용하자, 막부도 슈고들에게 군사권, 경찰권, 소작세를 걷을 수 있는 권리를 내주게 되었다. 그래서 일본에는 대규모 영지를 가진 슈고 다이묘들의 연합정권이 출현해 남북조 시대가 시작되었다.

막부가 개창된 뒤, 1374년 제3대 쇼군 요시미쓰는 슈고 다이묘의 세력을 억제하고 막부의 권위를 확립시킨 후, 명에 사절단을 파견했다. 그러나 명나라는 천황의 신하인 쇼군과는 통교할 수 없다고 하여 결실을 보지 못했다. 과거 원나라는 중동까지 무역이 활발했으나 명나라는 '해금령'을 내려 해상무역을 금지하자, 동아시아에는 조공책봉 국가 간의 공무역만이 존재했다.

1380년 쇼군이 '일본국 정이장군 요시미쓰' 명의로 교섭했으나, 명나라는 왜구의 약탈을 책망하면서 외교관계를 단절하였다. 1392년에 막부는 남조 천황의 후예를 북조의 황태자로 인정해 전국적 실권을 가진 정권이 되었다.[51] 이후 쇼군 요시미쓰는 1394년에 9살의 요시모치에게 쇼군 직을 물려주고 출가해 사찰에 있으면서 막후에서 실권을 행사하고 있었다.

1392년 11월 태조 이성계는 승려 각추를 막부에 보내 왜구의 금압과 피로인의 귀환을 요청했다. 이에 요시미쓰는 승려 수윤을 회답사로 파견해 피로인 100명을 송환하며, 조선의 요구를 수용하겠다는 의사를 밝혔다. 1395년 4월 일본 살마수 총주 등이구, 중이집원 태수 등원뇌구가 피로인을 돌려보내고, 7월에 구주절도사 원요준이 피로인 570인을 돌려보냈으며, 대내전도 토산물을 헌상하고 왜구를 금압하겠다고 약속하며 대장경을 요청했다.

일본 각지에 왜구 금지를 약속하고 포로들을 돌려보내면 조선이 대장경을 비롯한 선물을 내린다는 사실이 알려지자, 큐슈, 이키, 하까다의 유력자들은 왜구 금압을 내세워 조선과 교섭에 나섰다. 조선은 왜구 통제가 우선이었기 때문에 쇼군 외에도 큐슈 탐제, 대내전, 소이전과 대마도, 이키, 마쓰우라 등 변경의 유력자, 하카다 상인까지 교섭하는 다원외교를 전개했다.

그러나 1396년에 왜적의 배 120척이 경상도에 침입하여 병선 16척을 탈취하고, 수군만호를 죽였으며, 동래·기장·동평성을 함락하였다. 8월에는 경상도 통양포의 병선 9척을 탈취하고, 영해성을 함락하였다. 10월에는 동래성에서 수군만호 윤형과 임식이 전사하였으며, 11월에도 울진현이 침략당했다.[52] 이때 조정에서는 이예를 외교사절로 파견하였는데, 그가 회례사 윤명을 따라 대마도, 이키, 혼슈를 오가면서 40년간 피로인 600명을 쇄환해 온 경험이 있었기 때문이다.

왜구의 피해가 계속되자, 태조는 1396년에 5도 병선으로 일기도와 대마도를 치게 하였다. 이 무렵 왜구 60척이 영해의 축산도에 이르렀는데, 계림부윤이 항복을 권하자, 항복한 구육이 조반에 나와 태조에게 숙배하였다. 1397년 4월에 왜구의 괴수 나가온이 24척을 거느리고 항복을 청하였다. 이때 귀화했던 항왜인이 배반하고 도망하자, 좌정승 조준은 대마도 수호 이대경에게 투항했다가

병선을 약탈해 간 상만호를 없애라고 대마도에 글을 보냈다.[53]

당시 대내전은 주방 지역을 본거지로 서일본의 대표적인 다이묘였다. 주방·장문·풍전·축전 4주를 총관하며, 6개국의 슈고를 겸해 군사가 제일 강했다. 대내전은 교토를 모방해 '서경도'로 불리던 야마구찌 현을 건설해 막부를 능가할 정도로 세력이 컸다. 그래서 대내전은 조선과 통교시 '대내다다량' 혹은 일본 관작 '좌경권대부'나 6개국 수호를 뜻하는 '6주목' 등으로 불렸다. 일본 '6주목' 의홍이 토산물을 바치자, 조선은 "크게 전함을 준비하여 화의 근원을 없애려 하나, 귀국에서 사자를 보내 도적을 금하려 하기에, 정지하니, 더욱 화호를 강구하오."라고 회답을 보냈다.[54]

1397년 12월 29일 일본관서도 구주탐제 원도진이 예물을 드리고 『대장경』을 구하였다. 구주탐제는 구주를 통치하던 막부의 기관이었다. 구주에는 막부에 대항하는 세력이 강해 구주탐제는 비전 주의 수호를 겸하고 축전, 박다에 거점을 두었기 때문에 이곳이 본거지였던 소이전과 항쟁관계였다.

1398년 태상왕이 박돈지를 일본 사신으로 보내 "우리 군관 사졸들이, '3도 왜구를 치게 하소서' 한다. 과인이 토벌하려 하나, 쇼군이 병권을 장악하여 3도 지경에 미치니, 들어가지 못하는 것이다. 쇼군이 어찌 삼도의 도적을 제압하지 못하는가?"라고 태조의 말씀을 전하였다. 이에 요시미쓰가, "제가 능히 제어하겠습니다." 하고, 군사를 보내 토벌하였으나 여섯 달이 되어도 이기지 못하자, 쇼군이 대내전으로 공격하게 하자, 적이 모두 항복하였다.

그해 7월 10일 일본 좌경대부 6주목 대내전(의홍)이 특산물을 바치면서 "나는 백제의 후손입니다. 나의 세계와 내 성씨를 알지 못하니, 모두 써서 내려주소서." 하고, 백제의 토전을 청하였다.[55] 임금이 세계를 찾게 했으나, 세대가 멀어 징험할 수가 없었다. 그래서 임시로 백제 시조 온조 고씨의 후손으로 해서 땅 3백 결을 주기로 의논했다.

이때 중추원 첨서 권근이 반대하고, 문하부 시랑찬성사 성석린, 정당문학 하륜 등도 모두 주지 말자고 하였다. 그러나 정종은 "의홍은 토지를 요구한 것이 아니라, 본가의 계통을 추명해 달라고 요구한 것뿐이다. 나중에 변고가 있더라도 그때 적당히 대응한다면 무엇이 어렵겠는가? 육주목 좌경대부 의홍은 백제 온조왕의 후손인데, 일본에 건너가 육주목에 이르렀다. 자기 스스로 싸움을 독려해서 섬멸했다. 선조의 땅이 완산에 있음을 생각해 채지를 삼도록 공훈을 포상하라."라고 명했다. 도평의사사에서 땅을 준다는 사실을 대내전 사신에게 전하자, 사신이 "세계를 명시하여 주시면 전지를 주지 않아도 좋습니다." 하여, 문하부 낭사 등이 다시 땅을 주지 말자고 아뢰었다. 정종은 쇼군과 의홍이 대장경판을 청한 것에 대하여 "왜구가 불태워 완전하지 못하나, 새로 보충할 것이니, 배를 준비하여 실어 가라." 하였다.

11월 8일 왜선 7척이 6주목 고의홍이 군사를 일으켜 섬멸한다는 소문을 듣고, 조정에서 항왜인 구류·등곤을 보내 항복한 사람을 후대한다고 타이르자, 왜인 14명이 기뻐하며 항복하였다.

1400년 8월 일본 준주태수 원정이 말 2필을 바치고, 잡혀 간 사람들을 돌려보냈으며, 박다성 승천선사 주지 은공이 예물을 바치고 『대장경』을 청구하고, 자운선원 주지 천진이 예물을 바치며, 잡혀간 인구를 돌려보냈다.

1401년 태종이 왕위에 올랐다. 이때 명나라 영락제가 몽골에 5차례 친정하는 과정에서 송화강, 흑룡강 지역까지 130개 위소를 설치하였다. 1403년 영락제가 파저강 유역에 건주위를 설치해 두만강 유역의 여진을 초유하자, 태종은 두만강 하류 지역의 방어를 걱정하게 되었다.

태종은 고려의 사고를 열어, 윤관이 동여진에 비석을 세운 것을 상고케 하고, 이를 토대로 계품사 김첨을 북경에 보내 영락제에게 주문하였다.[56] "공험진 이남이 고황제의 '왕국유사'라는 명령을 입었사오니, 여진 유종의 인민들을 본국에서 전과 같이 관할하게 지형 도본을 제출합니다."라고 하였다. 이후 계품사 김첨이 삼산 천호 이역리불화 등 10처 인원을 성찰하고 준청한다는 황제의 칙서를 가지고 돌아옴으로써 공험진 이남을 조선의 강역으로 인정받으려 했던 노력이 결실을 보게 되었다.

그럼에도 태종 5년(1405년)에 명에서 '동맹가첩목아'(누루하치의 6대 조상)를 초유하면서 새로운 문제가 발생했다. 조선에서 공험진 이남을 예전과 같이 조선에서 관할하도록 재차 주청했으나 영락제는 "동북면 11처의 인민 2천여 구를 모두 청한 대로 허가하였는데, 어째서 하나의 맹가첩목아를 아끼는가? 맹가첩목아는 황후의 친족이다. 무엇이 너에게 관계되었는가?"라며 압박하였다. 결국 태종은 이를 수용하지 않을 수 없었다.

이후부터 조선은 여진과 절교하며 무역을 열지 않자, 생필품에 곤란을 겪던 올적합 김문내 등이 경원의 소다로를 침략했다. 이에 조선이 여진의 침입을 명에 주청하였고, 태종 10년(1410년) 9월 사신이 돌아와 여진을 토벌하려는 황제의 뜻을 아뢰었다. 이에 동맹 가첩목아는 조선의 정벌을 두려워하여 봉주로 이주하고 말았다.

한편 태종은 왜구 회유책으로 귀순할 경우 토지와 가옥을 주어 결혼을 알선하고, 무역이나 어로활동에 편의를 주었다. 그래서 태종 초년에는 경상도 거주 향화인이 2천 명에 이르렀다. 1401년 제3대 쇼군 요시미츠가 명예 사절단을 파견하자, 1403년 명 건문제는 그를 '일본국왕'으로 책봉해 국교가 수립되었다. 1404년부터 쇼군이 황제에게 조공하는 감합무역이 시작되면서 '일본국왕'으로 칭하자, 조선도 쇼군의 사신을 '국왕사'로 대접했다.[57]

이 무렵 명의 영락제는 1405년부터 8년간 정화를 파견해 선단 160여 척으로 7차례 인도양 연안 국가와 조공무역을 전개했으며, 대마도, 이키, 박다의 상인들도 무역을 위해 조선 연안의 포구에 빈번히 왕래하고 있었다.

1407년 7월 27일 경상도 병마절제사 강사덕이, "흥리 왜선들이 각 포에 정박해 포구에서 병선의 허실을 엿보니, 도만호가 있는 곳에 정박하도록 하소서" 하며 해안 방어대책을 건의하였다. 이에 태종은 1407년부터 무역장소를 부산포와 내이포(현재의 진해)로 제한하였다. 1414년 8월 울산에 모여 있던 일본인 사절 105명이 범종을 제때 주지 않는다고 칼을 뽑아 난동을 일으켰으며, 김해에서는 대내전 사절 30여 명이 접대가 마음에 들지 않다고 김해부사의 옷을 벗겨 칼로 찌르려 했다.

그해 9월 형조에서 "왜인들이 지나는 고을에서 재물을 약탈하니 살인자는 법에 따라 처단하고, 칼로써 사람을 상하게 한 자는 곤장 80대와 유배 2년, 재물을 빼앗은 자는 곤장 1백대와 유배 3년에 처하소서." 아뢰자, 태종은 대마도 도주에게 조선에 왕래할 수 있는 범위를 국왕사, 대내전, 대마도 등 10곳으로 제한하겠다고 통보했다.

2. 기해동정

1418년 8월 태종이 세종에게 양위하고 상왕으로 물러났다. 당시의 대마도주 종정성(도도웅와)은 어린 나이에 도주가 되어 충남 비인, 황해도 해주지역을 약탈했던 왜구를 통제하기 어려웠다. 더구나 흉년으로 식량이 부족해지자, 왜구는 50여 척으로 1419년 5월 충청도 비인현에 침입하여 병선을 불태우고 황해도 연평도를 침입한 후, 중국의 요동반도로 진출해 약탈하려 했다.

이에 조정에서는 대마도 정벌을 위한 전략을 논했다. 상왕과 임금이 대신들을 불러, "허술한 틈을 타서 대마도를 치는 것이 어떨까?" 하자, 모두 "적이 돌아오는 것을 기다려 치는 것이 좋다."라고 했다. 그러나 유독 병조판서 조말생만은 "허술한 틈을 타서 쳐야 한다."라고 주장했다. '우직지계'는 '적을 직접 공격하는 것보다 우회 공격하는 것이 효과적이다'라는 손자병법의 계책이다. 이에 상왕이 "항상 침노만 받는다면, 허술한 틈을 타서 쳐부수는 것만 못하다. 우리 군사는 거제도에 있다가 적이 돌아오면 요격하고, 일본 본토의 구주 왜인은 대마도와 별도로 구류시켜 놀라지 않도록 하라"라고 명했다.

그리하여 이종무를 삼군 도체찰사로 임명해, 중군을 거느리게 하고, 중군과 좌군, 우군 절제사의 전선들은 왜구의 돌아오는 길목을 맞이하고, 각도의 병선은 견내량에서 기다리게 하였다. 그리하여 6월 17일 삼군 도체찰사 이종무는 227척으로 서울에서 출정 나간 장수 이하 관군 669명을 포함한 총 17,285명의 65일 양식을 싸 가지고 행진하였다. 이후 이종무는 대마도에 도착한 후, 두지포에 정박하고, 적선 129척을 빼앗고, 가옥 1,939호를 불질렀으며, 많은 조선 피로인들을 송환하는 전과를 얻었다. 그리하여 이종무 장군은 대마도의 화평제안을 받아들여 7월 3일 주력함대를 이끌고 제도로 퇴각했다.

이때 좌의정 박은이 상왕에게 "적왜가 중국에서 돌아오므로, 기회를 잃지 마소서." 하며 대마도 공격을 건의하였다. 이에 태종은 "적선 30척이 대마도로 가니, 병선 20척과 중군 절제사, 좌군 절제사, 우군 절제사의 병선 25척을 협공하여 대마도까지 이르라." 명을 내렸다. 그러나 바람이 높아 보류하자는 건의에 따라, 태종은 이를 중지시켰다. 이때에 중국에 갔던 김청이 "중국에 침입했던 왜구들은 중국 금주위 도독에게 모두 진압되었다"라고 보고했다.

이에 상왕이, "대마도 토벌을 중지하고, 장수들을 전라, 경상도의 요해처에 보내, 적이 통과하는 것을 기다렸다가 잡게 하라." 하였다. 그리고 대마도주 도도웅와에게 "대마도는 경상도의 계림에 예속했으니, 본디 우리나라 땅 문적에 실려 있다. 다만 백성이 살지 않는지라, 왜인이 굴혈을 삼은 것이다. 항복하면, 종정성은 좋은 벼슬과 녹도 줄 것이다." 하고 항복권고문을 보냈다.

1419년 9월 20일 대마도주 도도웅와가 도이단도로를 보내 항복을 빌자, 예조판서 허조는 대마도주에게 "대마도 사람들이 도적질을 하는 것은, 땅이 농사에 적합하지 않고, 굶주림을 면하지 못해 이 지경에 이르렀을 뿐이니, 불쌍하게 여기노라. 도주가 항복한다면, 작위를 내리고, 녹과 전택을 내려 대대로 부귀를 줄 것이나 농상을 원한다면, 관리자를 보내라. 위무를 떨쳐 죽여 없앰이야 어찌 원하는 바이랴. 부득이해서이니라. 길이 생생하는 희망을 이루게 하여, 일시동인하는 뜻에 맞게 하라." 하는 태종의 선지를 보냈다.

1420년 윤1월 10일 도주가 "대마도는 토지가 척박하고 생활이 곤란하니, 백성으로 농업에 종사하게 하고, 세금을 우리에게 나누어 주소서. 나는 일가 사람들이 수호 자리를 빼앗으려 엿보는 것이 두려워, 나갈 수 없으니, 귀국이 주의 명칭을 정하고, 인신을 주신다면 신하의 도리를 지키겠습니다." 하며 귀속을 청했다. 이에 조정은 대마도를 경상도에 예속시키고, 대마도는 경상도 관찰사를 통해 보고하게 하고, 직접 예조에 올리지 말도록 하였다. 그리고 대마도주 인장을 보내면서 "대마도 지역의 대관과 만호는 도주가 직접 서명한 문서만 접견하겠다."라고 통보했다.

1414년에 이르러 막부의 제4대 쇼군 요시모치는 막부의 권위 회복을 위해 측근을 육성했으나 슈고에 의해 제거되어 권력을 상실한 상태였다. 쇼군은 실권자인 슈고의 간언에 따라 명에 대한 조공무역 형식에 반발해, 감합무역을 중지시켰다. 당시 태종은 대마도 정벌 전에 외교업무를 담당했던 구주탐제에게 구주지역을 침공할 의도가 없다고 미리 알렸음에도, 대마도를 관장해 왔던 소이전이 막부에 왜곡해 보고했다. 이에 1419년 11월 막부는 상이하게 보고된 내용을 직접 확인하기 위해 승려 양예 일행을 조선에 파견했다. 당시 소이전은 대도독부로써 유구, 남만 국가들의 대형 상선이 정박했던 항구도시 박다(오사카)의 서남쪽 4천 호를 다스렸던 다이묘였다.

1420년 1월 세종은 일본사신 일행에게 일본이 요청한 대장경을 하사하는 한편, 회례사를 보내 대마도 정벌이 왜구에 대한 징계이지, 막부에 대한 공격이 아니며 조선이 명과 연합하여 침략할 것이라는 소문도 근거 없는 것이라고 해명했다. 그리고 일본사절의 답례로 송희경[58]을 보내, "우리 백성이 표류되어 70여 호에 이르니, 찾아 보내주기 바랍니다. 첨지승문원사 송희경을 보내 『대장경』과 토산물로 사례합니다." 하였다.

그해 10월 8일 회례사로 갔던 송희경보다 통사(통역)가 먼저 귀국하여 그간에 일어났던 일본 막부의 불온한 조치를 보고했다. "신이 도착하니, 심수암에 사관을 정해, 병정을 시켜 지키게 하였습니다. 국왕이 보당사에서 머리를 깎고 가리복을 입었으며, 집사들도 다 중이더이다. 승려 혜공과 주송이, '어찌해서 일본 연호를 쓰지 아니하는가?' 하더이다. 구주절도사 부자는 성심으로 우리를 대우하였으나, 소이전은, '조선이 대마도를 쳐들어 왔으니, 우리가 병선 2, 3백 척으로 조선 해안 고을들을 처부셔야 마음이 쾌하겠다.' 하였고, 대마도주의 아우 도도웅수는 '내가 너희들을 가두어 대마도 사람이 붙잡혀 있는 것과 같이 할 것이나, 본국과 통호하기에 그렇게 못하니, 붙잡혀 있는 사람들을 빨리 돌려보내라.' 하더이다." 하였다.

이때의 제4대 쇼군 요시모치는 권신에게 장악되어 수구적인 태도로 환원해, 조선 국서에 명나라 연호를 쓴 것을 트집 잡았다. 일본이 명의 책봉 체제에서 이탈했던 만큼 송희경을 심수암에 감금하고 박대한 것이다. 나중에 쇼군이 조선의 국서를 본 후 태도를 바꾸었으나, 이때에 송희경은 막부와 구주탐제, 소이전과의 관계, 막부의 지방 통제력에 대한 실상을 알고, 왜구를 금지하려면 서부 호족들에게 의뢰하는 것이 실질적이라는 것을 알게 되었다.

1420년 10월 21일 상왕이 "소이전이 우리 변방을 침략하려 하고, 대마도주는 절교할 뜻을 보였다. 수군도절제사를 보내 거제 등지의 요해한 곳에 모아 두고, 대마도 왜인들이 농사와 고기잡이, 소금 굽는 일을 못하도록 한다면, 항복하기를 청할 것이고, 항복하지 않으면 번갈아 공격함이 옳다."라며 대마도 정벌을 계획하였다. 이에 좌상 박은과 우상 이원이 "소이전과 도도웅수의 말이 가중하니 장수를 보내 치는 것이 가할 것입니다. 대마도 사자와 홍리인을 구류하고, 구주 사자를 보내, 조정의 뜻을 전하는 것이 좋겠습니다." 하였다. 이때에 세종은, "일본 국왕이 영락 연호를 쓰는 것을 책하는 것은 심히 무례하니, 구주 객인으로 국왕에게 전하게 하고, 소이전과 도도웅수의 오만한 사실을 구주절도사에게 알려 주는 것이 어떠한가?" 하였다.

1420년 10월 25일 회례사 송희경이 일본 국왕의 서한을 가지고 귀국하였다. 일본국왕의 서한에, "조선에서 표착했던 사람들은 이미 죽고 살아 있는 자가 없으며, 그 아들과 손자로서 돌아가라 하여도 싫어합니다." 하였다. 이에 상왕은 "일본 국왕이 영락 연호 쓰는 것을 책하면서 우호를 맺자는 것은, 의리가 아니다. 소이전의 오만무례한 태도와 도도웅수의 절교한다는 말을 들어, 너희들이 먼저 이러하기에 대마도까지 쳐들어가, 항복한다면 어찌 이렇게 하겠는가?" 하며 구류한 왜사를 돌려보낼지를 의논하였다.

세종이 대마도 왜인의 무례함을 다스릴 방법을 논하자, 예조판서 허조가, "먼저 일본을 설득시켜 대마도를 배척하면, 대마도가 고립될 것인데, 만일 배반할 마음이 없다면 사자 구류는 너무 절박합니다."라고 하였다. 그리하여 세종은 "대마도 왜인이 이다지 무례하니, 공헌 물품을 물리치고 사자를 박대할 것이나, 구주절도사의 사자만은 후대하려 한다."라고 결정하였다.

이에 예조판서 허조와 병조판서 조말생은 구주절도사를 위로하는 한편, 대마도 사자에게는 "웅와와 그 조모가 귀순을 빌어, 소탕을 중지하였는데, 웅와가 소이전의 오만무례한 것을 빙자하여 '다시 통신을 아니하리라.' 하니, 수군절제사를 다시 경상도에 정박시키도록 했다. 그러나 너희들이 회과하면 해산할 수 있다. 너희들의 존망은 이번에 달려 있다."라고 통보하였다.

이때에 구주절도사의 사자가 "도왜가 성심으로 항복한다면 병선을 거두겠습니까? 그렇게 되면 내가 절도사에게 자세히 전달하리다." 하고, 대마도 사자는, "웅와는 구주에 가서 돌아오지 아니하였고, 웅수는 나이가 어려, 회례사에 무례하였으니, 내가 도주에게 전달하겠습니다." 하였다. 그리하여 조정은 도도웅와가 보낸 단목 4백 근, 호초 150근, 필발 50근, 서각 1개를 퇴송하고 사신을 예로 대접하지 아니하였다.

1421년 1월 23일 상왕이 대마도 상인에게 "통신사 송희경이 돌아올 적에 웅수가, '지금 이후로는 서로 호시하지 아니하겠다.' 하였으나 그 뒤에도 웅수의 문서를 받아 온 배가 5척이나 되었다. 희경이 혹시 잘못 전해들은 것이 아닌가 하여 매매는 허락했으나, 웅수의 변명이 없다. 금후에 상선이 올 때에는 분명히 그 일을 알아 가지고 오라." 하며 국교의 단절 여부를 알아 오라 명하였다. 그해 4월 6일 대마도주 종정성이 예조판서에게 "'대마도가 경상도에 예속되었다.'는데, 역사 서적을 조사하고 노인들에게 물어보아도 근거할 만한 것이 없습니다. 그러나 은혜를 베푸신다면, 누가 감히 귀의하지 않겠습니까? 옛날대로 일본 소속으로 있을 필요는 없습니다."라고 사절 구리안을 보내 글을 올렸다. 그러나 조정에서는 글 내용이 공손하지 않다 하여, 사절을 예절대로 접대하지 아니하고, 그가 바친 예물도 거절하였다.

그해 4월 7일 예조에서 종정성의 사절 구리안에게 "도도웅와는 어찌하여 회례사 송희경을 보지 않았느냐." 하니, 구리안이 "회례사는 본국 정부에 통신하는 것이요, 우리 섬과는 관계가 없어 보지 아니한 것입니다. 상선 13척은 도둑질할 마음을 가지지 아니하였는데 구류당하였으니, 돌려보내면, 왜구를 금지할 것"이라고 답하였다. 이에 예조에서 "전번 서계에, '대마도가 경상에 예속되었다는 말은 역사 문헌을 상고하고 노인들에게 물어보나 아무 근거가 없다.' 했으나, 경상도에 예속되었던 것은 옛 문헌이 분명하고, 또한 너희 섬의 사절도, '이 섬은 본시 대국에서 말을 기르던 땅이라.' 하였다. 조정에서 너희 영토를 다투려는 것이 아니다."라는 서계를 보냈다.[59]

그러자 구리안이 "본도가 경상도에 소속되었다 함은 자기도 알 수 없는데, 사절이 어찌 알겠습니까? 경상도에 소속되었다 할지라도, 보호하고 위무하지 않으면 통치권 밖으로 나갈 것이요, 소속되어 있지 않더라도 은혜로 보호하신다면, 누가 감히 복종하지 않겠습니까? 대마도는 일본 변경이므로, 대마도를 공격하는 것은 곧 본국을 공격하는 것입니다. 그러므로 소이전에서 귀국과 교통할까 말까를 막부에 보고했더니, '알아서 처리하라.' 대답하였으므로, 도주가 나를 보내 조공한 것입니다."라며 이의를 제기하였다.

송희경이 저술한 『일본행록』에는 당시의 정황이 상세히 기록되어 있다.[60] 송희경 일행이 대마도를 방문했을 때, 조전 만호 삼미다라가 종사관 공달·인보에게, "조선이 정토하고, '이 섬을 경상도에 부속시킨다'는 문서가 왔는데, 이 섬은 소이전의 조상 때부터 전해 오는 땅입니다. 소이전이 이 말을 듣는다면 백번 죽을지라도 다투기를 그치지 않을 것입니다." 하였다.

송희경에게도 "이 서신을 소이전이 보면 관인께서는 갈 수도 머무를 수도 없을 것입니다. 이 서신을 소이전에게 보낼까요, 우선 그대로 두고 소이전이 모르게 할까요?"라고 묻기에, "이 섬은 우리나라가 그 땅을 얻어도 살 수가 없고, 그 백성을 얻을지라도 쓸 데가 없다. 다만 너희들이 우리나라에 붙기를 간청하므로 주상께서 '대마도 사람들이 우리나라에 붙기를 원하니 들어주지 않는다면 어진 일이 아니다'라고 경상도에 부속시켰을 뿐이다. 오늘 너희들의 뜻을 상께서 아신다면 반드시 붙이지 않을 것이다. 내가 주상께 계문할 것이니 잠깐 기다리라" 대답하였다. 이에 다라가 기뻐하며, "그렇다면 이 글월은 내가 깊이 감춰 소이전이 알지 못하게 하겠습니다." 하기에 송희경이 허락하였다. 다라 등이 조선에 붙기를 원한다고 거짓말을 했을 뿐, 소이전이 알고 있던 것은 아니었다는 것이다. 이후부터 대마도는 조선에 조공하면서, 막부에도 따르는 양속 관계가 되었다.

1421년 10월 4일 세종이 "너희들이 말로만 귀속한다 하나, 실은 성관을 들이지 아니하니, 우리는 경상 좌·우도 병선과 수군을 모아 거제도에 나누어 수비시키고, 여러 포구의 수군은 부근의 시위패로 대행하겠다." 하였다.[61]

그러나 1422년 7월에도 왜선은 전라·충청도 바다에 출몰하면서, 병선을 보면 피하고, 사선을 만나면 노략질하였다. 이에 조정에서, "바다 가운데 나가 왜선을 꾀어내 화포를 발사하면, 잡지 못하더라도 우리 사선을 경홀하게 보지 못할 것입니다."라고 아뢰자, "임금이 3도의 사선 5척에 30명씩 태워, 15척이 하루에 3차례씩 전라도 해상에서 기다리게 하라." 하였다.

조선은 외교와 회유방식으로 왜구를 감소시키려 했으나 도항자가 증가해 경제적 부담이 늘어나자, 1420년부터 서계 지참을 요구했다. 외교사절인 사송왜인은 대마도주나 규슈탐제의 서계가 없으면 접대 받을 수 없었고, 무역으로 왕래했던 흥리왜인도 사송왜인과 동행하거나 서계 지참을 요구받았다.

당시 조선은 수도서제, 개항장과 포소의 설치, 서계, 행장·노인·문인 등의 행정제도를 운영하고 있었다. 수도서제는 통교상의 공로자나 조선에 복속하기를 희망하는 일본인에게 주어진 신분증명서이고, 도서는 무역허가 증명의 용도로 만들어 준 인감이었다. 서계는 왜인의 조선입국 증명으로 대마도인은 도주의 서계를, 서부 구주지역은 지역 호족의 서계를 지참하도록 하였다.

그러나 서계 위조로 효과가 없자, 1426년부터 노인이 흥리왜인의 도항증명서로 대체되었다. 행장은 도항왜인의 신분과 자격을 확인하기 위해 거주지의 호족이 발급한 신분증명서였고, 도항증명서였던 노인은 국내 상인에게, 문인은 일본인에게 발급한 것이었다. 이즈음에 대마도의 좌위문대랑이 "우리 섬에는 토지가 없으니 거제도에 농토를 주시고, 항구에 마음대로 다니도록 허가하소서."

하며 예조에 글을 올렸다. 이에 1426년 1월 예조좌랑 신기가, "거제도의 농토 요청은 들어줄 수 없으나, 상선 정박 장소는 내이포, 부산포 외에 울산의 염포를 추가로 허가한다."라고 통보하였다.[62]

1426년 대마도에 다녀온 대호군 이예가 아뢰길,[63] "종정성은 신에게, '선부 정무의 뜻을 계승해서 귀화에 전심했어야 되는데, 요사이 본도에 있지 않은지 7, 8년이므로 예절과 신의를 모두 잃었습니다. 잡인들이 범람하여 각처에서 횡행하므로, 노인을 갖지 않은 자는 접대하지 말 것입니다.' 하였고, 도만호 좌위문대랑 및 등차랑도 사물을 받고 감격하면서, '종정성과 같이 영원히 복종하겠습니다.'"라고 복명했다.

그해 11월 26일 대마주 종정성이 "2, 3년 동안 본주의 2, 3척 어선이 대국의 병선에 사로잡혔으니, 이를 금하시기 바랍니다."라고 항의하자, 예조참의 김효손이 "금년 3월에 적선 한 척이 군인 4명을 죽였으며, 4월에는 적선 한 척이 군인 3명을 잡아갔으며, 8월에는 전라도 서쪽 여서도에 파해관이 적선을 만나 군장을 뺏고 보니 절반이 우리나라 사람의 기물이었다. 세 곳 외에 왕래하는 선척을 굳게 금지하라." 답서하였다.[64]

당시 명나라는 요동도사를 설치해 여진을 위소에 편입시키고 건주위까지 영향력을 미치자, 조선은 여진과의 교역을 중단해 적대관계로 변했다. 1432년 12월 여진 4백기가 조선의 여연에 침입하자, 조선 조정에서는 중국 국경을 넘어 추격할 때 명 황제께 주문해야 할지를 놓고 논의하였다.[65] 이때 세종은 파저강 여진정벌에 뜻을 품고 신하들에게 "공험진 이남은 조선 경계라고 하였으니, 참고하라"는 전교를 내렸다.[66] 이는 고려 우왕 14년 요동정벌군이 북상하자, 명 태조가 "공험진 이북은 요동에 부속시키고, 공험진 이남 철령까지는 그대로 고려에 소속하라"라는 조서에 근거한 것이다.

세종은 『고려사』 지리지에 의존하여 김종서에게 공험진의 위치확인, 선춘령의 위치와 비문의 확인 등을 조사시켰고 이를 토대로 명나라와 갈등이 없이 진출할 수 있는 한계를 '공험진' 이남으로 보았다. 그리하여 1433년 4월 세종은 오랜 준비 끝에 평안도 절제사 최윤덕을 총사령관으로 삼아 1만 5천 명으로 건주위를 정벌했으니 이것이 1차 야인정벌이다. 이때 요동총병은 조선 군사가 변경으로 들어온 것을 힐책하며 잡아간 여진인을 송환하라고 요구하였다.[67] 이는 명이 여진을 회유하려는 것에 조선이 먼저 여진을 선점함으로써 명의 여진 통제정책에 방해가 되었기 때문이다. 이후에도 세종은 1433년 10월에 건주좌위에서 내분이 생기자, 종성을 수주의 강변으로 옮기고, 온성부를 설치하여 6진을 개척할 준비를 하였다.[68]

일본에서는 제5대 쇼군 요시카즈가 요절해 1428년에 다이묘들이 제비뽑기로 제6대 쇼군에 요시노리를 선정하였다. 쇼군 요시노리는 실추된 막부의 권위 부흥과 쇼군 친정체제의 부활을 목표로 감합무역을 재개해 재정을 회복시켜 천황 계승 문제에 개입하였다. 쇼군 직할의 치안기관을 정비하는 등 군제 개혁과 규슈, 간토지역을 평정하고, 재상의 권한을 제한시켜 중앙 집권화에 성공하였으나 쇼군 요시노리가 다이묘 아카마쓰의 초청을 받고 축연하던 도중에 암살 당하고 말았다. 이후 쇼군의 권력은 다시 약해졌다.

1436년 윤6월 27일 대마도주가 보내 온 정태랑 병위가 말하길, "내이포의 거류 왜인이 본도의 왜인과 밀약해, 야간에 미리 작은 섬에 와 있다가, 상선이 오면 타고 와서 왜상으로 사칭하는 수효 가 4, 50명에 달하며, 만호도 계책에 빠져, 해로를 통과하는 동안 의 식량을 모두 지급하면, 귀환 무렵에 왜상들이 각각 5두의 미곡 을 거두어 갑니다." 하며 왜상들의 기만행위를 예조에 아뢰었다.

그리하여 조정은 "왜인이 서계만 가지고 올 뿐, 인명 수를 기재 한 문권이 없어 기만하니, 금후에는 선척의 대·중·소와 정관·격 왜의 명단을 서계에 기록하고, 각 포의 만호는 명수를 계산해 식 량을 지급하소서."라고 상신하였다.[69] 이에 세종이 종정성에게, "족 하의 도서와 문인을 믿어 왔으나, 중간에 허위가 있으니, 금후로는 대·중·소의 선척을 분별할 것이며, 선척마다 정관과 격인의 인명 수를 기록하고, 문빙을 해야 접대할 것이다." 통보하였다.

그해 12월 26일 일본에서는 대내전과 소이전이 싸우다가, 소이 전이 대마도로 달아나, 쌀과 소금을 청구했다. 이에 세종이, "소이 전이 대마도로 도망해 왔는데, 그 나라에서 뒤쫓을 것이니, 대접 하기 어렵겠다." 하자, 황보인이, "경상도는 옛날 좌·우도에 절제사 가 있었으니, 이를 회복시켜 좌·우도로 삼고, 연변 수령을 문무를 겸비한 사람으로 임명하소서." 아뢰자, 세종은 남쪽의 방어를 강

화시켰다.[70]

1437년 1월 세종이 경상도·전라도의 감사에게 "요사이 대마도가 병란이 있어, 무략이 있는 자를 변임에 제수하고 있다. 지금 전라도 곡식 20여만 석을 경상도로 나르는데, 굶주린 왜인들이 알면 도둑질할 마음이 생길 것이다. 연변의 장수로 병비를 견고히 하라." 명하였다.[71]

한편 초원에서는 동서 몽고의 대립이 십년 이상 계속되었다. 이때 동몽골의 울제이 테무르가 징기스칸 가문을 부흥시키기도 했으나, 1412년 오이라트의 마흐무드에게 패해 징기스칸 가문은 몰락되었다. 오이라트는 동몽골에 대항하기 위해 명나라와 제휴하였고, 1416년 마흐무드 사망 이후 토곤과 그 아들 에센 대에 이르러 오이라트는 몽골초원의 패자가 되었다.

1437년 5월 세종은 "야인들이 이유 없이 국경 가까이 이르렀으니 어찌 토벌하지 않을 수 있으리오" 하면서, 2차 야인정벌을 단행했다. 그해 9월 평안도 도절제사 이천이 8천 명으로 오미부를 소탕하자, 이만주는 홍경으로 도피한 후, 회령을 떠난 건주좌위와 합류하였다. 이후 조선은 무창현을 군으로 승격시키고 여연·자성의 중간에 우예군을 설치하여 4군을 완성하게 되었다. 그리고 1439년 3월 공조참판 최치운을 명나라에 보내 '공험진' 이남을 조선 영토라고 국서로 통보하였다.[72]

1439년에 에센은 차가타이 계통의 영토와 주치가문의 킵착칸국도 공략하여 바이칼 호수로부터 요동까지 판도를 확대했다. 그리고 동몽골 타이슨 칸의 반격을 격퇴시킨 후 칸에 즉위했으나 나중에 부하에게 살해되면서 오이라트부는 와해되어 서쪽으로 물러나게 되었다.

1438년 1월 7일 의정부가, "왜객인이 식량을 많이 받을 양으로, 뱃사공 수효를 많이 기재하고 실상은 수효를 줄여 데리고 옵니다. 남의 이름으로 식료를 받는 폐단을 막아야 할 것입니다. 내이포에 정박한 왜선은 옥포 해중포곶에서 생선을 잡고 미역을 따게 하는데, 옥포만호를 시켜 한정된 날짜를 상고하고, 양산 이남은 금지할 것을 청합니다." 아뢰었다. 이에 세종은 종정성에게, "사신 배에 타고 오는 사람이 배 1척에 4, 50여 명이나 되고 아이와 부녀까지 오니 번폐스럽다. 지금부터 중선 20명, 소선 15명을 정원으로, 정원 외에 온 사람에게는 식량을 허락하지 않겠다." 하였다.

이때에 의정부에서, "종정성과 종무직이 보낸 사람은 10일, 일기주는 20일, 좌지전은 30일, 구주의 종금은 40일, 비주는 30일, 석견주는 20일, 살마주는 90일 분의 행상에 소요되는 양곡을 주었으나 부산포로부터 대마주 북방 지대까지 순풍이면 1일, 종정성·종무직은 2일, 일기주는 4일, 좌지전과 지좌전은 5일, 비주는 6일, 구주 종금은 7일, 석견주는 14일, 살마주는 15일 길인데, 지급이 과다하니, 좌지전과 지좌전은 20일, 비주는 15일, 구주는 20일, 석견주, 살마주, 풍후주는 30일 분의 식량을 주고, 대마주는 종전대로 하옵소서." 아뢰자, 상이 그대로 따랐다.

그해 2월 15일 의정부에서 아뢰길, "종정성이 보낸 선척은, 내이포·염포·부산포 3곳에 정박하도록 했는데, 모두 내이포에 정박하니, 전과 같이 정박하지 말게 하고, 내이포에서 서울까지 두 길로 나누되, 한 길은 창원에서 창녕·성주·진천·용인을 경유하여 한강을 건너 서울에 오고, 한 길은 밀양에서 청도·문경·이천·광주를 경유하여 광나루를 건너 서울에 오며, 부산포와 염포에 닿은 객인은 경주에서 영천·안동·충주·평구를 경유하여 서울에 오게 하소서." 하므로 예조는 종정성에게 사신의 배와 장삿배를 부산포·염포·내이포 3곳에 정박하는 규칙을 엄수하도록 통보했다.

그해 9월 13일 의정부 대신이 이예와 더불어 대마주 왜인의 접대에 관해 의논하였는데, 이예가 세종에게, "왜인이 가지고 온 물건이 30바리 이하는 10일간, 40바리 이상은 20일간, 80바리 이상은 30일간 머무르게 하소서." 하고, 예조참판 안숭선·참의 윤형 등은, "귀환을 독책하더라도, 무역이 끝나지 않으면 더 유관을 청할 것이니, 감사는 그들이 도착하는 날, 판매 물건을 기록하여 예조로 치보하고, 예조는 이를 각 관사에 이첩하여, 무역하게 하면, 저들이 무슨 까닭으로 오랫동안 유하겠습니까? 객인들을 오래 묵게 하는 관리를 죄주면, 폐단이 없게 될 것입니다." 아뢰었다.

그러나 영의정 황희·우의정 허조, 예조판서 권제는, "기한을 정해도 따르지 않으면, 법령만 가벼워질 뿐이니, 정하지 않는 것이 온당합니다." 하였다. 반면 좌찬성 신개는, "왜인들이 몇 달씩 머무니, 관에 머무는 일수를 세워야 합니다. 그러나 사자들을 감쇄한데다, 다시 유관의 기한을 정하면 저희들이 실망할 것이니, 서서히 관망하는 것이 어떻겠습니까?" 하니, 보류하게 하였다.

1439년 4월 18일 이예가 세종에게, "종정성·종언칠·종무직의 서계를 살펴보니, 도둑이 대마도의 배에 부탁하여 오는 자가 있습니다. 만약 좌지전·지좌전·살마주·석견주·대우전 등의 서계를 받은 자도 위조하여 오면, 간사한 무리들이 연달아 올 것이니, 공궤를 감당할 수 없습니다. 지좌전·좌지전·살마주·석견주·대우전 등지에서 받은 서계와 문인으로 위조된 것은, 대내전에게 사절을 보내 금단시키소서." 아뢰었다.

당시 조선은 막부의 관리나 서부지역 영주, 수직인, 수도서인과 통교하고 있었으나, 대마도주가 서계 발급권을 도주에게 주도록 요청하자, 1438년 경차관 이예는 대마도주와 협의 끝에 문인제도에 합의했다. 문인은 일본인의 도항증명서였는데, 모두 대마도주의 문인을 받도록 해 도항왜인을 효과적으로 통제하려던 것이었다. 문인은 선박의 대소, 사자 및 선원의 수 등이 적혀, 모든 선박에 적용되었으나 문인이 없는 왜인들이 계속 오므로, 1439년 4월 27일 조선은 경차관을 보내 이를 금지하도록 요구했다. 그해 5월 11일 이예가 세종께, "종정성이 보내는 사람이 한 달에 수천 명에 이르니, 위조이면 돌려보내야겠습니다. 또 장사왜인이 가지고 오는 잡물 중에, 동·납철·단목 등은 시장에서 무역하지 못하기에 부득이 서울로 운수하나, 나머지는 백성에게 무역하게 함이 어떻습니까?" 아뢰자, 세종이 의정부와 의논하게 하였다.

그해 9월 이예가 보고하였다. "신이 종정성에게 석견주의 잡인에 모두 서계를 주는 것은 장원한 계책이 아니다.' 하였더니, 대답하기를, '왜인들이 도망하여 우리에게 오므로, 서계발급은 부득이 하다.' 하였습니다. 신이, '3포에 사는 자가 많으니, 모두 쇄환하는 것이 어떠한가?' 하니, '지시에 따르겠다' 하였습니다. 그리고 진강차랑이, '부산포에 머물러 사는 왜인도 내이포·염포의 예에 의하여 머물러 사는 것을 들어 달라.' 하기에, '내이포·염포는 허가하였으나, 부산포는 전에 살던 왜인이 없고, 종정성의 서계에도 없으니, 계달하기 어렵다.' 하였습니다.

그해 9월 이예가 아뢰길, "진강차랑이, '도주가 보낸 사람 중에 도서를 두번 찍은 서계를 가진 자는 바다 건널 10일의 양식, 한번 찍은 자는 3, 4일이나, 5, 6일의 양식을 주었으나, 앞으로는 세번 찍은 자는 10일, 한번 찍은 자는 5일의 양식을 주소서. 그리고 '비록 도서를 찍은 서계라도 도주의 문인이 없거든, 허락하지 마소서.' 하였습니다. 신이 진강차랑에게, '허위로 찍은 자는 분변하기 어려우니, 도서를 고쳐 만들면 어떠한가?' 하였더니, 대답하기를, '만일 고쳐 보내면 도주가 기뻐할 것이라.' 하였습니다. 또한 신이, '객인들이 친척을 만나겠다거나 위조 서계를 가진 자, 혹은 이중으로 서계를 받아 3포에 체류하는 자를 금하는 것이 어떠한가?' 하였더니, 대답하기를, '내가 3포를 순행하여 도주의 명령을 전할 터이니, 귀국도 검찰하는 것이 좋겠다.' 하였습니다. 조관을 보내 검찰하여 대마도로 돌려보내는 것이 어떠합니까?" 아뢰었다.

그해 10월 의정부에서 아뢰길, "종정성이 세 번 도서 찍은 문서를 가지고 온 사람과 본국의 도서를 받은 자가 친히 오면 예전대로 접대하나, 장사꾼들이 거짓으로 문서를 받아 온 자는 포소에 머물러 두고 그 문서와 예물은 역전으로 보내고, 상관인과 선주의 식량만 주고 나머지는 자비로 먹게 하며, 또 장사 물건도 없이 서계를 받은 자도 포소에 유치하고, 서계와 예물도 역참으로 보내고, 바다 건너는 식량도 반감하여 5일분을 주되, 내년 정월부터 시행하소서." 하자, 종정성에게 이를 통지하도록 하였다.

그리하여 예조가 대마도에 "사자의 배는 식량과 어염과 잡물을 주었지만, 장사배는 자비로 먹게 한 것이 예전부터 법례이다. 그런데 근년에는 상선도 식량을 받으려고 증빙 문서를 받아 사신 행차의 식량을 청하니, 선군이 많은 것은 7, 80명이나 되며, 그밖에도 친족을 만나겠다든가, 친족 제사로 문서를 가지고 오는 자도 많아 1만 명에 가깝다. 그들이 여러 달 묵으면서, 돌아가는 양식까지 받으매, 그 비용과 주는 잡물도 그와 비등하다. 또 서류를 위조한 자에게도 식량을 주니, 일년에 거의 10만 석이나 되기에 연해변의 국고 저축이 거의 다하였으니, 족하의 사신을 지대하기 어렵고 귀주에 보내는 물건도 계속하기 어려우니 금후로는 접대하지 않겠다" 하고 경차관 이예와 약조한 내용대로 통지했다.

그해 11월 22일 대마 도주가 "바닷가에서 고기를 잡고자 하나 선군이 금하니, 해변에서 고기를 잡게 하소서." 건의하자, 예조는 "고기 잡는 일은 부산포·내이포·염포에서 고기를 잡게 했으나, 그 외에는 일찍이 법령이 있으니 다시 아뢰기 어렵다."라고 회답하였다. 그리고 11월 25일에 예조에서 "상선은 매매가 끝나면 즉시 돌아가고, 오래 돌아가지 않는 자는 세금을 거두라 하셨으므로, 연해 각 포에 60명만 머물게 했는데, 그 뒤에 내이포·부산포 등지에 돌아가지 아니한 자가 매우 많다. 앞서부터 살던 60명은 우선 그대로 머물게 할 것이나, 나머지는 모두 돌려보내겠다." 하는 글을 종정성에게 보냈다.

1440년 4월 29일 예조에서 대마주 태수 종정성에게 "귀도의 사송하는 배들을, 내이포·부산포·염포 등 3곳에 나누어 보내기로 약속했는데, 근자에 모두 부산포에 정박하니, 이제부터는 3포구에 나누어 이르게 하라. 만일 부산포에 중첩하면 접대하지 않겠다." 하는 글을 보냈다.

그해 5월 29일 고·초도는 전라도 남해 가운데에 있어서 육지까지 30여 리이고 여러 대 동안 비어 두어 사는 백성이 없어, 대마도주 종정성이 고기 낚기를 청한다고 첨지중추원사 고득종이 아뢰었다.

"종정성이 말하길, '본도는 매년 4, 50척, 혹은 7, 80척씩 고·초도에 가서 고기를 낚아 자급합니다. 만일 고기를 낚도록 허락한다면 도둑질할 마음이 없어질 것입니다.' 이에 고득종이, '이미 부산포·내이포·염포를 허락하였는데, 또 고·초도를 허락하면, 고기 낚는 것을 가탁하고 변경을 노략질할까 염려된다.'라고 하였다. 그러자, 정성이 '문인 받은 자가 난을 꾸미면 처자까지 죽여도 좋으니, 우선 1, 2년만 시험하여, 약속을 어기거든 도로 빼앗는 것이 무엇이 어렵겠습니까? 그리고 부산포에 사는 사람을 모두 쇄환하게 하였는데, 전과 같이 머물도록 허락하소서.'" 하자, 이를 예조에 내리었다.

그해 10월 15일 왜인들의 어업 행위에 대한 대책을 논의하였다. 병조참판 신인손·이조판서 최부는, "불가하다." 하고, 좌참찬 황보인은, "허락한다면 왜인은 기뻐할 것이나, 후세의 근심은 알 수 없다." 하였는데, 예조참의 고득종이 홀로, "물고기 잡는 것은 허여하되, 무사로 하여금 왕래하면서 고찰하면 무슨 변이 있겠습니까?" 찬반 의견이 있자, 임금이 결정짓지 못하였다.

1441년 11월 21일 세종은 왜인들의 어업에 대해 의논하라 명하였다.

"지금의 대내전은 신라의 후손이다. 대내전이 백제 땅에 농사짓기를 애걸하므로 태종께서 땅을 허락하고자 하니, 대신들이 반대하여, 허락하지 아니하였는데, 오늘날 생각하면 이는 만세에 좋은 계책이었다. 이제 왜인이 고·초도에서 고기를 낚아 살기를 청하매, 논의하는 자가 '고·초도는 변경이 가까우므로 허락할 수 없다.' 하나, 몰래 내왕하면 금제하기 어렵고, 허락하면 불측한 화가 있을까 염려되니 어떻게 처치할 것인가" 의논하라 명하였다.

우의정 신개는, "허락하면, 저들이 고·초도를 그들의 땅으로 만들고, 사는 자가 있을 것이니, 오랜 세월을 지나면 무슨 연유로 다투리까? 가볍게 승낙할 수 없다." 하였다. 그러나 영의정 황희·병조판서 정연·예조판서 김종서 등은, "몰래 숨어 내왕하면 어떻게 금제하리까? 허락하여 은혜 베푸는 것만 같지 못하며, 약속을 정하여 왕래를 조절함이 편리합니다. '고·초도 고기 잡기를 허락하되, 문인을 주어 내왕하게 하고, 지세포에 세를 바치며, 문인이 없거나 세를 바치지 아니하면, 논죄하겠다.'라고 함이 적당합니다." 하였다. 그리하여 세종은 영의정 황희의 말에 따라, 고기 잡는 것을 허락하였다.

1441년 제6대 쇼군 요시노리가 아카마쓰 미쓰스케의 초청으로 축연에 참석하였으나 축연 도중에 암살되었다. 이에 1442년 재상 호소카와 모치유키 등이 요시노리의 아들 요시카쓰를 제7대 쇼군으로 옹립하였다. 그러나 쇼군이 9살이었기에 모치유키, 하타케야마 모치쿠니, 야마나 소젠, 생모 히노 시게코 등이 실권을 장악하여 미쓰스케를 토벌하였다. 이때 쇼군 요시카쓰가 징병을 소집했는데, 소이전이 오지 않자 대내전에게 토벌을 명해 대내전이 소이전의 축전주·박다·재부 등을 모두 점유할 수 있었다. 그 뒤에 소이전이 옛 땅을 회복하려고 대내전과 전투를 벌였으나 다시 패하자, 그의 관할이던 대마도에서 거주하게 되었다. 1442년 6월 일본의 혼란한 상황에서 세종은 경상좌·우도 병마도절제사와 수군도안무처치사에게 "소이전이 전쟁에 패해 군사 5천여 명을 거느리고 대마도에 있는데, 혹시 쳐들어올 가능성도 있으니, 방어에 철저히 대처하라." 명하였다.

이 무렵 예조에서 아뢰길, "종정성이 고·초도의 조어세 감면을 청하지마는, 지세를 면제할 수 없으니, 대선 1척에 세어 500마리를 300마리로, 중선 1척에 세어 400마리를 250마리로, 소선 1척에 세어 300마리를 200마리로 감하여 대우하소서." 상신하므로 세종이 세를 감면해 주었다.

그해 8월 병조에서 "전라도 발포·여도에서 왜인이 증명서를 가졌으나, 깊이 여러 섬 안에 들어와 횡행하므로 체포했다"라고 아뢰자, 세종은 체포한 왜인을 돌려보내며 종정성에게 "귀주의 9인은 병기를 가진 채 전라도 나로도 등지에 도착하여 제멋대로 횡행하였으며, 유상사랑 등 38인은 지세포 만호의 증명서는 받았으나 몰래 병기를 휴대하며, 전라도 이로도 등지를 횡행해 파해관에게 붙잡혔는데, 귀하의 증명서를 갖고 왔으므로 우선 석방하니, 귀하는 약정에 의하여 처벌하고 회보하면 다행이겠다."라고 통보하였다.

그해 10월 6일 전라도 처치사 이각이, "왜인이 금음모도의 동면 우아포에 하류하므로, 여도 부천호 최완이 적군 11명을 목 베고, 나머지는 모두 화살에 맞아 죽었으며, 창·칼·활·화살·물고기·소금 등의 물건을 얻었습니다." 아뢰었다. 이에 세종이 병조에 전지하길, "굶주려 피곤한 왜적을 산 채로 잡지 아니하고 다 죽여 머리를 베었으니, 그 사유를 추국하라." 하였다. 그리고 우의정 신개·좌찬성 하연·예조 판서 김종서에게, "묻지도 아니하고 목을 베었으니 교린의 도리에 어긋난다. 최완을 어떻게 처리하겠는가?" 하니, 신개 등이 "조관을 보내 사실을 조사한 후에 처리하겠습니다." 하자, 임금이 대호군 김연지를 보내 조사하게 하였다.

1443년 1월 예조판서 김종서와 우참찬 이숙치가 아뢰길, "왜사

돈사문이 최완이 왜인 죽인 일을 물으면, 대답하기를, '정처 없이 함부로 다니는 것은 적선으로 논한다는 것은 약정된 것이므로 죽인 것이다.' 하고, 또 '병기를 가지지 않고 증명서가 있는데 어찌 죽였는가?' 하면, '병기가 없지 않았다.' 이렇게 대답하면 어떠하리까?" 하였다. 이에 임금이, "다시 새 법을 세워 뒷사람들로 하여금 최완의 일 같은 것이 없도록 해야겠으니, 의논하라." 하였다. 종서와 숙치가, "'약조를 어기고 함부로 다닌 것은 그르지만, 우리나라 사람이 제 맘대로 죽인 것도 옳지 않으니, 국가에서 장수를 체포하여 문초하노라.' 대답하면 어떠하리까? 새 법을 세우는 것은 옳지 못하며, 다만 고초도에 함부로 다니는 자만은 증명서가 있고 병기를 가지지 않은 자이면, 잡아서 아뢴 후에 처치하도록 함이 어떠하리까?" 하였다.

이에 세종은 "각 포구의 만호·천호들이 증명서가 있고 병기가 없는 자일지라도 잡아 죽여 말썽이 생기니, 이제부터는 왜선을 쫓으려 할 때에 만약 항거하지 않는 자는 잡은 후에 지시에 따라 시행하라." 하며 왜인을 함부로 살해하지 말 것을 병조에 명하였다.

그해 2월 예조판서 김종서가 아뢰기를, "돈사문이 '작년 8월에 저희 섬 사람 38명이 고기 낚이를 하려고 증명서를 가지고 고초도 근처에서 배를 매고 있었는데, 파해관이 붙잡아 옥에 가두고 가진 물건을 다 빼앗으니 너무 심합니다.'라고 합니다." 하니, 그때에 최완이 의금부에 갇혀 있었으므로, 명하여 그 사유도 함께 문초하게 하였다.

세종이 "왜인이 왕래할 수 있는 곳에서 잡혀 죽었으면 완을 죄주어야 하나, 왕래할 수 없는 곳에 다녔으면 변장의 임무이므로 죄 줌이 불가하니, 경들은 공정하게 논하라." 하니, 예조참판 허후가, "안도와 금모도는 고기 낚는 배가 왕래하는 곳이 아니고, 돈사문도 변명하지 않으니, 완이 고기 낚는 배를 도적 배라고 거짓 아뢴 죄만을 논함이 편할 듯하옵니다." 하였다. 예조판서 김종서 등은 "지세포에서 고초도로 가는 왕래가 굽은지 곧은지는 한두 선군의 말로써 결정할 수 없으니, 사람을 보내 물길의 굽고 곧음과 지세포의 증명서가 진짜인지 가짜인지를 정밀하게 살펴보고, 통신사가 돌아오기를 기다려 다시 의논하소서." 하였다.

얼마 후 의금부에서 아뢰길, "여도 천호 최완과 진무 강말생이 상을 받고자 항복한 왜인 11명을 함부로 죽였으니, 율대로 처참하고, 또 진무 주사의, 배담도 형장 1백 대를 쳐서 3천 리 밖에 유배하기를 청합니다." 아뢰자, 세종은 최완을 사형수로 기다리게 하고, 나머지는 형을 감하도록 명하였다.

그해 6월 전라도 처치사가 "제주도 공선 1척이 서여서도에 정박하였는데, 왜선 2척이 침범하므로, 뱃사공 60여 명이 싸워, 창 맞은 자 39명, 사망 26명, 포로 5명, 생존 24인입니다." 치보했다. 이에 세종이 "국내에 있는 왜인들을 모두 구류시키고 대마 도주를 문책하는 것이 어떻겠는가? 조관을 보내, '너희들이 고초도에 와서 고기 낚기를 청했을 때에 바른 길로 오지 않는 것은 모두 적선으로 약정하였다. 최완이 죽인 왜인도 바른 길이 아니었으니, 변경 장수가 적선으로 인정해 죽인 것도 당연하다. 다만 이 왜인은 문인이 있었는데도 죽인 것이 잘못이므로, 극형에 처하려는 것이다. 도둑질한 왜인과 포로해 간 우리나라 사람을 찾아 보내라.' 하는 것이 어떻겠는가?" 하며, 우의정 신개·예조판서 김종서·참판 허후 등을 불러 대책을 논의하였다.[73] 이때 예조참판 허후가, "이예가 피로된 사람들을 죄다 찾아 돌아오겠다고 합니다." 하니, 세종이 "이예는 전일의 공로도 작지 않는데, 가상하다" 하고, 의복과 사모를 하사하였다.

당시 외교사절로 활동했던 이예는 1400년 회례사 윤명을 수행해 대마도에 갔으나, 도주 영감이 회례사를 잡아 보내지 않자, 일기도의 지좌전과 통하여 사로잡힌 사람들을 돌려보내도록 노력하였다. 이를 계기로 이예가 40여 차례 교섭에 나서면서 그의 직책은 보빙사, 회례관, 회례사, 통신사, 체찰사, 경차관 등으로 다양했다. 조선은 일본에 파견한 사절을 처음에는 보빙사, 회례사 등으로 불렀으나, 1442년 세종이 처음으로 '통신사'라 명하였다.

조정에서 논의하던 와중에 경상도 처치사 정간이 "일기주 상만호 도구라가 제주 관선을 노략질한 자는 일기주의 두가마두였다" 하고 치계하였다. 이에 임금이 경상좌도 처치사 이화에게, "경이 도구라를 타일러, '너의 섬의 한 척이 표류되어 제주에 이르렀는데, 문인이 없어, 너의 섬사람인지를 몰라, 너와 함께 친히 물어 사실을 밝히려 한다'고 달래 올라오게 하라." 하였다.

세종이, 이예를 불러 윤인소가 회환하기 전에 대마도에 가는 것이 좋을지 묻자, 이예가 답변하길, "윤인소를 기다리지 말고 먼저 가는 것이 옳겠으나, 노략질해 간 인물이 만약 일기주에 있으면 지좌전에 보낸 후에 찾아올 것입니다. 지좌전에 간다면 부사가 있어야 할 것입니다." 하였다. 이에 임금이 "이예를 보낸다면 대마도·지좌전·호자전·압타전에 예물이 없을 수 없으며, 무략이 있는 자를 종사관과 부사로 삼아야 한다"라고 하교하였다.

3. 계해약조

조선은 대마도에 남해안에서의 어획 활동을 허락했으나 후환을 우려했다. 더구나 일본과의 교역에서 미곡·면포 등이 대량 유출되자, 세종은 문인제도를 법제화하고 대마도를 매개로 하는 대일교역의 조건을 확실히 하기 위해 1443년 7월 체찰사 이예를 파견하여 대마도주와 교섭하였다. 그러나 대마도주가 약조체결을 망설이자, 당시 일본 사신일행으로 귀국길에 머물던 신숙주가 도주에게 조언하여 도주가 마침내 결정했다. 그리하여 계해약조는 일본통교체제에 대한 기본약조가 되었다. 첫째, 조선은 대마도주에게 매년 200석의 쌀과 콩을 하사하며, 둘째, 대마도주는 조선에 매년 50척의 배를 보내되, 부득이 보고할 일이 있을 경우 특송선을 보낼 수 있게 했다. 또한 승선 인원 수, 체류기간에 관해서도 규정하였다. 계해약조는 대마도주에게 세견선과 특송선을 약정한 것이었지만 일본과의 무역을 제도화하고 도항왜인을 통제하는 수단으로 작용하였다. 계해약조 이후 조선은 막부 및 주요 세력의 사신을 제외한 모든 통교자에게 모두 대마도주의 문인을 지참토록 요구해, 무역 명목의 흥리선과 사신 명목의 사송선을 모두 제한시킬 수 있었다.

1443년 7월 대마도주의 서계를 왜통사 최웅이 가지고 왔다.[74] 서계에, "대마도와 일기주의 배가 조선에 가서 도둑질한 것은 황공하며, 포로는 일기주 사람이 노략해 갔으므로, 일기 도주에게 돌려보내기를 청하였으며, 대마도의 도적은 체포하겠다." 하였다. 대마도 왜인들이 "이제 도주가 조선에 지성으로 귀순하는데, 중하게 죄 주어서 뒷사람을 징계해야 한다." 하였다.

이에 이숙치·김종서·허후가 "신이 도구라를 대접하면서 우리나라 사람을 찾아 돌려보낼 방책과 도둑질한 왜놈을 잡을 방법을 물었더니, 도구라는 귀국에서 사신을 보내면, 저들이 숨거나, 자살하는 자도 있을 것입니다. 만약 사신이 저와 일기에 가서 통신사 변효문을 맞이하기 위해 왔다고 소문을 내고, 서계를 지좌·좌지·압타·호자전에 고하면, 잡을 수 있을 것입니다. 내가 진력해서 찾을 것이나, 어렵다면 나의 노복 30여 명으로 바꾸어 올 것이니, 어찌 어렵겠습니까?" 하고 아뢰었다.

그해 8월 주문사가 북경에 가려는데, 임금이 권제·김청·안지 등에게, "만약 '너희 나라가 왜국과 통호하느냐.'라고 물으면, 어찌 숨길 수 있겠는가? 사실대로 대답할 것이라." 하였다. 권제 등이 답하길, "통호의 이유는, '도적을 금지하느라고, 혹은 노략당한 인구를 찾느라고 통하였고, 저들도 장사하기 위해 변경이나 국도에 이른다.'라고 답하는 것이 옳을 것입니다." 하자, 임금이, "중국에서 '너희 나라가 인구를 찾아오느라고 통호한다면, 상국의 포로도 찾아 돌려보내라.' 하면, 어떻게 처치하겠는가? 다만 도적을 금하는 것으로 말할 뿐이다." 하고 권제 등에게 일렀다.

1441년 일본에서는 제6대 쇼군 요시노리가 암살당하자, 재상 호소카와 모치유키는 1443년 요시노리의 아들인 9살의 요시카쓰를 제7대 쇼군으로 옹립했다. 요시카쓰는 나이가 어려, 막부의 중신인 모치유키, 하타케야마 모치쿠니, 야마나 소젠과 생모 히노 시게코 등이 실권을 장악하였다. 1443년 6월 쇼군 요시카쓰는 요시노리의 조의를 표하러 온 조선통신사와 회견하였다.

1443년 10월 일본국에 갔던 통신사 변효문이 돌아와 경상도 옥포에 이르러 치계하였다. "신이 경도에 들어가, '우리 전하께서 전하의 즉위를 하례하신다.' 하니, 신하 수백 인이 뜰에 앉아, '새 국왕이 처음으로 이웃나라와 통하는 것을 하례하는 것이라.' 하였습니다. 그런데 국왕이 조금 뒤에 죽었습니다. 광엄이 '국왕의 동생이 즉위하였는데, 나이는 9세'라 하였습니다. 신이 교홍과 광엄에게 일기도에서 사로잡은 인물을 쇄환하도록 청하니, 지좌·좌지에게 석방하게 하였습니다. 박다에서 7명을 찾아 대마도에 이르자, 종정성이, '내가 쇄환을 청하였으니, 공이 작지 않다. 세 사람은 나에게 바치라.' 굳이 청하므로, 세 사람을 체찰사 이예에게 부탁하고 왔습니다." 아뢰었다.

세종은 일본국왕이 서계와 예물을 바치므로 사정전에서 인견하였다. 서계에, "귀국과 폐방은 대대로 수호한 이웃이나, 글로 물을 겨룰도 없더니, 특별한 하례를 받으니 박산 몇 가지 물건으로 사례합니다." 하였는데, 별폭에는 채화선 1백 파, 장도 2병, 대홍칠 목차완 70벌, 대홍칠 천방분 20벌, 대홍칠통 2개라 하였다.

그해에 제7대 쇼군 요시카쓰마저 10세에 사망하자, 그의 동생 요시마사가 8살의 나이로 제8대 쇼군이 되었다. 어린 쇼군이 2대째 이어지면서 조정과 슈고 다이묘 간의 정쟁이 지속되어 쇼군의 권위가 크게 떨어졌다. 세종은 제5대 쇼군의 문상과 제6대 쇼군 요시노리의 취임 축하를 위해 통신사를 파견했는데, 제7대 쇼군 요시카쓰가 죽자, 예조판서 김종서와 함께 일본국왕의 죽음으로 새 왕의 즉위에 사신을 다시 보낼지를 의논하였다.

1443년 11월 1일 대마도 체찰사 이예는 대마도 사람들의 요구가 충족되지 않으면 변란을 일으킬 소지가 있으므로 군사 방비도 필요하지만, 외교 수단으로 회유해야 한다고 상신했다. 이예는 막부의 권력이 빈번하게 변동되어 서부 지역의 슈고 다이묘와 대마도에 영향이 적다고 하면서, 왜구의 실태와 통제 방법, 통교 방책을 제시하였다.

1443년 12월 예조판서 김종서가 아뢰길, "신이 광엄에게, '귀국에서 우리 사신을 예로 대접하지 않았고, 귀국을 번독하게 할까 염려하여, 선왕이 구한 불경과 신왕의 서계·예물을 그대에게 보낼까 한다.' 하니, 광엄이, '좌무위 관저의 자리가 정해지는 것을 기다려

천천히 보내는 것이 편하겠다. 관저와 가신 압비에게는 서계와 예물이 좋겠으며, 내가 가지고 가겠다.' 하였습니다." 이에 대신이 모두, "통신사는 정지하고 치하·치전의 예물을 광엄에게 보내는 것이 편하겠다." 하자, 세종은 통신사를 보내지 않는 대신, 새 왕에 대한 치하·치전의 예물을 일본 사신 광엄의 편에 보내게 하였다.

1444년 1월 세종은 일본국 사신 광엄이 하직하자, 의복·갓·신과 면주 9필, 저·마포 각각 6필, 약재·안자·『대반야경』 1부를 하사하고, 일본국왕에 회답하는 글에, "즉위를 하례합니다." 하고, 별폭에는 안자 1면, 흑세마포 20필, 백세저포 20필, 백세면주 20필, 남사피 5령, 인삼 1백 근, 표피 좌자 하나, 호피·표피 각각 10령, 잡채화석 10장, 만화방석 10장, 만화석 10장, 송자 4백 근, 청밀 15말을 보냈다.

또 일본국왕에 보낸 글에, "전 전하가 세상을 떠났다니, 슬픔을 이기지 못합니다. 부의로 흑세마포 40필과 『대장경』 전부를 사신에게 부쳐 명복을 빕니다." 하였다. 별도로 예조가 일본국 관령에게, "백세저포 10필, 흑세마포 10필, 표피 2령, 호피 4령을 부친다." 하였고, 일본국 좌무위에게, "백세저포 10필, 흑세마포 10필, 표피 2령, 호피 4령, 만화방석 5장, 잡채화석 15장을 부친다." 하였다.

그해 4월 초무관 강권선이 일기도에서 돌아와 보고하자, 이를 예조에 의논하게 하였다. "대마도와 일기도는 우리가 전보다 후하게 하면 모두 순종할 것입니다. 호자·압타·지좌·좌지 등은 멀리 떨어져 일본국왕의 명령도 미치지 않아, 그 중간에서 자존하면서,

우리에게 귀순하기 원하니, 양식이나 도서를 주어 우환에 대비하소서. 대내전 관반 노라가도로가, '대마도는 본래 조선의 목마지이므로, 대내전도 조선과 협공하여 대마도를 조선에 돌리려 했는데, 지금의 대내전은 이 사실을 알지 못한다.' 하였습니다."

다다량 교홍이 답서하길, "대마도·일기도 등의 적선이 귀국의 공운선에 실은 남녀 약간명과 곡식·포목, 잡화를 빼앗고, 살상했다는 글을 보니 부끄럽습니다. 남녀·포화 등을 찾아 돌려보내라 하나, 대마도와 저희는 여러 대를 걸쳐 사이가 좋지 못하고, 일기도 역시 동렬의 나라여서, 저의 명령을 듣지 않습니다. 저의 나라는 어린 임금이 정사를 재신에게 일임하였으니, 일기도·대마도는 먼 바닷섬이라 호령할 겨를도 없습니다. 보내신 명령에 따라, 사신을 보냈으나, 일기도는 승복하지 않을 것입니다." 하였다.

일기주 상송포·염진 이세수 원문이 답서하기를, "저의 백성들은 일기주 배를 탔지만, 대마주에서 약탈하여 조선과 적이 될 줄은 생각지 못했습니다. 지금 귀사가 가지고 온 백세저포 4필, 백세면주 4필 등을 받고 사의를 표합니다. 제가 받은 도장은 본래부터 조선을 위하여 정성을 바쳐온 까닭인가 하옵니다." 하였다. 비전주 송포·좌지·일기 태수 원정이 답서하기를, "적선 문제에 대하여 존명을 받으니, 이제부터는 더욱 경계하겠습니다." 하였다.

그해 5월 초무관 강권선이, "왜인 조전이 중국에 침입하려 합니다." 아뢰자, 신하들이, "중국에 치주해야 합니다." 하고, 혹은, "불가합니다." 하니 임금이, "그 전에 왜적의 동향을 듣고도 주달하지 않은 것은 적이 중지하면 중국에서 무고했다 할까 염려했는데, 근래 황제의 칙지에, '만일 소식이 있거든 즉시 보고하라' 하였으니, 허실이 있더라도 주달해야 할 것이다." 하였다. 그리고 세종은 첨지중추원사 신처강을 북경에 보내 "왜선 2척이 본국의 서여서도에서 제주 관선을 약탈하므로, 호군 강권선이 일기도 도주에게 말한즉, 4인을 잡아 보냈는데, 심문한즉, '일기도의 5인이 중국 연해에서 노략질한 뒤, 서여서도에서 제주도 관선 1척을 약탈하다가 잡혔습니다. 피고실라·살고라 등 2명을 압송합니다." 보고하였다.

이후에 주문사 병조참판 신인손이 왜적을 잡아 바친 공을 치하하는 칙서를 가지고 북경에서 돌아왔다.[75] 칙서에, "변방을 범한 왜적 57명을 잡아 바치니, 왕에게 채폐의 표리를 내려 충성을 보답하노라. 왕은 도둑이 출몰하거든 요동총병에게 치보하여 섬멸하되, 전쟁이 없이, 짐이 일시동인하는 뜻에 부응하게 하라." 하며, 상으로 장화융금 6단, 저사 20필, 채견 20필을 보냈다.

그해 6월 경상도 관찰사가 보고하기를, "종정성이 보낸 배 3척은 수 외의 배이므로 힐문하니, '양식이 핍절되었다.' 답변하여, 보리 1석을 주었으나, 돌아갈 때 연변을 노략질할까 염려되니, 빨리 이문하소서." 하였다. 이에 세종은 종정성이 보낸 배가 약정 외의 배이므로 이를 받아들일지 물었다. 이때에 예조에서, "'도주에게, 너의 섬이 흉년이라, 특별히 받아들였으나, 이후에는 더 보내지 말라.' 하고, 또 감사에게 분부하여 정수 이외의 왜인이라도 첩보를 알려 오거든 비밀히 치계하여 회답을 기다린 뒤에 가부를 결정하소서." 아뢰자, 그대로 따랐다.

그리하여 예조는 종정성에게 글을 보내 "사신으로 보내는 선척은 1년 안에 50척을 지나지 못하도록 약정하였는데, 이번에 배 3척이 정한 수에 넘어, 물리칠 것이나, 족하가 도적을 잡은 공적이 있고, 귀주에 흉년이 들어, 접대하니, 금후로는 정수 이외의 선척이면 접대하기 어렵겠다." 하였다.

그해 6월 세종은 각도의 관찰사, 절제사, 처치사에게 "섬 왜인들이 근년에 농업이 부실하여 서여서도에서 도둑질한 뒤, 초무관 강권선이 추쇄하니 숨었다. 이들이 도적질할까 염려된다. 연변 수령과 만호·천호 등에게 경계하게 하여, 적변이 있으면 즉시 토멸하라." 하며 왜변에 대비할 것을 유시하였다.

이때에 등구랑이 두 종류 병부를 쪼개 가지고 대마도로 가니, 세종이 경상좌도처치사 정간과 우도 도만호 김윤부에게 유시하였다. "지금 등구랑이, '왜적의 성식이 있으면 두 글자로 된 병부를 보내고, 없으면 한 글자로 된 병부를 보내겠다.' 하고 갔는데, 이제 각각 한 쪽씩을 보내니, 구랑이 보낸 사람이 있거든 그와 맞추어 보고 빨리 치계하라." 하였다.

그해 윤7월 세종이 대마도에서 장사하는 왜인의 보고를 받고, 경상도·전라도의 관찰사와 도절제사·수군 처치사 및 황해도와 강원도의 관찰사에게 "'좌지전 관하 왜선 13척이 고초도에서 고기 잡겠다 핑계하고 종정성의 증명서도 받지 않은 채, 고초도로 향했다.' 하니, 연변의 각 포구와 각 진은 왜선이 침범하거든 제압하라.

'왜선은 선체가 작아 은폐하면, 발견할 수 없다.' 하니, 세밀하게 경계하여 적의 술책에 빠지는 일이 없도록 하라." 유시하였다.

그해 윤7월 예조에서 대마주 태수 종정성에게 사객이 올 때마다 폐단이 있자, 시행해야 할 일들을 조목별로 적어 보냈다.

1. '매년 사송선은 한두 척에 지나지 않으며, 사람 수는 5, 6명을 지나지 않겠다.' 하였는데, 근래에 사송 수가 많아 공궤를 견딜 수 없다. 50척을 정수로 하였으나, 흉년으로 30척을 경관에서, 나머지 20척은 3포에서 무역하게 하였다.
1. 승선인 수는 큰 배 40인, 중선 30인, 작은 배 20인으로 하여 식량을 공급하였으나, 지금은 지대하기 어려우니, 대·중·소 3등급의 인원을 5인씩 감하겠다.
1. 포구에 머무는 사람의 식료 지급 일수는 규정이 없으나, 서울에 올라온 30척의 간수인에게는 50일, 포구에 머무는 20척에는 30일, 바다를 건너가는 동안의 식량도 5일을 기한으로 지급하겠다.
1. 고초도로 고기를 잡으러 오는 사람은 요즘 증명서가 없는 데다 납세도 하지 않으니, 지금부터는 증명서를 받았더라도 지정한 장소가 아닌 곳에 온 자는 적선으로 논죄하겠다.
1. 종언칠의 1년간 사송선 중 4척은 서울에 오게 하고, 나머지 3척은 포구에 머물러 무역하도록 하겠다.

이와 같이 조선은 1443년의 계해약조에 따라 다양한 통교자를 통제하였다. 반면 대마도는 무역의 이권을 보장받는 이점이 있었으나, 이전에는 제한이 없던 교역선 숫자가 규제되어 불만이 있었다. 이에 대마도는 세견선 증가를 요구하면서, 숫자로 정해지지 않았던 특송선을 활용하려 했다. 그리고 도주는 대마도 내의 다른 세력에게 주어진 통교권을 장악하고, 일본 다이묘들의 명의를 위조하여 교역규모를 확대하였다.

그해 8월에 왜인이 변효문·강권선을 대마도에 오랫동안 구류한 뒤 돌려보내자, 세종은 왜인의 부형과 자제가 원망한다는 말을 듣고, 위태롭게 여겨 윤인보를 대마도에 보내지 않았다. 그리고 경상도 좌·우도 도절제사와 수군 처치사, 전라도 수군 처치사에게 "우리나라가 오래 태평하게 지내 갑옷과 병기, 군함은 수리되지 아니하고 병졸은 남의 이름으로 대신 수직하고, 재물을 바쳐 몸을 빼기도 하니, 어떻게 제어할 것인가? 각 고을과 각 포구의 방비 계책을 마련하여, 조금도 방심하지 말라." 유시하였다.

이때 의금부에서, "최완이 공로를 나타내려고 고기잡이 하는 왜인을 잡아 죽였으니, 내이포에서 목을 베어 왜인들에게 널리 보이도록 하소서." 아뢰자, 그대로 따랐다.

조선은 계해약조에서 대마도 도주에게 세견선 10척을 약정하였으나 대마도의 군소 세력 5-6인도 별도의 세견선을 요구하였다. 조정에서는 다른 세력들이 잇달아 청할 것이라는 이유로 반대했으나, 부득이 종언칠에게는 1년에 7척, 종성가에게는 1년에 4척, 종성홍에게는 1년에 4척을 허락하였다.

그해 11월 종성가가 6가지 소청(1년 동안 왕래하는 배의 수효를 정해 주고, 흉년에 곡식을 주고, 모시와 표범가죽을 주며, 고초도에 고기낚기를 허락할 것, 아랫사람들을 부산포에 머물려 살게 하며, 동래 온천에 목욕을 허가해 줄 것)을 상신하니 의정부와 예조에서 의논하였다.

영의정 황희·좌참찬 권제 등이, "목욕은 괜찮으나, 그 외는 허락하지 않는 것이 좋다." 하고, 우의정 신개는, "한 섬 안에 두목 노릇하는 자가 5, 6명이나 되는데, 지금 청을 들어주면 종언차랑·종무직·조전 등이 잇달아 청할 것이니, 곤란합니다. 성가와 종정성은 한 집안 사람이니, 종정성에게 허락해 준 배의 수효에 1, 2척만 더하면 됩니다. 청구한 곡식에 대해서는 관례로 주는 30석에 10석만 더 주면 되고, 목욕은 허락하되, 그 밖은 들어줄 수 없다." 하였다.

좌찬성 하연·예조판서 김종서 등은, "종언칠이 도서를 받고, 배는 1년에 7척으로 정하였으므로, 종성가가 이를 전례로 삼으니, 거절하기 어렵습니다. 성가의 세력이 언칠만 못하니, 1년에 4척으로 정하고, 기근이 심하니, 곡식은 10석을 더 주되, 부산포에 살자는 것은 한 집만 허가하고, 목욕은 허락하나, 그 밖은 다 거절하는 것이 좋겠습니다." 하므로, 좌찬성의 의논에 따랐다.

1445년 2월 대마도의 좌위문위 종성홍이, 1년 동안 왕래하는 배를 10척으로 요청했으나, 의정부에서 4척으로 정하도록 아뢰자, 세종이 그대로 따랐다.

그해 4월 세종이 왜인의 호시물가를 의논하게 하였다.

영의정 황희·판서 김종서·우참찬 정인지 등이, "흥리왜인이 가지고 온 동·납·단목 등 운반하기 어려운 물건은 반을 나누어 포에 머물러 두고 무역하도록 했으나, 일본국왕의 사신과 대내전 객인에게는 전량 서울로 수송하도록 했으니, 공·사의 값을 모두 같이 할 것입니다." 하였다. 이에 우의정 하연은, "『육전등록』에 '객인이 가져온 물건은 자원대로 무역한다.' 했으므로, 강제로 값을 정한다면 분쟁이 염려됩니다. 일본 사신과 대내전 객인 외 여러 섬의 객인이 가져온 물건도 포에 머물러 두고 공·사로 무역을 하도록 하였으니, 서울로 보내는 물건은 약재와 필요한 물건 외에는 공무역을 못하게 하며, 만약 약재를 무역하며 값을 다투거든, 타일러 설득하면 분쟁이 없을 것입니다." 하였으나, 임금이 황희 등의 의논에 따랐다.

그해 7월 의정부에서 "'고초도에서 고기 낚는 왜선으로 병기를 숨겨 가진 자는 몰수하고 고기 낚는 것을 허락하지 말라.' 하였으나, 작은 칼을 병기로 의논하는 것은 온당하지 않으니, 활·화살·창·긴칼·환도·갑주 이외 나머지는 병기로 논하지 마소서." 아뢰자, 세종은 병기 소지 금지조항에서 병기의 범위를 구체적으로 정하게 하였다.

그해 9월 상호군 윤인보가 상서하길, "신이 사신이 되어 대마도에 이르니 종정성과 관할 백성들이 모두, '의식은 임금의 은덕을 입었으니, 몸은 일본에 있지마는 마음은 귀국의 백성과 다름없다.' 하였습니다. 박다, 일기, 상송포, 하송포 등처도 사모하는 사람이 많으며, 대내지세와 교흥이 '우리 계통은 귀국에서 나왔습니다.' 하면서, 접대를 후하게 하였습니다. 일기, 상송포, 하송포는 도적들이 많은 곳이니, 귀부한다면 이익이 될 것입니다. 계해년에 사신을 보내고자 하였으나, 가지 않았습니다. 지금 그 국왕이 장성했으니, 사신을 보내소서. 그리고 '사로잡힌 조선 사람이 유구국에 있는데, 돌아가려는 사람이 많다.' 합니다. 문무를 갖춘 사람 2, 3명을 사신으로 보내, 인심을 살피소서." 아뢰었다.

그러나 영의정 황희·우의정 하연·우찬성 김종서·좌찬찬 정분이 "구주 등처는 병난이 그치지 않으니 사신을 보내기 어려우며, 대마주는 상 줄 만한 일이 없는데 폐백을 가지고 간다면 도리어 의심할까 염려되니, 천천히 의논하소서." 하였다. 예조판서 정인지와 참판 허후는 "대내전은 전쟁이 그치지 않았으니 형세를 보아 심부름시키는 것이 옳겠습니다. 종정성은 국상 후에 사신을 보내상을 준다면 영광으로 여길 것입니다." 하니, 국상을 지난 후에 다시 아뢰게 하였다.

그리하여 그해 5월 세종은 전직 병조좌랑 조휘를 대마도 경차관으로 삼아 대마도 도주에게 대마도 관리에 대해 명하였는데 돌아와 복명하였다.

"종정성에게, '고초도에서 약속을 어긴 자는 치죄하고, 다른 섬에는 고기 잡이를 허가 말며, 한 해에 50척을 넘지 못하게 할 것이다.' 하였더니, 정성이 '고초도에 고기 낚으러 가는 자가 지세포에 보고하지 않거나, 병기를 가졌거든 귀국에서 약속에 따라 처치하실 것이고, 배에 병기를 숨겨 소란을 부리는 자는 통행증서의 있고 없음을 막론하고 도적배로 논죄할 것이고, 1년간 왕래하는 장삿배는 50척 외에는 더 보내지 않을 것이며, 고기를 낚고 세금을 바치지 않고 도망한 여섯 명은 세금을 징수하여 보내겠다.' 하였습니다."

그해 11월 의정부에서 왜 상인이 가져온 잡물의 관리방식을 정하도록 아뢰었다. "왜 상인이 가지고 온 잡물이 너무 많아 반, 혹은 3분의 1을 감하여 포구에 머물러 두어도 서울로 운반하는 수량이 2천여 짐이 되어 수고가 한이 없습니다. 단목·동·철 등 무거운 물건은 모두 포소에 머무르게 하여 사무역은 금하고, 왜관 공무역 예에 의하여 관가에서 그 값을 주면 서울과 포소에서 받는 값이 다름이 없고 백성의 폐단이 없어질 것입니다.

1. 단목·동·납·철을 매년 무역하여 관청에서 다 쓰지 못하고 포화도 잇대기 어려우니, 금후로는 관청에서 쓰는 것 외에는 왜관 사무역 예에 의하여 면주·목면·정포를 매매하여 공무역의 값을 보충할 것.
1. 포소에서 무역한 단목·동·납·철은 경상도 사재감에 바치는 공물 배와 각 포구의 병선으로 운반하되, 결손의 경중에 따라 진무와 색리에게 주어 전농시에 바치면 전농시에서 팔 것.
1. 해로로 운반하기 어려우면 농한기에 배로 실어 낙동강에서, 충주·금천을 거쳐 서울에 오고, 값은 전농시에 바치고 문계를 가지고 내려가 받게 하되, 서울에서 받는 예보다 더 주소서." 아뢰자, 세종이 그대로 따랐다.

1448년 1월 일본국 사신 선위사 지승문원사 강맹경이 경상도로 떠날 때 예조에서 사목을 주었다. "사신을 따라 서울에 올 사람은

20인에 넘지 말고, 굳이 청하거든 계해년 엄광의 예를 따라 24인으로 한정하며, 무역할 물건이 1, 2백 바리쯤 되면 3도로 나누어 운송하고, 3백 바리 이상이면 무거운 단목, 동철은 포구에 두고 수량에 따라 값을 주라. 그래도 수송을 강청하거든, 일본 국왕의 사신으로 모처럼 온 자이면 청을 들어주라." 하였다.

그해 3월 대내전이 보낸 왜인이 공무역의 간품이 높다고 사무역을 청하였다. 왜인이 예조에 와서, "공무역 물건에 간품을 심히 하니, 사무역을 하게 하소서." 하였는데, 예조에서, "어찌 물건도 보지 아니하고 미리 고하를 구분할 수 있는가? 간품하고 난 뒤에 정한 것이다." 하였다. 그러자, 왜인이, "공무역에 1필 명주가 동철 10근쯤 되는데, 사무역은 5, 6근이었습니다. 우리 고향 박다도가 소이전에게 불타, 부모처자가 떠돌면서 우리 오기만 바라는데, 지금 이같이 하면 무슨 물건으로 빚을 갚으며, 무엇으로 부모, 처자를 양육하겠습니까? 이 뜻을 예조에 고하소서." 하니, 예조에서 "물가는 위에 아뢰어 더 주겠다." 하였다.

그해 5월 선위사 강맹경이 아뢰길, "일본국 정사 정우가 복종을 많이 거느리고 서울에 가려 하고, 장삿배에 실은 물건도 서울로 수송하려 하므로, 신이, '20인으로 정하고 단목·동·납은 모두 포구에 머무르라. 서울과 외방의 값이 차이 없으니, 서울로 수송한들 짐은 무겁고 길은 멀어 폐단이 있을 뿐이다.' 하였으나, 저들이 수긍하지 않고, '동과 납을 서울로 수송하지 않으면 본국으로 돌아가겠다." 합니다. 이에 정부가, "거느리고 온 사람을 40인으로 정하고, 동과 납을 서울로 수송하는 것을 허락하지 않고 꾸짖기를, '상인들이 임금의 명령을 버리는 것이 가한가? 임의로 하라.' 하면 제가 깨달아서 올 것이니, 인보를 시켜 이르소서." 하였다. 그러나 세종은 선위사 강맹경에게 "일본 국사는 다른 도왜와 비할 수 없으니, 서울에 올라오는 인수를 60인으로 정하고, 동·납·단목도 서울로 수송하게 하라." 유시하였다.

그해 6월 세종이 예조판서 허후를 불러 "우리나라가 일본을 멸시하지마는, 상대국으로 칭하니 접대 예를 의논하지 않을 수 없다. 옛날에 일본에서 우리 사신이 길에서 대신이 교자타고 오는 것을 보고 말에서 내렸는데, 저 사람은 교자에서 내리지 않고 말하였으니 저쪽도 우리를 가볍게 여기는 마음이 있다. 접대 예를 어떻게 하면 좋겠는가?" 하고 일본 국왕의 사신에 대한 예를 물었다.

그해 6월 의정부에서 "왜인을 영접하고 전송할 때에 먹이는 것과 중로에서 잔치하는 차례 수를, 일본국왕의 사신이면 포소에서 3차례, 경상도에서 3곳, 충청도와 경기에서 각 1곳으로 하고, 대내전 사람이면 포소에서 2차례, 경상도에서 2곳, 충청·경기에서 각 1곳으로 하고, 종정성이 특별히 후대한 사람이면 포소에서 1차례, 경상·충청도에서 각 1곳으로 하며, 돌아갈 때에는 올 때와 같이 하되 포소에서는 한 차례만 하고, 나머지 왜인은 포소에서 먹이는 것을 제외하고, 경상도 안에서 오고 갈 때에 각 1차례씩 할 것입니다. 또 일본의 사신이면 내이포에서, 대내전 사람이면 내이포나 부산포에서 편의에 따라 하고, 별례 왜인은 3포를 따질 것 없이 접

대하소서." 아뢰자, 세종이 사신의 등급에 따라 영접 및 전송례를
갖도록 허락하였다.

1449년 서몽골 오이라이트의 에센이 개원·심양·무순 등의 군사
거점을 공격하자, 건주위 여진은 서몽골과 연합했다. 이때 명나라
의 영종 황제가 에센에게 포로로 붙잡히는 '토목보의 변'이 발생하
였다. 북경 조정에서는 새로운 황제를 옹립했으나 에센은 포로로
잡은 영종이 협상에 영향을 주지 못하자, 1450년에 영종을 명나라
에 송환했다. 그리하여 명나라에서는 2명의 황제가 재차 바뀌는
혼란이 오래 계속되었다. 이때에 조선은 에센이 조선에 쳐들어올
지 모른다는 불안감으로 대비책을 논하기도 하였다.

일본에서는 1449년 제6대 쇼군 요시노리의 아들 요시마사가 재
상 하타케야마 모치쿠니의 지원으로 제8대 쇼군으로 취임함으로
써 슈고 다이묘의 정권 장악이 계속되었다. 1451년에 이르러 쇼군
요시마사가 막부의 권위를 회복시키고자 중단되었던 감합무역을
부활시켰다. 이로써 재정은 안정되었으나 정변이 일어나 쇼군의
측근이 해체되자, 쇼군은 정치의욕을 잃고 건축과 정원 조경에 몰
입해 호소카와 가문과 오우치 가문이 실권을 행사하게 되었다.

1450년 윤1월 세종이 하연·황보인 등을 불러 "왜객인의 단목·동
납을 서울로 오지 말고, 포구에서 무역하도록 법을 세웠다. 전에,
'명주 1만 필을 포소에 보내 무역하게 하되, 부족하면 서울로 실어
와 공정한 값으로 무역하소서.' 하는 의논도 좋으나, 예조판서가,
'인국과 사귀면서 청을 들어주지 아니하는 것은 옳지 않으니, 조정

관원을 보내 명주를 가지고 가서 청하게 하소서.' 하는 이 말도 좋다. 왜인이 우리나라의 법에 복종하지 않고 서울에 오려 하니, 서울에 실어와 무역하게 하되, 전례에 따라 하면 저들이, '국가에서 억지로 상인을 시켜 무역하게 하였다.' 하여 분노할 것이니, 어떻게 처치할까?" 하며 일본과의 무역에 불만이 없도록 의논하였다.

하연 등이, "이것은 장사 왜인에게 무역하는 것이라, 국가 외교상의 예절에 관계되는 것이 아니니, 해됨이 없습니다." 하니, 임금이, "명주를 보내 즐겨 받으면 명주를 더 보내고, 즐겨 받지 않으면 서울로 운반해 와서, 무역하게 하여 서울과 외방의 값이 다르지 않다는 것을 알면, 뒤에는 강제로 청하는 것이 없을 것이다." 하니, 모두, "성상의 하교가 지당합니다." 하였다.

그해 3월 일본국 사신이 가지고 온 적동이 많아 각사 관리들이 품질을 보려 하자, 일본국 사신이, "동을 모두 관에서 무역한다면 어찌 서울까지 올 필요가 있습니까?" 하고 듣지 않았다. 이에 감호관이, "앞서 사신이 잡물을 많이 가지고 와서, 농사철에 민간 소와 말을 내어 수송하므로, 세종께서 백성의 폐단을 염려하셔서 서울과 지방에서 모두 공무역을 하면 폐단이 없어질 것이라 하였다. 계달하기 어렵다." 하였다. 이에 사신이, "물건의 절반 이상은 대신의 물품이기 때문에 시장에서 매매하지 못하면 노여움이 생길 것입니다." 하며 사무역을 원해 의정부에서 의논하게 하였다.

1451년 1월 일본국 관서로 살마주·대우주·일향주 3주 태수 등 원충국이 토물을 바치고, 백은·면주·호피·표피·호육 및 문석·인삼 등의 물건을 청하니, 예조에서, "은과 동·철은 본국에서 생산되는 것이 아니고, 인삼도 희귀한 물건이니, 이를 제외하고 나머지는 청에 따르는 것이 마땅합니다." 하니, 그대로 따랐다.

1453년 서몽골의 에센은 쿠빌라이의 후손 톡토부하를 대칸으로 옹립했으나 얼마 후 그를 제거하고 에센 자신이 칸에 올랐다. 그러나 1454년 내부 권력투쟁으로 에센이 부하의 손에 죽으면서 오이라트는 쇠퇴하였다.

1455년 윤6월 세조가 즉위했다. 세조는 단종을 강원도 영월로 유배보내고, 공신 세력이 강성해지자 왕권 강화를 위해 중앙 집권제를 확립했다. 각 읍의 군사를 5위에 분속하도록 군제를 확정했으며 각 역로를 개정하여 찰방을 신설하고, 각 도에 거진을 설치했다. 1460년에는 신숙주를 강원·함길도 도체찰사로 임명해 모련위 여진을 토벌하기도 했다.

1455년 11월 예조참의 홍윤성이 대마도의 종성직에게, "전에 족하의 선부가 왕래를 절제하여, 먼 곳의 사객선이 1년에 한 번, 한 해 걸러 한 번 왔는데, 근년에는 1년에 10회에 이르러 지대하기 어려우니, 구례를 지켜 각처 사객선에게 문인을 주되, 1년에 한두 차례를 지나지 않도록 문인 발부에 신중을 기하라"라고 요구했다.

1457년 4월 세조는 일본국왕이 돈을 청한 일에 대해 승정원에 전교하였다.[76] "일본국왕이 5만 민의 돈을 청했는데, 의정부에서는 2천 민만 지급해야 된다고 하고, 승정원에서는 3천 민만 해야 된다 하니, 모두 임시로 생각한 말이고 구례에 의한 것은 아니다. 지금 청을 따르더라도 후에 청함이 있을 것이니, 5만 민의 돈은 너무 많아 다 따를 수 없다. 전례를 상고하여 아뢰라." 하였다. 일본국왕의 사자 전밀이 하직하려 하자, 세조가 "불찰을 중수하는 데 돈을 얻으려 하지만, 관청과 민간에 저장된 것이 넉넉지 못해, 약간의 돈을 보내니 도움 되기를 바랍니다. 특별히 『대장경』의 영부와 토산물로 신의를 표시합니다. 귀국의 그림 병풍과 그림 부채는 제조가 정교하며 침향으로 새긴 부처는 진묘하다 하니, 보내준다면 다행입니다." 하였다.

그해 6월 일본국왕이 예조에 글을 보내 "을해년에 무역한 물건이 몇만 근인데, 그 반이 운송 도중에 유실되었습니다. 상인들이 싸게 사려했지만, 우리 상인들은 이익을 잃을 우려가 있어 비싸게 팔려고 해, 교역이 되지 않았습니다. 또 지체된 물화가 제포에 동 2만1천2백 근, 단목 1만1천 근, 납 5천9백 근인데, 겹겹이 쌓아 바닷가에 내버려두니, 생명을 무릅쓰고 파도를 넘는 것은 이익을 얻는 것인데, 이처럼 내버려두심은 어째서입니까? 관의 재물을 털어 값을 지급하소서." 하며 양국 상인 간의 거래에 감독을 청하였다. 이에 예조에서, "전에 사송인들이 서울에서 무역할 때 면주 1필 값을 납철 4근, 동철·소목 11근으로 정했으니 바꿀 수 없습니다. 매매는 양가의 사정에 따르는데, 억지로 팔게 할 수 없다는 뜻으로 타이르고 전대로 무역하게 하소서." 하니, 그대로 따랐다.

1458년 윤2월 유구국은 왜국이 가로막혀, 바칠 물건이 있어도 왜국을 경유하여 진상하였다. 유구국왕이 "본방은 할아비 세대부터 지금까지 귀국과 교린하였고 이제 귀국 1명이 표류해 사자에 부치니, 봉헌예물을 개좌하기를 청합니다." 하며, 사자 우중승 등 8인을 보내 토물을 바쳤다. 우찬성 황수신이, "예산이 바닥났으니, 물건을 받지 않더라도 가할 것입니다." 하였다. 그러나 예조판서 이승손이, "먼 나라에서 바치는 물건은 거절 못 한다." 하자, 임금이, "유구국이 바치는 물건을 받지 않을 수 없다." 하였다.

1459년 1월 유구국의 사자 패가도와 냉천진의 평씨와 호군 도안이 우리나라에서 보낸 면포·주포와 서계를 받아 돌아가다가 대마도에서 약탈당하였다. 도안 등 10인이 돌아와 예조에 아뢰니, 세조가, "대마도에 글을 보내 사유를 묻고, 약탈하였다면, 군사를 보내 이를 다스려야 할 것이다." 하였다.[77]

1450년대에 건주위, 해서여진이 몽골과 연합해 남하하고 요동의 위소체제가 붕괴되자, 명은 조선에게 출병을 요구했다. 당시 조선은 오랑캐, 우디케 등 부족 사이의 갈등, 추장들 사이의 상하관계, 내부 사정의 변화를 자세히 파악하여 입조한 추장에게는 회답의 형식으로 물품을 주고 관직을 내려주거나 혹은 군사적 정벌로써 이들을 통제하고 있었다. 그리하여 흑룡강·속평강의 올적합, 화라온·건주위 올량합 이만주·동창 등 심처야인, 삼위 달자까지 입조하여 이들에게 주는 지대 경비가 상당하였다. 이에 세조는 함길도 도절제사에게 "야인과 왜인들은 모두 우리의 번리이고 신민이니, 내부하는 마음을 물리칠 수가 없다. 내가 즉위한 후에 내부하는 자가 심히 많은데, 지대를 잇대기 어려우니, 낭발아한·속로첩목아·이귀야 등의 제추가 입조를 청하거든, 금년에는 보내지 말라. 흑룡강·속평강의 올적합과 화라온·건주위 올량합 이만주·동창 등 심처야인과 삼위 달자가 입조를 청하거든, 종인을 줄여보내라." 하며 야인 지대방략을 유시하였다.[78]

그리고 세조는 북방의 안정을 도모하고자 알타리·올량합·올적합을 화해시키도록 중재하였으나, 올량합, 알타리의 조선 귀화를 반대한 건주 도지휘가 요동 총병관에게 무고하자, 총병관은 명의 조정에 주달하고, 조선의 동태를 비밀히 살펴보게 하였다. 당시 명나라는 조선·여진의 화친이 명에 불리하였으므로 사적으로 여진과 접촉하지 못하도록 주의를 환기시키고 있었다. 이때 중국사신이 이만주에게 조선에 귀순했다고 책망하고 이만주 외 4인을 중국 조정에 데리고 가려 했다고 이만주가 세조에게 아뢰었다.

그리하여 세조는 명에 상주문을 보내 "신의 선조로부터 그들이 오면 대접하고, 가면 뒤쫓지 않는 것이 고사를 이루었습니다. 마지못해 북쪽의 야인과 화친했을 뿐, 어찌 중국 조정을 속이겠습니까?" 하며 조선의 여진 교린을 해명하였다. 그러나 명 황제는 "각기 영토를 보전하도록 했을 뿐이지, 그들과 왕래하여 관직을 제수하도록 허가하지 아니하였다. 저들이 중국 관직을 받고 있는데 왕이 또 관직을 주니, 이것은 중국에 지지 않으려고 대항하는 것이다. 왕은 이것이 본국의 고사에 의거했다고 하지마는 의리에 어긋난 행동인데, 그대로 계승하고 고치지 않으니 지금부터 사사로운 교통은 끊기 바란다." 하고 책망하였다.[79]

이에 세조는 평안도 관찰사 원효연·도절제사 구치관에게 야인이 복종하는 것이 우리에게는 상책이나 중국이 싫어하니, 건주위 야인이 내조하는 것을 허락하지 말도록 전지하였다. 이후에도 함길도 도체찰사 신숙주가 "올량합과 알타리 추장을 불러 올미거와 화해하게 하고, 니마거 올적합도 내조할 것"이라 치계하자, 세조는 "중국에서 조선을 달랠 뿐이다. 위협하려 해도 위협할 수 없고, 내버려두려 해도 내버려둘 수 없기 때문이다" 하면서 "여진에게 보낸 서계는 초무한 자취가 많으니 환수하라"고 유시하였다.

이 무렵 몽골이 남하하면서 여진과 합세하자, 조선은 이에 적극적으로 대응했다. 1460년 9월 신숙주가 여진 추장 90여 인을 목 베고 상동량에서 상가하까지 진군하였으며, 1461년 9월 한명회도 재차 여진을 정벌하였다. 이때 많은 야인 추장들이 귀순을 원하자, 한명회는 "우리나라 경계는 선춘령 이남부터 모두 우리의 옛 땅인데, 너희들이 돌아갈 곳이 없음을 가엾이 여겨 우리 백성과 같이 그 땅에 살게 하였는데도 너희가 불안하게 만드니, 어찌 우리 토지에서 의거하겠느냐?"라고 추궁하였다. 이에 여진추장들이 "영원한 세대까지 순종하기 원한다"라고 했음에도 세조는 "군사를 늦추려는 계책에 불과하다"라고 계속 공격하라고 명령하였다.[80]

1467년 2월 모련위·건주위 야인이 해서 달자와 합세하여 요동을 침범하자, 세조는 강순·어유소·이극균 등을 비장으로 삼아, 정병 1만5천 명으로 압록강과 두만강 이북지역을 정벌하여 강역을 확장하는 위업을 달성하였다. 그리고 1467년에 이시애가 함경도 토착민의 차별로 세력을 규합하여, 단종 폐위를 명분으로 반란을 일으키자, 세조는 반란을 진압한 뒤, 강순에게 건주위 여진을 토벌하게 했다.

일본에서는 다이묘들의 영향력이 막부를 능가했다. 대우전이 민호 1만호, 군사 2천 명으로 구주에서 제일 강해, 소이전 이하가 모두 섬겼다. 대우전은 1429년 조선에 처음 내조한 뒤, 1437년에 풍축양후주태수 원친중이 내조하였다. 그런데 1457년에는 친번이란 자가 '풍주 대우'라 일컫고 사신을 보내고, 지직의 사신도 함께 왔다. 1458년에 친번이 사신을 보내고, 1460년에 사능도 사신을 보내, "원지직이 서거하여 내가 가업을 계승하였다." 했는데, 이와 같이 '대우'라 칭하며 무역의 특혜를 바라는 자가 다수였다.

1467년 1월 일본은 쇼군의 후계자 문제로 내전이 발생했다. 제8대 쇼군 요시마사는 후사가 없어 동생 요시미를 후계자로 삼았는데, 친아들 요시히사가 태어나면서 정쟁이 발생했다. 막부의 관령이던 호소카와 가쓰모토는 쇼군의 동생 요시미를 지지했고 야마나 쇼젠은 쇼군의 아들 요시히사를 지지했다. 지방의 다이묘들도 이해에 따라 양진영으로 대립하였다. 쇼군 요시마사의 정실 히노 도미코가 친아들 요시히사를 후계자로 세우면서, 막부의 관령 호소카와 가쓰모토가 쇼군 요시마사와 천황을 그의 진중으로 옮겼다.

이때에 호소카와 가쓰모토 역시 자신의 후계 문제로 분쟁이 발생했다. 그는 야마나 쇼젠의 아들을 양자로 삼았으나 친자가 태어나자, 양자를 승려로 출가시켰는데 쇼젠이 노해 가쓰모토와 싸움을 벌였다. 쇼군의 정실 도미코는 가쓰모토가 이끄는 동군에 가담하였고, 동군에는 하타케야마 마사나가 등 24개국 16만 명, 서군에는 야마나 쇼젠 등 20개국 11만 명이 가담하였다. 막부의 후계자 문제로 발생한 '오닌의 난'이 10년간 지속되어, 조선과 일본은 대마도를 중개로 하는 무역만 계속되었다.

1468년 일본에서는 쇼군의 후계자 계승문제로 전투가 벌어졌다. 전투 초반은 동군이 유리했으나 대내의홍의 아들 오우치 마사히로가 4개국의 대군을 이끌고 서군에 합류하면서 전세가 역전되었고, 서군은 요시미를 쇼군으로 옹립해, 막부가 두 군데에 성립하게 되었다. 이로써 '오닌의 난' 이래 오다 노부나가 시대까지 100년간 하극상이 계속되는 전국시대가 시작되었다.

1469년 제8대 쇼군 요시마사는 대내전이 서군을 지원하자, 소이전에게 명해 그의 옛 땅을 회복하도록 지원했다. 이에 대마도주 종정국이 군사를 파병하였고, 인근 다이묘들도 그들을 돕게 되자, 소이전은 옛 영토를 모두 회복할 수 있었다.

1469년 11월 원상 신숙주가 예종에게 아뢰길, "대마주의 예사선이 50척이나 되는데 이제 한 척도 정박하지 않으며, 평무속이 3포의 왜인을 쇄환한다는 구실로 나온 지 오래되는데, 서울로 오지 않으니, 헤아리기 어렵습니다. 조관을 보내 그의 행동을 탐지하는 것이 어떠합니까? 대마주 태수 종정국의 상전은 소이전입니다. 전에 일본국왕이 대내전을 시켜 소이전을 정벌하여 그 영지를 뺏었는데, 이제 국왕이 옛 땅을 소이전의 손자에게 돌려주었습니다. 이에 종정국이 박가대에 가서 옛 강토를 회복하고 돌아왔으니, 서계와 선물을 소이전에 보내, 축하하는 뜻이 어떠합니까?" 하였다. 이에 예종이, "조관을 보내 평무속을 위로하는 것은 가하나, 서계와 선물을 대마도주와 소이전에 보내는 것은 비굴하지 아니하냐?" 하였다. 신숙주가, "조관을 보내 사정을 보고 온 뒤에 서계와 선물을 보내도 늦지 않습니다." 하자, 예종이 신숙주의 소청대로 조관을 보내 위로하게 하였다.

1469년 11월 성종은 13살 나이로 왕위에 올라, 자성대왕대비의 수렴청정을 받았다. 1470년 9월 대마주 선위관 사역원 첨정 전양민이 대마도주에게 "지금 우리나라는 해마다 흉년이 들어 저축이 부족하다. 그런데 귀국 여러 주에서 사신 배가 더욱 많아 대접 비용으로 연변의 진읍에서 견디지 못하고 있다. 분별하지 않고 모두 문인을 발급한다면, 저들도 소중히 여기지 않을 것이고, 우리도 어찌 족하를 신뢰하겠는가? 폐단을 열거하니 참조바란다." 하는 글을 가지고 갔다.

신숙주는 1443년 통신사 일행으로 일본에 갔을 때, 일본의 산천 경계와 요해지를 지도에 작성하고 그들의 제도·풍속, 각지 영주의 강약 등을 기록했는데, 성종의 명을 받들어 1471년에『해동제국기』를 간행하였다.『해동제국기』는 3부로 구성되어 있는데, 「조빙응접기」에는 도항자들을 일본 국왕사, 거추사(대호족과 막부의 고위직), 대마도 주사, 제추사(일본, 대마도의 소호족), 수도서인(조선이 발급한 도서를 하사받은 자)으로 분류하여 각각의 도항 횟수와 왜관에서의 접대규정을 기록했다.

1471년 8월 예조에서 아뢰길, "세종조에 왜의 과해량은, 대마주 북면까지 1-2일정인데 10일 치, 일기주까지 4일정인데 20일 치, 좌지전·지좌전까지 5일정인데 20일 치, 비전주의 원의가 있는 곳까지 6일정인데 15일 치, 구주의 종금이 있는 곳까지 7일정인데 20일 치, 석견주의 주포겸정이 있는 곳까지 13일정인데 30일 치, 살마주 등희구가 있는 곳까지 15일정인데 30일 치, 대우전이 있는 곳인 풍후주까지 10일정인데 30일 치의 양식을 주었습니다. 그 후 식량을 지급할 자가 많아졌으나 관리들이 임의로 제급해, 원근이 뒤바뀌었으니, 과해량을 3등급으로 나누어 대마도는 5일 치, 일기도는 15일 치, 구주는 20일 치의 양식을 지급하고, 일본 국왕의 사신과 여러 대신의 사인과 유구국 사인은 모두 구주의 일수와 같게 제급하소서." 아뢰므로 성종은 일본 객인에게 주는 양식을 일정에 따라 조정하게 하였다.

그해 11월 유구 국왕 상덕이 중 자단서당 등을 사신으로 보내며 서계를 보냈다.[81] "남만 국왕이 '아득히 조선국의 풍화를 듣고, 사모한 정이 오래되었다.'라고 하면서, '남주의 화물을 주문한 대로 진공하겠다.' 하였습니다. 전번에 주자·목면 등이 화재로 변고가 생겨, 주신 것을 전달하지 못했습니다. 신중은 귀국의 신하되기를 청하니, 뜻을 얻으면 다행이겠습니다. 또 서권을 위작하였다 하나, 폐읍은 알지 못합니다. 그래서 2매를 바치고 2매는 후증으로 삼았는데, 모두 신중이 연구하여 정한 것입니다. 만약 해도에 거처하

는 자가 알게 되면, 폐읍의 사자가 편안하지 못할 것이니, 살피소
서." 하였다.

이에 예조에서 아뢰길, "유구국 사신 신중이, '조선의 작명을 받
아 영구히 번신이 되려 합니다.' 하였습니다. 신중은 일본 박다에
거주하고, 본국과 유구국왕이 신임하는 데다 우리나라 도서를 받
고 세견선으로 내조하는데, 이제 또 친히 와서 관작받기를 원하
니, 종2품직을 제수하소서." 아뢰자, 성종은 그에게 종2품직을 제
수하였다.

일본에서 동군과 서군이 대진한 지 6년이 지날 무렵 조선에서
막부에 사신을 보냈다. 그리하여 제8대 쇼군 요시마사가 야마나
쇼젠에게 사신을 보내도록 명해 심원동당과 수린이 조선에 왔다.
이들은 "대내전의 서신과 사물을 해적에게 약탈당하였다."라고 했
으나 진실성이 결여되어 믿을 수가 없었다고 신숙주가 『해동전기』
에 기록했다.

1473년 서군의 필두 야마나 쇼젠과 동군의 수장 호소카와 가쓰
모토가 모두 사망하자, 제8대 쇼군 요시마사는 8세의 아들 요시
히사에게 제9대 쇼군직을 물려주고 은거하였다. 요시히사가 쇼군
으로 취임하면서 도미코는 요시히사의 후견인 역할을 하였다.

1473년 6월 대마주 태수 종정국이 특송한 주변·수성 등이 하직
하려 하자, 성종이, "근래에 너희 도주가 우리 명령을 봉행하지 아
니함이 없었고, 관하를 잘 검솔하므로 내가 가상히 여긴다." 하니
주변·수성이, "돌아가서 도주에게 말하겠습니다." 하였다.

예조 답서에, "전하께서 특별히 승륙에게 범경·법기, 쌀과 콩을 하사하였으며, 족하가 진달한 승륙의 도서 1과를 보내고, 세건선도 1년에 1척으로 약정하였다. 본년 3월에 박다성 등씨모의 사송 신사이문이 소선을 타야 하는데 대선을 타고 와 구약을 어겼으므로 환송하였고, 5월에 축전주 정성의 사자 대요사야문은 서계 안에 주수의 성명을 기록하지 않아 환송시켰다. 비전주 원윤과 축전주 씨향 등의 예선은 모두 1년에 1척, 비전주 소필홍과 살마주 성구 등의 예선도 모두 1년에 1, 2척으로 약정하였는데, 위의 네 사람은 계사년의 예선을 준거하여 접대한 뒤의 것이다. 금년에 원윤의 사자 구라사야문, 씨향의 사자 사두사야문, 소필홍의 사자 모리피사이문, 성구의 사자 구라사이문은 모두 구약을 어겼고, 또 6월 비전주 원덕의 사자 강간도로의 서계에 붙은 도서는, '경인년 9월 화재로 잃어 사사로이 도서를 붙인 것입니다.' 하였으나, 경인년 12월 서계는 발급한 도서를 찍어 보냈으니, 거짓이 나타나 환송하였으니, 참조하라." 하였다.

1476년 2월 대마도 선위사 김자정이 휴대했던 사목은 다음과 같았다.

1. 도주를 보면 '이번에 3포 왜인을 쇄환하고, 적왜 삼보라 등은 목을 베어 용서하지 않았으니, 전하께서 나를 보내 답례하도록 하였다.'라고 한다.
1. '족하가 면주와 면포 1만 필을 청구하고, 「과거에 없던 청인데, 후일에

도 이 같은 큰 일은 없을 것입니다.」했으나, 족하가 지성으로 순종하기에 약간 정도를 특별히 하사하였다.'라고 한다.

1. '변장이 적왜를 사로잡아 형법에 처하기를 청했으나, 전하는 서울에 잡아와 국문하여 실정을 알아내었다. 족하에게 알렸더니, 국경에서 베도록 하였다. 우리나라를 수호하는 정성이었으므로, 전하께서도 기뻐하셨다.'라고 한다.

1. '일본국왕이 여러 번 사신을 보내 우리도 사신을 보내려 하였다. 그런데 족하가 병란 때문에 사람을 보낼 수 없다 하니, 병란의 발생원인과 지금의 사세와 승패·곡직을 듣고자 한다.'라고 한다.

1. '3포에 60호만 약조하였으나 지금은 제포에 308호, 부산포에 67호, 염포에 36호가 있다. 지금 족하가 쇄환해 가니, 가상한 일이다. 남아 있는 수효도 점차 쇄환시켜 약조대로 해야 할 것이다'라고 한다.

1. '사선이 올 적에 대선이면 40인, 중선이면 30인, 소선이면 20인으로 계산해 요미를 주었더니 근일에는 항거인의 큰배를 청해 요미를 받기도 하고, 배를 계량할 때에 평두량은 받지 않는다. 금지시켜야 할 것이다.'라고 한다.

1. '지난 갑오년에 국지중조라는 사람이, 「금년 4월에 듣건대, 어느 사람이 저의 아버지 국지위방의 사자라 일컫고 거짓으로 도서를 청해 해마다 사자를 왕래한다 하니, 이것은 간사한 무리가 위조한 일입니다.」하였다. 그러므로 무자년의 도서를 자세히 살펴보니, 과연 전일에 하사한 도서였다. 또 국지위방·국지중조 부자의 두 사인이 같은 시기에 객관에 도착했는데, 분변할 수가 없어, 족하의 문인에만 의거하여 모두 객관에서 접대하였다. 예조에서 족하에게 진위를 분변하게 했으니, 지금에는 변별했을 것이므로, 그 시비를 상세히 묻는 것이다.'라고 한다.

1. '전에 일본국왕의 사인이 중국 조정에 죄를 지은 후로 공물을 보내지 않은 것이 몇 해가 되었다. 우리 선왕께서 사유를 갖추어 전달했더니, 황제께서 윤허했으므로, 일본이 다시 공물을 보내 부험의 하사를 받았다. 다시 주청한다면 적당하지 못하다.'라고 한다.

1. '일본국왕의 서계에 「연전에 세천·이세의 사자가 서신을 보내 구원을 청했지마는, 저희가 알지 못하였으니, 이는 간사한 사람이 한 짓입니다.」라고 하며, 또 온 사자가, 「대신이 보낸 것이라 일컫는 사람도 많아, 부험을 만들어 국왕에게 보낸다면 폐단이 없을 것입니다.」라고 했다. 그런 까닭으로 부험을 만들어 증거로 삼으려 한다. 족하의 문인에 따라 접대하니, 족하도 우리 조정의 뜻에 보답하기 바란다.'라고 한다.

1477년 무렵 여진이 요동변장을 침입하자, 명나라는 여진을 방어한다는 명분으로 금주·의주 등에 변장·성보·돈대 등을 쌓고, 봉황성에 군대를 주둔시키자, 조선은 국경 완충지대가 잠식되는 것을 우려하였다.

일본에서는 제8대 쇼군 요시마사의 정실 도미코와 외척 히노 가쓰미쓰가 막부에서 실권을 장악하고 있었다. 도미코는 제9대 쇼군 요시히사를 위하여 분쟁을 막후에서 협상하였고, 1477년 동서군의 하타케야마 요시나리와 오우치 마사히로가 각자의 영지로 물러나면서 11년간 분쟁이 종식되었다.

조선에서는 3포의 왜인수가 증가해 1480년에 2,000명이 넘었다. 1478년 2월 성종이 "3포에 사는 왜인이 점점 많아지니, 지금 도모하지 아니하면 해결하기 어려울 것이다."라며 왜인들에 대한 단속을 승정원에 전교하였다.

　그해 2월 호조에서 경상도 관찰사의 계본에 의거하여 "3포 왜인의 토지는 추탈하기 어렵고 법대로 조세를 거두기도 어려우니, 지금부터는 연분에 따라 세금을 거두고, 토지를 왜인에게 판 자 및 자기 밭을 왜인 명의로 기록한 자는 장 1백 대를 때리고, 온 가족을 양계로 옮기고, 토지는 관에 몰수하되, 수령으로 규찰하지 못한 자는 파면하소서." 아뢰니, 성종이 그대로 따르되, 전세는 아직 전대로 하게 하였다.

　1479년 윤10월 여진이 몽골과 합세하여 요동을 약탈하였다. 명은 건주위 토벌작전을 전개하면서, 조선에게 건주위를 공격하도록 요청하였다. 이에 성종은 어유소를 토벌군의 원수로 삼아 1만 명으로 공격했으나 강의 얼음이 얼지 않아 도강하지 못했다고 보고했다. 그러자 성종은 좌의정 윤필상을 도원수로 삼아 평안도 군사 2천으로 북정군을 지원해 승리하였다.

　1480년 2월 성종이 한명회에게, "남방은 태평한 날이 오래 되어 난리를 알지 못하는데, 3포 왜인은 날로 번성하니, 미리 도모하지 않을 수 없다." 하자, 한명회가, "하삼도는 전쟁을 잊은 지 오래인데다가 왜인이 오랫동안 우리 땅에 살고 있어, 뜻밖의 변이 있을까 두렵습니다. 해마다 대신을 보내 변방을 규찰하소서." 하므로, 임금이, "도주에게 통유하여 쇄환토록 하는 것이 어떻겠는가?" 하고 대마도주에게 쇄환하게 하였다.

　1481년 8월 일본국 대마주 태수 종정국이 "작년에 저희 고을의 간특한 무리들이 귀국 백성을 많이 살상했음을 알지 못했습니다. 나중에 이를 알고, 선주와 괴수, 그 무리 10여 인도 머리를 베어 징계하려 합니다. 전에 하사하신 준마는 구주의 대인들이 끌고 가 버려 말이 없어진 지 오래되었습니다. 역마 중에 좋은 말이 많다는데, 큰 말 한 필과 중간 말 한 필을 허용하여 주시기 바랍니다." 하는 서계를 바치었다.

1481년 8월 26일 예조판서 이파가, "이번에 온 종무승과 평국충 등은 도둑질한 왜인의 목을 베어와 고하였으니, 위로함이 어떻겠습니까? 신이 3포 왜인의 쇄환을 말했더니, '서계를 도주에게 전하면 마땅히 쇄환하겠습니다.' 하고, 배의 수를 더 줄 것을 청하고, 벼슬을 청하였습니다." 하니, 임금이, "배의 수는 더할 수 없으나 벼슬은 제수할 수 있다. 호초는 약을 조제함에 필요한 것이니, 그 종자를 왜인에게서 구함이 좋을 것이다." 하였다. 이파가, "호초는 의영고에 가득차 있으니, 종자를 구할 필요가 없습니다." 하니, 임금이, "왜인과 틈이 생겨 오지 아니한다면 이어갈 수 없을 것이다." 하였다.

그해 10월 종무승 등이 하직할 때, 예조에서 답서에, "족하가 범인 3인과 나머지도 섬멸해 다른 무리에게 경고했던 사실을 아뢰었더니, 전하께서 기뻐하셨다. 8월 15일에 전라도 순천부의 민선이 적선 2척의 공격을 받아 한 사람은 부상하고 한 사람은 죽었다. 9월 초2일에 적선 3척이 전라도 돌산도 대질포에 와서 양민 3명을 사살하였는데, 국가에서 도주를 성심껏 대접함을 변장이 알기에 앙갚음하지 않았다. 지금부터는 추격하고 체포할 것이며, 부득이 죽인 경우는 그 사유를 일러줄 것이니, 족하도 우리나라의 울타리가 되어 전하의 은혜에 보답하면 다행이겠다." 하였다.

1483년 2월 일본국 대마주 태수 종정국이 토산물과 함께 서계를 바쳤다. "섬 안의 인민은 외국과 혼인한 친척이기도 하고, 무역으로 외국의 큰 배, 작은 배의 왕래가 많습니다. 일 년이나 달포를 지내며 머무는 자가 항상 수백 척이니, 우리 섬 주민을 간적이라 함은 불가합니다. 실증을 얻게 되면 추포함에 무슨 어려움이 있겠습니까? 지금 3포의 백성이 많이 증가하였으나 옛날 60여 인의 자손과 종들입니다. 금년에 큰 배 건조가 이미 끝나, 내년에 유구왕에게 청해 사선을 남만에 보내려 합니다. 만약 그렇게 하려면 사자와 사공이 수백 명이니, 3-5년의 양식 물자를 준비해야 됩니다. 청동 1만 꿰미이면 족하겠습니다. 종자를 얻게 되면 귀국과 우리나라 만세의 보배입니다. 옛날 우리 조종이 간혹 수백 척을 은 사받기도 하였으나 지금 50척은 너무 감소되었으니, 50척을 더 내려 주시면 자손의 영광이 되겠습니다." 하였다.

1485년 2월 호조에서 3포 왜인들의 물건을 수매하는 것에 관해 아뢰자, 성종은 영돈녕 이상 및 그 도의 감사를 지낸 사람들에게 의논하게 하였다.

정창손·윤필상은, "사무역으로 허락하되, 밀매하면 징계하고, 따로 새 법을 세울 필요는 없습니다." 하고, 노사신은, "호조에서 아뢴 대로 한다면 물가가 변동할 리 없을 것입니다. 『대전』에 금물을 사용하는 자는 사형이니, 이 법을 지킨다면 다시 딴 법을 세울 필요가 없습니다." 하였다.

　좌승지 성건·우승지 한찬은, "백성들에게 사사로이 매매하도록 하면 폐단이 많을 것입니다. 국가에서 성주 화원현에 왜인 물품 창고를 설치하여, 상인들이 대가를 상환하려 하지만 왜인 물품이 매우 많아, 경상도 물건으로 감당 못하면, 상인들에게 대가로 줄 물건을 포소에 가져다 놓게 하여 관아에서 매매하면, 편리할 것입니다. 상인들에게 화원에서만 무역하게 하여 관아에서 대가를 3포로 전달하고 답례로 하사하는 수량을 보충한다면, 포소에 왜인 물품이 품절되지 않고, 장사들이 왜인과 서로 통하지 못할 것입니다." 하였다.

　우부승지 이세우는, "이전에도 왜인 물품을 3포에서 화원현에 실어다 놓고 백성들에게 대가를 사섬시에 바치면, 호조에서 시세대로 제급하였는데, 백성들이 좋게 여기었습니다. 3포 왜인의 물품을 양산 동원 나루에서 배로 7, 8일 가야 화원에 닿는데, 부족하면 추징하므로, 관원이 감당 못해 도망하는 사람이 있었습니다. 3포에서 동원 나루까지 부산은 1식, 제포는 3식, 염포는 4, 5식인데, 수송이 4, 5일 걸려 농사에 방해되므로, 백성들 폐해가 적지 않습니다. 왜인 물품을 3포에 갖다 놓을 적에 소재지 관원이 기록하고, 사기 원하는 자가 호조에 신고하면, 호조는 사섬시에 대가를 바치고 물가대로 기록 문서를 발급하고, 소재지 관원은 그 문서에 의해 베를 받고 제급하며, 전에 받은 베로 뒤에 오는 왜인 물품 값을 충당하고, 관아에서 대가를 주고 무역하여 이전처럼 화원현으로 실어들여 국가의 사용에 대비하며, 3포에 왕래하지 못하게 한다면, 수송 폐단이 없어 관청이나 백성에게 모두 편리할 것입니다. 그러니 백성들에게 사게 하느라 왜인들과 일시에 함께 오도록 할 필요가 없습니다." 하였다.

전교하기를, "먼저 대가를 받고 관청에서 거두어 준다면, 상인들이 즉시 받지 못해 즐겨 하지 않을 것이다. 서로 무역하되 금법을 세우는 것이 어떠한가?" 하니, 승정원에서, "과거에 무역을 허락했다가 칼을 뽑고 공격하는 자가 있었기에 중지했습니다. 관청에서 지체하더라도 이익이 많으면 사람이 많을 것입니다." 하였다.

그해 7월 대마주 태수 종정국이 토산물을 바치며, "지난 해에 특별히 2척을 허락하여 정액으로 하고 도서를 내려 주셨으니, 성은이 막대합니다. 사자가 돌아올 때 쌀·콩 2백 섬을 내리고, 부산포의 제24선에도 계묘년의 예대로 쌀·콩 2백 섬의 은사를 입었습니다. 지금 42문목짜리 황금 60정과 42문목짜리 주홍 5백 37리를 가지고 가게 하였습니다. 교역한다는 생각을 하지 말고, 은사를 두터이 하신다면 다행이겠습니다." 하는 서계를 올렸다.

일본에서 막부의 혼란은 계속되었다. 제9대 쇼군 요시히사는 쇼군 권위 회복을 위해 1487년 오미 국의 슈고 롯카쿠 다카요리를 토벌하고자 2만 명을 출진시켰으나 쇼군이 1489년에 병사하자, 요시마사의 정실 히노 도미코는 요시미를 출가시키는 조건으로 요시미의 아들 요시키를 제10대 쇼군에 취임하게 했다. 1493년 전임 관령 하타케야마 마사나가는 적대 중인 하타케야마 요시토요, 하타케야마 요시나리를 토벌하기 위해, 쇼군에게 친정을 요청하였다. 그러나 쇼군의 친정으로 하타케야마 마사나가의 권세가 커지는 것을 우려한 도미코는 반대파였던 호소가와 마사모토와 다시 야합했다. 마사모토 역시 쇼군 요시키에게 불만을 가진 상태라 쉽게 야합해 메이오 정변을 일으켰다. 1494년 정변이 성공하여 호소카와 마사모토는 쇼군 요시키를 추방하였고 제8대 쇼군 요시마사의 조카 세이코를 요시즈미로 개명해 제11대 쇼군에 취임시켜 정권을 장악했다.

이 무렵 조선에서는 1491년 여진이 두만강변을 재차 침입하자, 성종은 허종에게 북벌을 명하였다. 도원수 허종이 두만강 심처야인을 모두 평정하자, 니마거 추장 올도고마저 조선에 화친을 청하고,[82] 여러 부족의 올적합, 건주위 조다랑합, 건주위 도독 달한까지 정벌을 당할까 귀순하게 되었다. 이로써 조선의 실질적인 경계는 두만강 북방의 원대한 지역까지 미치게 되었다.

1493년 6월 승정원에서 아뢰길, "유구국의 사신은 모두 본국인이 아니고 중간에서 홍판하는 무리입니다. 신들이 지난해의 서계와 이번에 가지고 온 서계를 가져다 보았더니, 인문이 달랐습니다. 야차랑은 지난해에도 내조하였으니, 이는 필시 구주 사이에 살면서 도서를 위조하여 이익을 늘리려는 자일 것입니다." 하였다. 이에 전교하기를, "이와 같다 하더라도 어찌 드러내어 말할 수 있겠는가? 이번에 회답하는 서계에 도장이 같지 않다는 뜻을 대략 말하는 것이 좋겠다." 하였다.

그해 6월 좌승지 김응기가 아뢰길, "야차랑이 유구국왕의 서계를 받아 온 것이 세 번이었습니다. 처음에 가지고 온 서계의 인문은 전날 다른 사신이 가지고 왔던 서계의 인문과 같았는데, 후에 가지고 온 서계와 이번 서계의 인문 자획의 대소가 달랐습니다. 또 전에 서계 안에는 부험 인신의 반쪽 글자를 아울러 기록하였기에 그 사신이 머무르는 포소에서 부험을 합쳐본 후에 접대하였는데, 이번에는 이 말이 없어 더욱 믿기 어렵습니다." 하였다.

도승지 조위는, "야차랑은 지난해에 우리나라에 왔다가 돌아간 지 얼마 되지 않았는데, 어떻게 갑자기 또 올 수 있습니까? 하물며 인문이 전번 서계의 인문과 같지 않으니, 의심할 만합니다. 저들은, 우리가 유구국의 사신을 후하게 대접하고 회봉도 많기에, 서계를 위조해 이익을 엿보는 것임에 틀림없습니다. 이제 우리가 후하게 접대한다면 속이기를 그치지 않을 것입니다. 회답 서계에, 부험이 없으면 믿기 어렵다는 뜻을 알리고 답사도 줄이는 것이 어떠할까 생각합니다." 하였다. 이에 전교하기를, "허위임이 명백하니, 가지고 온 물건을 돌려주고 접대하지 않는 것이 어떻겠는가?" 하였다.

그해 6월 예조에서 유구국의 서계가 위조로 의심되니, 유구국왕과 대마도주에게 답서를 보낼 때 유시하도록 아뢰었다.

"유구국의 사신에게 힐문하기를, '너희들이 가지고 온 국왕 서계의 인적이 기해년과 계묘년 두 해의 서계 인적과 같지 않아서 믿기 어렵다.' 하니, 범경이, '국왕께서 서계를 봉하여 저에게 주셨고 저는 다만 받아왔을 뿐이니, 제가 알 수 없습니다.' 하였고, 야차랑 은, '제가 국왕의 서계를 받아 온 것이 이미 네 번입니다. 인적이 같고 다른 것을 어찌 알겠습니까?' 하였습니다.

그래서 또 말하기를, '한 나라의 임금이 어찌 두 개의 도장을 쓰 겠는가? 위조가 명백하다.' 하니, 야차랑이, '앞서 박다 사람 도안 이 수차 유구국왕의 서계를 받아 귀국에 사신으로 왔는데, 저도 박다 사람입니다. 비록 본국에 사는 자라 하더라도 나라의 일을 알지 못할 수도 있는데 저는 다른 곳의 사람이니, 유구국왕이 쓰 는 인신이 하나인지 둘인지 혹은 열 개에 이르는지 제가 어찌 알 겠습니까?' 하면서 간절하게 답서를 받고자 하였습니다. 이제 따르 지 않는다면, 분을 품을 것이 확실합니다. 우선 그 청에 따라 국 왕에게, '이번에 온 야차랑·범경 등이 가지고 도착한 서계의 인적 은 이전 서계와 달라 사신으로 대접할 수 없다.' 답하고, 대마도주 에게도 유시하소서." 하였다.

그해 8월 29일 경상도 관찰사 이극균이, "왜인들이 배를 빌려 대 신 점고 받고 요를 받아 나누어 쓰는 폐단을 도주에게 누차 통유 하였으나, 개선되지 아니하고 폐단이 쌓였습니다. 항상 거주하는 왜선에도 표를 붙여 구별하지 아니하면 간계를 막을 수 없습니다." 아뢰었다. 이에 노사신은, "이극균이 아뢴 뜻은, '배에 표를 붙이는 것이 적당한지 아니한지를 3포 왜인에게 물어 그 뜻을 듣는 것이 어떠하겠느냐?' 한 것이고, 곧 표를 붙이려는 것은 아닌데, 지금 예조는 이극균의 뜻과 같지 아니합니다. 이극균이 적당한지 아니한지를 물어 다시 의논하소서." 하였다. 윤효손은, "왜인을 접대하는 일은 『해동제국기』에 절목이 상세하니, 옛법을 고쳐 놀라게 할 수 없습니다. 예전대로 두는 것이 어떠하겠습니까?" 하였는데, 임금이 노사신의 의논에 따랐다.

그해 10월 경상도 절도사 조익정이 아뢰길, "제포 왜인 50여 명이 연변 백성의 고기 잡는 곳을 점거하므로, 첨절제사 여승감이 사람을 시켜 말리자, 왜인이 그를 구타하여 상처를 입혔습니다. 제포의 왜노는 대대로 우리 땅에 살면서 우리와 다름없는데, 이제 횡역하니, 사변이 있으면 이곳의 군사로는 대응하기 부족하니, 서울 군관을 차임하시는 것이 어떻습니까?" 보고하였다.

이에 윤필상이, "변장이 다스리면 국가에서 조처하기가 쉬울 터인데, 국가에서 이를 가두면 어떻게 처리하겠습니까? 조관을 보내 처리하는 것만 못합니다." 하자, 전교하기를, "변장이 다스렸으면 좋았을 것인데, 조익정이 그렇게 하지 못하였으니, 옳지 못하다. 조관으로 가서 살피도록 하라." 하였다.

1494년 3월 성종이 왜인에게 줄 면포가 부족하니, 그들의 진상을 줄이는 방법을 의논하였다.

호조판서 노공필이 아뢰길, "일본국왕 사신이 사사로이 바치는 물품 가격이 면포로 28,839필이 됩니다. 사사로이 가지고 온 물품도 모두 진상이라고 바치니, 국왕의 사신과 제추의 사송이 계속 나오면 장차 무엇으로 주겠습니까? 예조에서, '근래에 세계의 물품은 적고 사사로이 바치는 물품은 많으니, 예전대로 무역하는 것이 가하다.'라고 해야 합니다. 그렇게 되면 바치는 것이 적어질 것이며, 주홍이나 치자처럼 적절하지 않은 물품도 가격을 감하는 것이 어떻겠습니까?"

이에 전교하기를, "왜인이 사사로이 바치는 것은 옛부터 그렇게 하였는데 하루아침에 거절하면 어렵지 않은가? 화매하여 값을 충당시키는 것이 어떻겠는가?" 하였다. 노공필이, "어떻게 화매로 그 값을 채우겠습니까? 사사로이 바치는 물품을 거절하지 않는다면 지금 있는 면포도 앞으로 떨어지게 될 것입니다." 하였다. 윤필상·이극배·유지는, "왜인이 바치는 물품은 노공필이 아뢴 바와 같이 인편으로 말하고, 치자나 주홍 등의 물품은 예조나 호조로 하여금 가격을 감하는 것이 어떻겠습니까?" 하고, 윤호는, "나라의 저축은 한정있으니, 서계에 부쳐 온 물품은 공무역, 나머지는 사무역이 어떻습니까?" 하였다.

그해 4월 1일 경상도관찰사 이극균이, "대마도주와 제추의 사신이 작은 배를 타고 와서 큰 배와 몰래 바꾸니, 속이는 것을 안다하더라도 힐문하지 못하고, 매번 큰 배의 양식을 지급하므로 나라의 저축을 없앨 뿐입니다. 사선을 정한 숫자가 있으나, 대선·중선·소선의 숫자를 정하지 아니하였기 때문에, 폐단이 쌓인 것입니다. 대선·중선·소선의 숫자를 약정하소서." 하며 왜인 사송선의 대선·중선·소선의 숫자를 정하도록 치계하였다.

이에 예조에서, "여러 거추 사신의 대선·중선·소선을 약정한다면, 속이는 일은 없을 것입니다. 이극균이, '3포의 왜선과 우리나라 백성의 배에 모두 표를 붙이고, 왜인을 불러 그 뜻을 살펴보려합니다.' 하였으니, 지금 물어 보는 것이 어떠하겠습니까?" 하고 아뢰었다. 임금이 승정원에 명하니 승지가 아뢰기를, "지금 표를 붙이더라도 속이는 것도 전과 같아질 것입니다.『해동제국기』에 선부가 대선이면 40명, 중선이면 30명, 소선이면 20명으로 정했으나 지난 경술년은 왜선 164척 가운데 대선이 160척, 중선이 4척이었고 신해년은 왜선 165척 가운데 대선이 162척, 중선이 3척이었습니다. 대선·중선·소선을 정하면 속이는 일이 없을 것이니, 이극균의 아뢴 바에 따라 시행하는 것이 편하겠습니다." 하자, 상이, "여러 의논을 기다려서 처리하겠다." 하였다.

그해 7월 경상도 관찰사 이극균이 제포 첨절제사 여승감의 첩보에 의해 "'17선의 격인 234명이 내지에서 고기를 잡지 못하면 생리할 길이 없다.' 하였습니다. 혹 환이 생기면, 웅천군이 구원하지 못할까 염려되니, 비밀히 내지의 군사를 가려 방수하고, 바닷가 백성도 은밀한 곳에 옮기며, 연해 각 고을의 군사도 불우에 대비하소서." 하며, 유사시 환란을 대비한 대책을 아뢰었다.

윤필상·노사신·박원종이 "항거왜인은 우리나라 사람과 섞여 산 지 오래니, 일이 있으면 알지 못하는 것이 없습니다. 이제 우리가 의혹하는 단서를 열면, 양책이 아닌 듯합니다. 변장에게 하유하여 형적을 드러내지 말고, 방어할 따름이니, 다른 계책은 없습니다." 아뢰니 성종은 이에 대비하게 하였다.

1495년 연산군 시대에 건주위, 해서 여진이 몽골과 연합하여 요동의 변경을 잠식하고, 그 여파로 올적합과 야인이 조선의 강북까지 남하해 거주하게 되었다. 병조판서 성준·참판 허침이, "올적합·이이후 등이 귀순해 살려는데, 조정에서 허락하지 않더라도 그곳에서 산다면 국가의 위엄이 손상되지 않겠습니까?" 하고 우려하였다. 또한 영안북도 절도사 이조양도 야인에게 "옛 터전으로 가라고 했으나 이이후 등 여진이 말을 듣지 않는다면 어떤 조치를 하리까?" 하고 조정에 문의하였다.[83] 이는 몽골의 남하로 여진이 압박을 받고 이들에게 쫓긴 야인이 조선 경내로 유입했기 때문이다. 이와 같이 북방의 위협이 계속됨에 따라 조선은 남방의 위협에는 원만하게 대응하고자 했다.

　1495년 10월 헌납 김일손이 아뢰길, "왜인이 충주 단월역에 도착하여 닭을 잡아 대접하라고 했는데, 역리가 쫓지 않으니, 왜인이 강제로 취하여 먹었으며, 통사들이 왜인을 빙자하고 수없이 내라고 하매, 응대하니 교만하여 관가를 업신여깁니다. 또 통사 3명이 왜인을 데리고 변복하고 절도사영에 들어가 장사하며, 제포 수군은 병기를 왜인의 집에 맡겨두니 앞으로는 왜인이 있는 곳의 변방 장수는 위엄이 있고 청렴한 자를 보내야겠습니다." 하였다.

　1500년 8월 22일 왜인이 동철의 무역을 허락받고자 하니 3분의 1만 무역을 허락하였다.[84] 윤필상이, "왜의 동철 11만 근을 전량 무역한다면 국가의 저축이 부족하여 어렵겠습니다." 하고, 신승선은, "국가에서 이미 법을 제정했으니 무역할 수가 없다. 다만 수량을 줄여 무역을 허가한다.' 하소서." 하고, 성준은, "'국가에서 법을 경솔히 고칠 수가 없으므로 무역은 허가할 수 없다.' 하니, 포물 약간을 도주에게 보내는 것이 어떻겠습니까?" 하고, 이극균은, "국가에서 특별히 3분의 1만 허가하였으니 은혜가 지극히 중하옵니다. 예조가 개유하되, 저들이 듣지 않는다면 다시 의논하는 것이 어떻겠습니까?" 하자, 전교하기를, "도주가 대대로 정성을 바치니 3분의 1만 무역을 허한다." 하였다.

1502년 명이 조선의 공물을 바치는 길을 위해서라고 말하며 애양보, 봉황성, 탕참을 신설하자 영의정 한치형은 명나라가 팔참을 중국의 내지로 만들려는 계책이라 우려하였다.[85] 이는 그동안 요동팔참 지대를 조선의 국경지대로 인식했는데, 명에서 잠식해오자, 우려했던 것이다.

일본에서는 폐위된 제10대 쇼군 요시키가 망명정권을 수립해, 1499년 오미로 침공하고 하타케야마 히사요리도 잇따라 거병했으나 호소가와 마사모토가 이들을 모두 격파했다. 이후 마사모토는 요시즈미를 제11대 쇼군을 취임시켜 정권을 장악했으나 쇼군 요시즈미가 성장해 직접 정무를 보려 하면서 마사모토와 대립하였다. 이에 1502년 마사모토가 관령 직을 사임하고 낙향하자, 쇼군도 교토 금룡사에 은거했다. 마사모토는 쇼군의 복귀를 탄원하면서 다시 협력했으나 이후부터 방랑 기행을 일삼아 실제 정무는 호소가와 가문의 중신 합의체로 운영되었다.

1502년 1월 예조에서 대마도주가 너무 많은 양의 물품을 청구하므로 의논을 청하였다. "대마도주가 연전에 감다할면주 1,000필을 청구하여 국가에서 200필을 주었으며, 또 동철 13,500근을 청하므로 200근만 허락하였으며, 성종을 보내 화은 1,000냥을 청구하므로 국가에서 '은은 우리나라에서 생산되는 것이 아니므로 어찌 하사할 수 있는가?' 하고, 면주 200필을 하사했는데, 성종이 면주를 개땅에 버리면서 '은을 청구했는데, 어찌 이를 가지고 가겠느냐?'라고 했습니다. 후에 또 은, 동철을 공무하기 청하므로 따르지 않았는데, 지금 또 특송을 보내 저포 1,000필을 청구하니, 지극히 무례합니다. 도주가 나이 어려 사체를 잘 알지 못한 것인지, 권세 잡은 자들이 도주를 속여 하사를 바라는 것인지, 아니면 고의로 우리 국가의 의향을 엿보려는 것인지, 사유가 있을 것이니, 의논을 널리 수합하기를 청합니다." 하였다.

1504년 5월 유순·허침이 대마도주의 과도한 요구에 대해, "도주가 요구한 호피를 우선 무명 80필로 대신 주고, 답서에 '앞서 특송선이 왔을 때 명목 없는 요구를 하고, 구하기 어려운 청을 하므로 들어주지 않았다. 지금 호피의 요구는 수량이 천 장에 이르고 명목이 없으니, 위에 보고할 수 없어, 무명 약간 필을 사자 편에 보낸다.' 하는 것이 편하겠습니다." 하고 아뢰었다.

1506년 음력 9월 중종이 즉위하였다. 중종은 훈구세력을 견제하기 위해 사림파를 등용하였다. 그러나 급진 사림파의 개혁은 훈구세력의 반발을 불러일으켰다. 결국 조광조가 몰락하면서 반정공신세력이 부활하자, 외척과 반정공신 간의 정권투쟁이 치열했다.

1508년 8월 대간이 황보겸을 탄핵하였다. "황보겸이 포구에 이르렀으나 왜인이 마중 나오지 않으므로 매를 때리려 하였더니, 왜의 아들이 여러 왜인들과 함께 칼을 뽑아 욕보이려는데, 마침 제포첨사 예충년이 풀어주어 면할 수 있었습니다. 어찌 자목의 직책을 맡을 수 있겠습니까?" 아뢰니, 전교하기를, "황보겸은 교체하라." 하였다.

1509년 4월 김근사가 3포 왜인에 대한 방책으로 4조를 서계하였다.

"첫째, 3포에 제한구역을 정해 출입할 수 없게 한 것은 난잡하지 못하게 한 것이었는데 지금은 자행하고 있습니다.

둘째, 웅천현 보평역은 그곳 인민과 역리들이 왜인과 피차 정을 통해 물품을 무역하며, 국가의 사정을 누설합니다. 보평역을 두 역에 분속시켜 교통을 끊고, 성 밑 인민도 사사로운 무역을 금하소서.

셋째, 3포에 제한구역을 설치하고자, 성의 울타리를 감사가 살필 때, 부산 왜인들이 목책을 세우고 항거하는 듯한 형상이 있었습니다. 왜인들은 호수를 약정하고 좁은 곳에 살게 했는데, 지금은 스스로 방위까지 하니, 국가의 본뜻에 어긋납니다.

넷째, 부산포의 왜인들은 동평현 땅에 섞여 살면서 경작하는데, 싸움까지 하니, 몹시 불가합니다."

이에 유순·김수동이 아뢰길, "보평역의 역리 및 민가에서 왜인과 교통하면서 국가의 사정을 누설하여 폐단이 적지 않습니다. 그러나 호시법은 그 유래가 오래되어 한결같이 금하여서는 안 되며, 보평역도 다른 역에 소속시킬 수 없습니다. 웅천은 성을 널찍하게 쌓고 제한구역을 정해 출입할 수 없게 하고, 농우 및 농기 매매를 금하소서. 목책을 설비하는 것은, 스스로 방위하고자 함이니, 격정할 것이 못됩니다." 하였다.

4. 3포왜란과
임신약조

일본에서는 막부를 장악했던 호소카와 가문에서 내분이 시작되었다. 마사모토가 스미유키를 양자로 맞았으나, 이듬해에 아와의 슈고 호소카와 가문에서 추가로 스미모토를 양자로 들여 갈등이 발생한 것이다. 1507년 6월 마사모토가 스미유키파에 회유된 경호역에게 암살되면서, 호소카와 가문이 분열되었다. 처음에 쇼군의 후계자 분쟁으로부터 시작된 내분이 쇼군 가문에서 관령 호소가와 종가로 옮겨갔다.

1508년 제11대 쇼군으로 요시키를 취임시켰던 오우치 요시오키가 전임 관령 하타케야마 마사나가를 토벌한 후 상경하자, 마사나가에 의해 쇼군으로 옹립되었던 요시즈미는 오미로 달아났다. 그리하여 폐위되었던 제10대 쇼군 요시키가 요시타네로 개명해 제11대 쇼군으로 복위하였다.

이 무렵 조선에서는 남쪽에 3포의 왜인들이 점차 늘어나 조정에서는 이에 대한 대책에 골몰하였다.

1509년 6월 경상우도 절도사 김석철이 제포왜인 수십 인이 항거한다고 보고했다. 이에 병조에서 "왜노들이 우리 강토에 투신한 지 여러 해가 되어, 국가의 은혜를 입었으니 우리 백성과 같아야 할 것인데, 항거하니, 제포 첨사로 하여금 엄히 설득시키고, 변란에 대응할 방책을 김석철에게 유시하소서." 아뢰었다.

1510년 2월 예조에서 3포 왜인에 대해, "'3포에, 60호만 유거하기로 하였는데, 인구가 번성해 모두 데려가게 하였더니, 횡포가 근일에 심하다. 지난 무진년에는 웅천현 사람들이 가덕도에서 벌목할 때에 왜인이 9인을 살해하고, 기사년에는 제주 사람이 보길도에 정박하였을 때 왜선 5척이 6인을 죽이고 10여 인을 상해했다. 3포 왜인 60호 외는 모두 쇄환하는 것이 좋지 않은가?'" 하는 내용으로 대마도주에게 지시하도록 아뢰었다.

1510년 4월 4일 왜인들이 3포 왜란을 일으켰다. 3포는 세종 때 개방한 부산포·제포·염포였는데 왜인이 오래 머무르자, 폐단이 많아지고, 내이포에 거주하던 왜인 4~5천 명이 성을 포위하고 공격했다. 3포 왜란으로 부산포 첨사가 살해되고 제포 첨사가 납치되었으며 많은 백성이 살해되었다.

4월 8일 경상우도 병마절도사 김석철이 장계하였는데, "고성 현령·웅천 현감이 고하기를 '4월 4일 제포의 왜인장수 대조마도·노고수장 등이 왜인 4~5천 명을 거느리고, 성을 함락시키려 하므로, 연유를 물으니, 「부산포첨사는 소금을 만들고 기와를 구우면서 화목을 바치라 독촉하고, 웅천현감은 왜인이 흥리하는 것을 금하며 왜료를 제때에 주지 않고, 제포첨사는 바다에서 채취할 때 사관을 주지 않고, 왜인 4명을 죽였기 때문에 도주가 수백 척을 보내 변장과 싸우는 것이다.」하고, 조선관리 3인을 살상했다.'고 하면서, 부산포·제포가 왜구에게 함락되었다."고 아뢰었다.

4월 17일 대마주 태수 종성순이 변을 일으킨 사연을 말하고 세 번에 걸쳐 화호를 요청하자, 4월 21일 예조가 회답하였다.

"처음에 3포에 60호만 머무르게 하였는데, 인구가 번식하여 기강을 범하는 자가 많았다. 여러번 쇄환하게 하였으나, 거행하지 않고, 약속을 어긴 것이 심하다. 변장의 전례를 어긴 일을 핑계삼아 성을 함락하고 장수를 죽이고 군사와 백성을 도륙하고 돈과 양식을 훔쳤으니, 어찌 놓아 줄 수 있는가? 또 배가 작으면서 크다고, 사람이 적으면서 많다고 속이니, 이것은 족하가 먼저 약속을 어긴 것이다. 고기를 낚는 자는 가는 곳을 정하여 어기지 못하는데 변장이 제지하는 것을 어찌 핑계 삼는가? 변장이 양료를 늦게 주고 왜인을 역사시킨 일은 사유를 진달하여 조정의 처분을 기다릴 것이지 어찌 간범하는가? 다시 거만한 말로 화친을 요구하니 토죄를 어찌 그만둘 수 있겠는가?"

1511년 12월 16일 유담년이 아뢰길, "신이 수군절도사 이안세와 더불어 병선 125척을 거느리고 가덕도의 왜선을 에워싸고 토벌하였더니, 왜선 31척이 대항하다가 14척이 남쪽 대양으로 향하기에, 추격하여 3척을 포획하였고, 생포 40인, 사상자가 33인이었습니다. 생포한 왜인은 밀양·함안·의령·창녕 관아에 나누어 가두었습니다." 하며 왜선 토벌을 치계하였다.

조선이 3포왜란 후 3포를 폐쇄하자, 대마도주는 무로마치 막부를 통해 승려 붕중을 사절로 보내 다시 교역을 간청하였다. 이에 조선은 반민 처벌을 조건으로, 1512년 임신약조를 맺었다. 1443년 계해조약보다 제한을 엄격히 하여, 3포 거주를 금하고, 3포 중 제포만을 개항하며, 세견선 50척을 25척, 세사미두 200석을 100석으로 축소했다.

한편 일본에서는 제11대 쇼군에서 폐위된 요시즈미가 도주한 뒤에, 호소카와 스미모토와 미요시 유키나가·미요시 나가히데 부자에게 교토 침공을 명했다. 그러나 이들이 1511년 호소카와 다카쿠니와 오우치 요시오키의 연합군에 패배하고, 요시즈미까지 사망하게 되자, 양개 진영이 화해하여 요시타네의 제11대 쇼군 직위가 확정되었다. 1512년 쇼군 요시타네가 붕중을 사신으로 보내 화친을 청하였다.

1512년 윤5월 1일 일본국왕이 붕중을 시켜 대마도주로 하여금 경오년 반란 때의 왜적을 베어, 화친을 청하였다. 이에 임금이 삼공 및 육조 참판 이상, 승정원·홍문관·사간원·예문관에게 논의하게 하였다.

좌의정 유순정·우의정 성희안 등은 "지금 화친을 허락하지 아니할 경우, 그들이 경상도, 전라도, 충청도 연안의 모든 진까지 노략질하면, 방수하는 노력과 비용을 이루 말할 수 있겠습니까? 지금

북쪽과 서쪽 변방에도 일이 있으니, 남방에만 전심할 수 없습니다. 붕중이 재삼 간청하기를 기다려 '네가 국왕의 명을 가지고 두 번이나 화친을 간청하므로 특별히 허락한다. 다만 세사미와 세견선의 수를 반으로 감하고, 특송선도 차견하지 말고, 도주의 아들 및 대관 이하 모든 수직인·수도서인에게 주던 쌀·콩과 선척도 전부 폐지한다.'는 조건으로 해야 합니다." 아뢰었다.

도승지 이희맹·좌승지 이사균 등은 "지금 화친만 빠르게 하면, 3포 거주를 청하고 옛 약조를 회복할 것입니다." 아뢰었다. 대사간 경세창·사간 한효원 등은 "경솔하게 화친을 허락할 수 없습니다. '서북에도 일이 있으니, 빨리 화친하는 것만 못하다.'라고는 하나, 그들의 침범은 끊이지 않을 것입니다. 또 성친이 괴수가 되어 변장들에게 서신을 보내고, 지금 버젓이 글을 보내 업신여기니 어찌 화친을 들어 줄 수 있습니까? 이번 붕중이 돌아갈 때에 '반드시 성친을 잡아오고 피로인을 돌려보내면, 화친을 의논할 수 있다.'라고 해야, 3포 거주 요청은 입 밖에 내지 못할 것입니다." 아뢰었다.

부제학 권민수 등은 "화친을 허락하면, 다시 3포 거주 요청이 나올 것이고, 들어 주지 아니하면 사신의 내왕으로 관곡이 지탱하지 못할 것이니, 방수에 전력하는 것이 낫지 않습니까? 종성친은 적의 괴수로서 뻔뻔스레 사자를 보내니, 조정을 무시함이 심합니다. 성친을 잡아오도록 한 뒤에야 화친을 의논하더라도 늦지 아니합니다." 아뢰었다.

그해 6월 25일 우의정 성희안·예조판서 신용개 등이 "붕중이 도

선주를 대마도에 보내 종성친으로 와서 사죄하게 한 뒤에 화친을 청하겠다.'라고 하니, 오늘 봉중을 전송할 적에 '일본국왕이 두 차례나 신사를 보내기 때문에, 화친을 허락하나 성친은 문책하지 아니할 수 없으니 와서 사죄해야 한다.'라고 하였으면 합니다." 하며 아뢰었다.

그해 8월 20일 예조가 접대절목을 아뢰길, "봉중에게 말하기를 '너희가 국왕의 명을 가지고 청화하기에 「반란한 무리들을 베어 머리를 바치면 다시 생각해 보겠다.」라고 하였는데, 지금 성친이 아직도 버젓이 서계를 보내니, 어찌 믿을 수 있는가? 그리고 우리나라 사람을 한 사람도 돌려보낸 것이 없으니, 죄를 자복하는 성의를 어디에서 보겠는가? 「지금 성친이 왕도에 갔다.」라고 핑계하니, 그 청화를 결코 들어줄 수 없으나, 지금 국왕 및 대내전이 재차 사신을 보내 청화하기 때문에, 애써 따르는 것이다. 그러나 너희들이 국왕 및 대내전, 도주에게 말하여 잡아간 사람을 모두 돌려보내며, 성친이 직접 와서 발명하도록 하라.'라고 해야겠습니다."

1513년 5월 3일 예조가 중종에게 다음과 같이 아뢰었다.

"화의를 허락한 약속에 '특송을 보내지 말고 만약 고할 일이 있으면 세견선으로 와서 고할 것이며, 가덕도 근처에 와서 정박한 배는 모두 적왜로 논한다.'라고 약조를 했는데, 이제 특송선 3척과 홍판선 1척이 와서 정박하였습니다. 그 특송이라 칭함은 약속을 어긴 것이니 사절이 옳겠습니다만, 사례차 나왔다 하니 거절할 수 없습니다. 3척 중에 상선과 진상마를 싣고 온 부선은 전과 같이 접대하되, 도주가 진상한 물건은 상관 이하 5~6인, 짐은 5~6바리만 올려 보내고, 나머지 잡물은 조정의 명령을 기다리도록 공문을 띄우고, 흥판할 물건은 돌려보내며, 그 밖의 것은 변경할 수 없습니다." 하였다.

이에 유순이 "서계를 보건대, 바라는 바가 지나치니 우선 억눌러야 되겠습니다. 성영이 상경하기를 기다려, 처리하는 것이 마땅하겠습니다." 하고, 성희안이, "특송이라 칭하고 왔으니, 거절하는 것이 마땅하나 화의 후 처음 방문이라, 그 뜻을 살펴 볼 수밖에 없습니다." 하고, 홍경주가, "특송이 사은으로 나왔다니, 상경하거든 약속을 어길 수 없다는 뜻으로 타일러야 합니다. 흥판선도 특송과 함께 문책하여, 돌려보내는 것이 어떠하겠습니까?" 아뢰자, 상이 유순의 의논을 따랐다.

그해 8월 9일 병조 및 방어체찰사가 울산 수영을 부산포로 옮기고자 하여 관찰사 송천희·병사 성수재·수사 김양필로 하여금 지형을 살펴 가부를 아뢰라 하였다. 이에 관찰사 한형윤이 아뢰길, "왜선이 일시에 수영, 혹은 각포를 침범하면, 부산에서 축산까지 14식의 길이니 구원할 수 없는 형편이요, 각포 역시 모두 성이 없으니 응원할 길이 없습니다. 부산은 성이 협소하고 수영의 원군은 많아 용납하기 어려우며, 대마도 세견선은 감축하였으나, 통신하는 왜인이 아직까지 많으니 제포로 접대한다면 지탱할 수 없습니다. 부득이 부산에 분박시킨다면 저들에게 주장이 있는 곳의 허실을 알게 하는 것이라 온당치 못합니다. 또 수영에는 노비가 많은데, 토지 없는 곳으로 진을 옮기면 도망쳐 흩어질 것이니 경솔히 옮길 수 없습니다." 하였다.

그해 11월 12일 왜구들의 접대 문제에 대해 조정에서 의논하였다.

"특송을 보내지 말라고 지시하였는데도, 지난번에 성영과 이번에 성정이 모두 특송이라 칭하니 대접해서는 안 됩니다. 성영이 실례한 죄를 명분으로 삼으면 세견선으로 대접할 수도 있으나, 별례로 접대하고 상경하는 사람도 4인을 넘지 못하게 하는 것이 마땅하겠습니다."

1514년 9월 27일 예조에서 아뢰었다.

"왜노 쇄문수계 등이 '근래에 적왜가 전혀 나타내지 않았으며, 표류한 자를 모두 쇄환하였으니, 이 공로로 세견선은 옛날의 수에 의하여 왕래하게 하고, 지나간 3년 세사미태도 아울러 받아야겠다.' 하므로, 답하기를 '세견선은 이미 약속을 정하였으니, 고칠 수 없다. 세사미태는 세견선이 온 뒤에 주는 것이 상례이니, 지나간 세 해의 미태는 줄 수 없다.' 하였습니다."

1515년 1월 12일 유순·정광필 등이 "화친을 허락하고 세견선의 절반을 허락했으니, 우리나라의 은혜가 중한데도 대마도는 약조에 의거하여 배를 보내지도 않으며, 사로잡아 간 사람도 돌려보내지 않았습니다. 수년을 지나서야 국왕에게 의탁하여 예전의 예를 복구하고자 하니 그 간교함이 심합니다. 예전의 예로 회복할 수 없습니다." 아뢰니, "그리하라" 전교하였다.

그해 11월 18일 예조가 "근래, 대마도주가 순복하여 표류한 우리나라 사람을 여러 번 돌려보냈고, 이제 또, 국휼에 특별히 진향한다 하니 성의가 가상하여 특별히 3척을 허가하셨습니다. 또 풍기수 성준이 표류한 우리나라 사람을 돌려보내므로 가상하여 모두 배 하나씩을 허가하셨습니다. 도주 및 온 섬 사람이 더욱 정성에 힘써야 한다는 뜻을 서계에 적는 것이 어떠합니까?" 아뢰니, "그리하라" 전교하였다.

그해 11월 29일 홍문관 부제학 김근사·직제학 김안로 등이 대마도와의 관계 회복에 따른 문제를 상소하였다. "도주의 아들에게 선척을 예전과 같이 회복시켜 주셨는데, 옳지 않습니다. 표류한 사람을 쇄환한 공으로 성수의 배 2~3척과 성준의 배 1척을 허가하는 것이 옳으며 예전대로 회복해 주는 것은 결코 안 됩니다. 약속이 한번 무너지면 관계되는 바가 매우 중하니, 전하께서는 살펴서 처리하소서."

1516년 4월 17일 경상우도 병마절도사 윤희평이 왜인의 조짐에 대해 상언하니, 대신들과 논의하였다.

"가연조기(왜인의 별종 명칭) 등이 장차 유구국 및 명나라에서 도적질하고, 귀국 국경을 침범하려기에 대마도주가 보고했습니다." 하자, 상이, "가연조기들이 나올 리 없으나 남방에 왜변이 있은 지 오래이니 염려하지 않을 수 없다." 하였다.

좌의정 김은기가 아뢰기를, "세견선을 가지고 온 사람이 돌아갈 때 수답하기를 '지금 전하께서 서계의 말뜻을 들으시고 도주의 성의를 기쁘게 여기신다. 만일 가연조기가 우리나라를 향하여 온다면, 네가 가연조기에게 「만일 조선으로 향한다면 조선과 더불어 협공하여 갈 수 없게 하겠다.」 하여, 공을 세운다면, 전하께서 기뻐하실 것이다.' 하였으면 합니다." 하였다. 그러나 영의정 정광필은 아뢰기를, "'너희들 섬이 가연조기와 싸우다가 이기지 못하면, 장차 우리나라를 침범한다는 것이냐?' 이렇게 힐문해야 합니다. 3포 왜인들이 식량이 없는 지 오래이니 가연조기의 행위를 하려 할 것이므로 이번 서계에 말이 그러한 것입니다." 하였다.

1519년 여진이 압록강·두만강 이북지역과 폐4군 지경을 넘어와 경작하자, 이들을 요격하는 일을 조정에서 의논하였다.

대사간 이성동은 이 지역이 명나라와 맞닿아 수시로 출입하는 곳이므로 요격해서는 안 된다고 했으나 지사 이장곤은 이 지역이 오랑캐 땅이지 중국 땅이 아니라 하였고, 안당 역시 지금 오랑캐 땅을 중국 지경이라고 요격하지 않는 것은 불가하다고 주장하였다.

일본에서는 1493년에 호소카와 마사모토가 메이오 정변을 일으켜 요시즈미를 제11대 쇼군으로 옹립했다. 그러나 제10대 쇼군 요시키를 취임시켰던 오우치 요시오키가 1508년에 요시키를 요시타네로 개명해 제11대 쇼군으로 옹립해 도전하자, 요시즈미는 오미로 달아난 뒤, 복위되지 못한 채 사망하였다. 이후 1521년에 쇼군 요시타네가 막부의 실권을 놓고 호소카와 다카쿠니와 대립하였다. 이때 쇼군 요시타네가 천황의 즉위식에 출사하지 못해 천황으로부터 신임을 잃자, 이를 기화로 다카쿠니는 쇼군 축출을 결의하고, 요시즈미의 아들 요시하루를 제12대 쇼군으로 옹립하였다.

1520년 12월 20일 경상우도 병사 유담년과 수사 이권이 왜구의 머리 7급과 장계를 바치며 아뢰길, "왜선 50척이 가덕도 바깥에 몰래 정박하고 형체를 드러내므로 병사 유담년이 수사 이권과 함께 백여 척을 거느리고 야습하니, 여러 왜선들이 도망하였다. 여러 왜인들이 항거하므로 사로잡지 못하고 거의 다 사살하였습니다." 하였다.

그해 12월 21일 왜구를 참획한 군사의 상줄 방법을 의논하며, 상이 삼공에게 묻기를, "경상우도 절도사가 왜구를 베었는데 우리나라는 배를 부리는 것은 장기가 아니다. 어떻게 하면 상이 마땅함을 얻겠는가?" 하자, 삼공이 아뢰기를, "바다의 도둑을 뒤쫓아가서 작은 승첩과 참획이 있었으나 계속 이런 일을 하여서는 안되겠습니다. 왜노로 하여금 패해 달아나서 감히 변경에 가까이 오지 못하게 하였으니, 공이 없다고 할 수는 없습니다. 등급을 나눠서 치계하게 한 뒤에 다시 의논하소서." 하였다.

1521년 12월 21일 경상도 병마절도사가 주사를 이용해 왜적을 토벌했다하여 조정에서 논의하였다.

"왜노를 가덕도에 살게 한다면 부산포에서 토벌할 수 없습니다. 유담년이 수군으로 토벌하여 사로잡은 것은 옳지 못한 듯하나, 만약 수군을 익혔다면 어찌 불가능하겠습니까? 만약 유담년을 책한다면, 뒷날 사졸들은 장수의 영을 믿지 않을 것입니다."아뢰었다. 이에 임금이, "우리의 장기가 아닌 것으로 토벌하였고, 약점을 보였기 때문이다." 하자, 이손이, "고려의 정지는 수군으로 왜선 40척을 격퇴시켜 바다를 붉게 물들였습니다. 수군을 잘 훈련시킨다면 우리나라 사람도 쓸 수 있으며, 만약 수군을 쓰지 않는다면 수군절도사의 직임 또한 해이해질 것입니다." 하였다. 참찬관 이사균이, "조정의 회보를 기다리지 않고 수군으로 토벌한 것은 잘못이나 유담년이 옳았다고 하는 자도 있습니다." 하였다.

1522년 2월 14일 좌의정 남곤·예조판서 홍숙·좌참찬 심정·예조참판 한효원 등이 왜인에 대해 의논하였다. "일본국왕의 사신 배가 모두 4척이라는데, 『해동기』에 '국왕의 사행은 부선이 있고, 3척까지 된다.' 했으니, 1척은 접대하지 않을 수 있습니다. 대마도주의 특송 및 당주 대관 성문과 이내군 대관 성차 등의 사송은 모두 조약 이외의 사람들이므로, 돌려보내야합니다. 그러나 '반란한 적을 뒤쫓아 토벌했고 사로잡은 사람을 베어 바치러 왔다.' 하는데 약조에 구애되어 그들의 소망을 끊은 것은 대우하는 체모에 어그러지니, 이번은 특별히 허락하고, 풍당이군 대관 성씨는 원래 세견선이 있고, 삼만요가 타고 온 배도 정수에 든 것이므로 접대함이 합당합니다." 하고, 홍숙은, "배가 조약에 있는 수보다 많아 변장이 그렇게 답한 일이니, 은덕을 보이신다면 그들이 감사한줄 알 것입니다." 하였다.

그해 5월 29일 선위사 소세양이 일본 사신들의 입장을 보고하고 예조판서 홍숙·참판 성운이 의논하였다.

"전일에 의논된 뜻을 객인들에게 설명하니, 상관이 대답하기를

'봉중은 대마도가 반란한 이듬해에 나와서도 절반만 감한 접대를 받았는데, 나에게는 승락해 주지 않으니 무슨 면목으로 국왕에게 돌아가 뵙겠습니까?' 하고, 정관·도선주 이하가 고하기를 '지금 일체 들어주지 않으니 상관이 자진한다면 우리들 역시 살아 돌아갈 수 있겠습니까?'했습니다." 하니, 전교하기를, "새 도주가 우리나라를 위해 전 도주를 죽였고 일본이 군사를 보내 토벌한 뒤, 화호하려 하니 지극하다. 그러나 지금 사신이 나와 있는 때인데도 우리나라 사람 30여 명이 왜적들에게 살해되었으니, 사신이 돌아가고 난 다음에는 더욱 심해질 것이다. 우리나라가 옛 언약을 고치지 않는 것은 이 때문이다 함이 어떠하겠는가?" 하자, 영의정 김전이 아뢰길, "그들이 혹 자진하면 처리하기 곤란하니, 세견선 2~3척을 약조 이외에 허락해 주되 새 도주의 특송을 위해서라고, 위로함이 어떠하리까? 추자도 일은 참혹했으니 왜인들의 화살을 보이고 '요사이 살해된 사람이 30여 명이나 된다. 이처럼 대마도 왜인이 귀국의 신사를 업신여기기 때문에 약조를 고집하는 것이고 귀국과의 화호에는 변함이 없다.' 하여 관찰함이 어떠하리까?" 하였다.

그러나 정광필·남곤 등이 아뢰길, "추자도는 수로가 멀어 진을 설치하고 방어할 수가 없습니다. 제주로 왕래하는 길목에 수륙군의 수를 순환하여 수색하고 토벌함이 어떠하리까? 또 상관 등이 자진하고 싶다고, 말이 불공합니다. 그들의 요청을 들어주었다가 뒷날에 한없이 요청하면, 다 들어줄 수 없을 것입니다. 또 제주 사람들이 살해된 일을 말해줌이 가합니다." 하니 '알았다.'라고 전교하였다.

그해 6월 11일 일본 사신들이 세견선 허용문제로 대궐에 나가 상소하고자 하므로, 예조에서 "일본 사신들이 친히 대궐에 나가 상소하고 싶어 하는데, 객인이 상소를 함은 사례에 어긋나는 것이라 품합니다." 하니, 전교하길, "다른 나라의 사신이 상소하는 예가 없었으니, 막아야 한다." 하였다.

그해 6월 20일 중종이 왜변과 일본 사신의 대우에 관해 의논하였다.

중종이 "요사이 왜변에 관한 서장이 잇달아 오는데, 이는 좀도둑이 아니고 기세가 매우 왕성한 것이어서 염려스럽다. 만일 요청한 일을 허락받지 못하면, 자진하려 할 것이고, 변방을 침범할 것인데, 금번에 소소한 일을 들어준다면 뒷날의 폐단이 있게 될 것이다." 하매, 참찬관 정사룡이, "전라도에 나타난 적왜들은 모두 대마도의 왜인으로 봅니다. 윤지형의 말이 '달량의 적왜들은 모두 우리나라 말을 잘 했다.' 했으니, 다른 섬의 왜인이 아닐 것입니다. 한편으로는 요청하고 한편으로는 변방을 침범하여, 소청을 받아내려는 짓입니다." 하였다.

상이, "저희들이 스스로 변방을 침범해 놓고 도리어 보고하는 체하여 거짓 성의를 보이려는 것이다." 하매, 참찬관 정사룡이, "금번에 징과 북을 치며 변방을 침범하였으니, 이는 반드시 대마도의 소위입니다. 임시변통으로 세견선을 허락해주더라도 그들의 술책에 빠지게 될 듯합니다." 하였다.

그해 7월 5일 예조판서 홍숙 등이 일본 사신이 요청한 세견선·면포·관직 하사에 관한 것을 아뢰었다.

예조판서가 아뢰길, "어제 일본국 사신을 향응할 때 상관이 '세견선을 3~4척만이라도 허락하면 우리들이 쾌한 마음으로 돌아갈 것이다. 공무역의 값으로는 정포와 면포를 반반씩 허락하는데, 정포는 짐이 무거우니 모두 면포로 달라. 또 좌마조가구는 지난 정묘년에 나와서 인각 30개를 바치고 관직을 청했으나 조정에서 들어주지 않고 그 값으로 면포를 보냈는데, 마조는 받지 않고 돌아갔다. 전에 각을 바치고 관직을 받은 자가 있으니 마조도 낮은 관직을 제수하는 것이 어떻겠는가?' 하고, 부관은 '시봉 여칠랑의 아비가 관소에서 목을 찔러 죽었다. 전년에 신태랑도 그 아비가 관소에 있을 때 죽었기에 관직을 제수하였으니, 여칠랑도 낮은 관직을 제수해 달라.' 합니다." 하였다.

이에 전교하기를, "조정 의논이 이미 정해졌으니 따를 수 없다. 그중 면포의 일과 관직 제수 등은 예조가 마련해서 아뢰라." 하였다.

1523년 6월 1일 전라도 수군절도사 정윤겸이 아뢰길, "초도에 왜선 1척이 내박하므로, 신이 병선 10척, 남도포 만호 하홍도 병선 5척을 거느리고 초도에 이르렀습니다. 왜선이 정박해 신기전과 총통전을 발사하고 초둔 3백여 장에 불을 붙여 던져 화염이 치솟았습니다. 왜적 20명이 물로 뛰어들고, 16명은 화살을 맞고 익사하였으며, 불에 타 죽은 자가 많았습니다." 보고하였다.

이에 전교하기를, "왜인이 모두 창·칼·기계를 준비하였다니, 이는 화친을 허락하도록 하려는 속셈이다. 제주 왕래선박 및 강원도 영동 지방, 황해도·충청도·경상도 등지는 해채 작업을 금지하고, 황해도를 엄히 방비하라" 하였다.

남곤 등이 아뢰길, "방비를 엄히 하고 해채 작업을 금지시키는 것과, 조방장을 사변지역에 보내는 일은 상교가 지당하나, 해변 백성들의 생계가 막연하니, 황해도의 왜변 치계를 기다려 진위를 알고 나서 하유하는 것이 어떻습니까?" 하니 '그리하라.' 전교하였다.

이 무렵 건주위, 해서 여진이 몽골과 연합해 요동도사의 변경을 잠식하고, 요동변장이 실질적인 명의 국경으로 변하자, 중종 대에는 올적합이 계속 남하하였다. 1523년 야인 왕산적하가 압록강·두만강 이북지역과 여연·무창의 폐4군 지경을 넘어와 경작하며 소란을 피웠고, 회령 성저에 사는 이마고도 왕산적하를 따라 내려와 녹을 받기 원하자, 조선은 대책을 논의하였다.

이때에 일본의 막부가 두 번이나 사자를 보내 약조를 고치도록 청하자, 이에 대해 조정에서 논의했다.

1523년 8월 12일 일본이 세견선·세사미를 정한 일을 의논하였다.

삼공이 아뢰기를, "일본이 두 번 사자를 보내 청하니, '약조는 고칠 수 없으나, 특별히 세견선 외에 5척을 별사하여 새 도주를 포상하고, 앞으로도 더욱 힘써야 이번 허락을 길이 받을 수 있다.' 하고, 일악이 돌아갈 때 부치는 것이 어떠하겠습니까?" 하였다. 장순손·고형산·홍숙 등은, "이제 허락하면 약조가 지켜지지 못하는 것이니, 다시 3포에 살기를 청하면 무슨 말로 거절하겠습니까?" 하였다. 이항·조계상·김극성 등은, "서쪽 변방에 사변이 있을 행세인데, 일체 거절하면 후회가 있을 듯합니다. 세견선과 세사미에 대한 청은 부득이 받아 주어야 합니다." 하였다.

이에 전교하기를, "양계에 변방의 말썽이 있는데 남방에 왜변이 일어나면 앞뒤로 적을 당하니, 부득이 그 청을 받아 주어야 할 형세이다. 답서에 '임신년의 약조가 금석처럼 굳어 고칠 수 없으나, 귀국에서 여러 번 사신을 보내 간청하니, 세견선 외에 5척을 별사한다.' 해야겠는데 어떠한가?" 하였다. 이에 삼공이, "세견선이라 부르면 전의 약조가 무너질 것입니다. 성순을 죽여 우리에게 충성을 바쳤다니, 포장하는 뜻으로 별사해야 합니다." 하였다.

그해 8월 14일 삼공이 새 도주가 성순을 죽여 충성을 보였으므로 도주에 한하여 세견선 5척을 별사하자고 아뢰었으나 논의 끝에 약조를 어겨서는 안 된다고 결정하였다.

그해 8월 14일 대마도에 별사하는 일에 대해 논의하였다. 전교하기를, "대마도에 배 5척을 별사하는 일은 대신의 의논이 같지 않으므로, 육조의 참판 이상과 한성부의 우윤 이상을 부르라." 하였다.

이에 남곤이, "임신년의 약조는 한번 무너뜨리면 세견선과 3포에 와서 살겠다는 따위의 일을 청할 터인데, 거절할 말이 없을 것입니다. 그러나 일체 들어주지 않으면, 원망할 것이므로 세견선 외에 배 5척을 별사할 것을 의논하였으나, 다시 의논할 것을 아뢴 것입니다." 하였다.

이유청은, "뒤에 별사를 특은으로 생각하고 다시 세견선을 청하면 대답하기 어렵습니다. 약조를 고쳐서는 안 됩니다." 하고, 권균이, "일본이 굳이 청하는데 어기기도 어렵습니다. 이 때문에 별사선 5척으로 정하면 약조가 무너지지 않고 저들을 조금 위로하게 될 것입니다." 하고, 한형윤이, "일본 사자가 해마다 청하면 내려 주는 물건이 많아 국가의 저축이 다 없어질 것이니, 그 폐해도 큽니다. '새 도주가 우리나라를 위하여 성순을 죽이고 반정하여 새로 시작한다.' 하니, 이런 때에 조금 허락하는 것이 옳겠습니다." 하고, 김극성이, "여연의 야인이 우리 지경에 만연하므로 쫓아내지 않으면 어려울 것인데, 저들이 애걸할 때에 들어 주는 것이 좋은 방책일 듯합니다." 하였다.

윤은보가, "사신 일악동당이 선위사에게 '일본국에 새 왕이 서고 전 도주가 마련한 약조는 이제 지킬 수 없다.' 하니, 새로 시작하는 때에 그 청을 들어 주는 것이 옳겠습니다. 일본이 해마다 사신을 보내, 포에 머무는 동안의 양식이 3백 석이고 상물로 가져가는 것도 7만 5천 필이니, 지탱할 수 없습니다." 하고, 남곤이, "이번에 온 일악동당은 일본국왕의 가까운 친척이니, 일체 들어 주지 않으면 뒷폐단이 있을 듯합니다. 상께서 재단하소서." 하였다.

상이, "약조는 꼬투리를 한번 열면 뒤에 지탱하기 어려울 것이다. '약조는 금석처럼 굳은 것이니 가벼이 고쳐서는 안 된다.'라고 답하는 것이 어떠한가?" 하매, 이유청이, "약조의 척수를 허가하지 않더라도 우선 2~3척을 허가하여 위로하는 것이 어떠하겠습니까?" 하였다. 이에 상이, "이번 사신이 3포에 와서 사는 일을 말하지는 않았으나, 약조를 지키지 않으면 뒤에 와서 청할 것이니, 꼬투리를 열 수 없다" 하매, 홍숙이, "올해에 허락받지 못하더라도 내년에는 허락받을 수 있다고 희망을 건다면 3포에 와서 사는 일도 청할 것입니다. 올해는 약조라고 거절하는 것이 옳겠습니다." 하였다.

그해 8월 15일 영의정 남곤·좌의정 이유청·우의정 권균이 아뢰었다.

"약조를 굳게 지키는 것이 마땅하겠으나, 일본에서 두 번 사신을 보내 간절히 청구하는데 일체 들어 주지 않으면 옳지 못할 듯합니다. 또 이번에 온 일악동당이 '청을 허락받지 못하면 무슨 면목으로 다시 와서 청하겠느냐?' 하니, 아주 들어 주지 않으면 후회가 있을 듯합니다." 하자, 전교하기를, "배 5척을 별사하면 뒤에 다시 세견선을 청할 것이니, 별사는 옳지 않다. 약조는 결코 무너뜨릴 수 없다." 하며 대마도의 청구를 들어줄 수 없다고 하였다.

그해 9월 3일 사정전에서 일본국 사신에 관해 의논하였다. 정광필이, "사신을 여러 번 청하니, 들어 주지 않을 수 없는 형세입니다. 세견의 액수를 얼마쯤 떼어주는 것이 약조에 무엇이 해롭겠습니까?" 하고, 남곤이, "별사하는 것이 다른 폐단을 일으킬 염려가 있다면 세견선 안에서 떼어 주는 것이 어떻습니까? 여러 번 청해도 이루지 못하면 성을 낼 듯합니다." 하고, 권균이, "이제 남방의 일을 먼저 처치하고 서북에 전력하는 것이 옳겠습니다." 하고, 이자견이, "사신이 해마다 오면 국고가 비게 될 것입니다. 배 5척을 별사하되 그 햇수를 한정하면 약조는 고치지 않고 저들의 마음을 위안할 수 있겠습니다." 하였다.

이에 상이, "우리 변방을 동, 서에서 친다면, 처치하기가 어려울 것이다. 반복하여 헤아려 보니 허락해 주는 것이 마땅할 듯하다." 하매, 남곤이, "일악동당이 '청을 허락받지 못하면 무슨 면목으로 다시 오겠느냐?' 하는 말에는 군사를 일으켜 변방의 우환을 만들려는 것인 듯합니다." 하니, 상이, "뒷날 변방의 말썽이 꾸며지면 강화하려 하더라도 할 수 없을 것이니, 세견선 안에서 떼어 주는 것이 옳겠다." 하였다.

그해 9월 3일 중종은 "중의를 들건대, 청한 것을 이루지 못하면 저들이 섭섭해할 것이고, 기회를 타서 도둑질하면 처치하기도 어려우니, 세견선 안에서 적당히 줄여 주라." 전교하였다.

그해 9월 6일 압연관 좌의정 이유청·예조판서 윤은보·참의 이세정이 일본국 사신에 대해 보고하였다.

"그가 전례대로 25척을 굳이 청하였으나, 신 등이 '임신년의 약조는 금석처럼 굳으므로 단연코 고칠 수 없다는 조정의 의논으로 정하였으나, 상께서 「이웃 나라가 사신을 두 번 보내 굳이 청하므로 특별히 배 5척을 내린다.」 하셨으니, 이는 특별한 은수이다. 우리는 이제 전달할 수 없다.' 하니, 그 뜻이 조금 풀렸습니다. 정포는 무거우니 면포로 바꾸어 달라는데, 이것은 전례가 있으므로, 의논하겠다고 답하였습니다." 하니 "알았다."라고 전교하였다.

1525년 4월 대마도 특송을 돌려보내는 대신 일본국 사신은 후대하였다.

의정부가, "대마도 특송을 임신년 약조에 '특송을 보낼 것 없이 할 말이 있으면 세견선 편에 고하라.'라고 되어 있으니 접대하지 말되, 임오년이나 계미년의 예를 들어 말하면 '그것은 한때 특별히 허락한 것이므로 예로 삼을 수 없다.'라고 하는 것이 어떠하리까?" 하니, 전교하기를, "일본국 사신이 표류된 우리나라 사람들을 데려왔으니, 우리도 후한 예로 대접해야 한다. 세견선 일도 청한다면 들어주어야 한다." 하였다.

그해 4월 18일 의정부에서 일본국왕의 요청을 허락하기 어렵다고 아뢰었다. "일본이 자기 나라에서 원진을 쇄환한다면 중국에서 노략해간 죄를 문책할까 여겨 우리나라를 통해 계달하려고, 우리나라의 뜻을 알아보는 것입니다. 만일 중국에서 쇄환 연유를 우리에게 묻게 된다면 대답하기 어렵습니다. 그들의 요청을 허락하기 어려우니, 회답 서계 일을 예조로 아뢰도록 하시기 바랍니다." 하니, "이를 해조에 계하하라." 전교하였다.

그해 5월 삼공과 일본 사신의 요청사항에 대해 수용 가부를 논의하였다.

전교하기를, "일본 국왕의 사신이 만수선사를 다시 창건하는 조연 무명 1만 필, 호초의 공무역, 도주의 특송 접대, 세견선의 척수 증가를 요청했는데, 대신들이 의논해 아뢰라." 하였다. 이에 삼공이, "조연하는 무명은 전례를 고찰함이 어떠하리까? 호초 무역은, '전에 않기로 의논했으나 국왕을 위해서라니, 이번에 한하여 하겠다.' 하되, 절반은 공무역, 절반은 사무역이 옳습니다. 특송접대는 약조에 없어서, 못한다고 말해주는데도, 쇄환을 공으로 여기니, '비록 약조에 없지만 이번에 한해 우선 접대한다.' 하고, 세견선 척수를 증가하는 요청은 들어줄 수 없습니다." 하니 "아뢴 대로 하라." 하고 전교하였다.

그해 7월 12일 정부가 왜국 사신의 속임수·환자 삭감·제용감의 인삼 점검·관리 임용 등을 아뢰었다.

"표류하였던 사람들의 공술에 '일본국 및 대내전의 사신이라고 나온 사람들은 모두 대마 등지의 사람이다.'라고 하였으니, 우리가 그들에게 속은 지 오랩니다. 그러나 지금 그들에게 알고 있다는 의사를 보여서는 안 되고, 조정이 그런 줄만 알고서 대해야 합니다. 경오년 반란 왜인들은 대마도 땅에 사는 자들도 많았을 것입니다. 이번에 이들을 잡는다면, 본토에 있는 자들도 두려워하게 될 것입니다. 또 반란한 일은, 국가에서 그들의 죄를 불문에 붙이기로 하였으니, 다시 어떻게 할 수 없습니다." 하니, "모두 아뢴 대로 하라." 하고 전교하였다.

그해 8월 19일 영의정 남곤 등이 아뢰길, "어제 일본 사신 등이 구청서를 보이며 '이번은 표류하였던 사람들을 데리고 와 소통하는데, 도리어 새 법을 내놓아 소청처럼 되지 않습니다. 우리들이 본국으로 들어갈 때 새 법의 뜻대로 문안을 만들어 간다면, 본국에서도 법을 세운 뜻을 알 것입니다.' 하였고, '세견선 50척을 옛적의 예처럼 모두 허급해 달라.'라는 것이었습니다. 신이 '무역은 이미 결정된 것인데 어떻게 다시 고칠 수 있겠는가?' 하고, 서면을 예조판서에게 보냈습니다. 사신이 다시 신에게 '대내전의 사신이 가지고 온 우황·오매자 등의 물건 중에서 3분의 1만 무역하도록 한 것을 모두 무역하기 바란다고 했습니다."

이에 예조판서 허굉이 아뢰길, "일본 사신이 가지고 온 호초 9,980근, 주홍 1,880근, 침향 2,188근, 용뇌 28근 등의 물건은 3분의 1만 공무역하고, 자단향 150근은 본국에서 나는 것이므로 전부를 무역하지 말고 수우각 1천 개, 대랑피 10장은 전부를 무역하소서. 모두 합쳐 보건대 옛 값으로 하면 목면이 1,750동(1동은 50필)이고, 새 값으로 하면 목면이 1,185동입니다. 호조가 다시 계달하기 어려우니, 상께서 공무역을 특별히 윤허하시기 바랍니다." 하였다. 남곤이, "호조가 3분의 1만 공무역하고 나머지는 사무역하기로 하자, 왜사가 '만일 그렇다면 모두 본국으로 도로 가져가겠다.'라고 합니다. 전부 가져가면 국가의 체면이 매몰되니, 위에서 처리하시기 바랍니다." 하자, 전교하기를, "이들은 평소에 왜인과 다르니 무역을 윤허한다." 하였다.

그해 9월 24일 영의정 남곤·예조판서 허굉이 일본과의 무역과 그들의 관직 제수에 대해 아뢰었다. "일본 사신이 세견선을 옛날과 같이 해주기 바라는데, 매우 간절했습니다. 신들이 '약조가 정해져 국가에서 금석처럼 지키므로 다시 고칠 수 없다. 대마도가 변방 지경을 침입하는데 어찌 더 줄 수 있겠는가?' 하니, 그들이 '임오년과 계미년에도 윤허받지 못해 환국하여 죄를 받았으니, 우리도 죄를 받게 될까 싶어 고민입니다. 해마다 와서 청하면 어찌 폐단이 없겠습니까?' 하기에 신들이 '비록 매년 청하더라도 약조가 정해졌으므로 다시 고칠 수 없다.' 했습니다."

예조판서가 아뢰기를, "경림동당이 서계를 내놓는데, 전에 태원동당이 그의 조카 좌사도에게 관직 제수를 청한 고사에 의거하여, 그의 조카 손팔랑에게 관직 제수를 청하는 것이었습니다. 그 소원대로 해줌이 어떠리까? 또 대내전의 사자 우실이 '상품 오매목 6근의 값을 베 1필로 하면 본전이 밑지기 때문에 무역하지 않겠소. 우리들은 표류한 사람들을 쇄환했으니 공이 있소. 상품 수량이 적으니 모두 무역해 주기 바라오.' 했습니다. 무역하지 못하고 돌아가면 국가 체면이 매몰되니, 값을 올려 무역함이 어떠리까?" 하니, 전교하기를, "세견선은 고칠 수 없다. 관직 제수는 소원대로 제수해 줌이 가하다. 대내전 사자의 상품은 예조가 아뢴 대로 값을 올려 무역하라." 하였다.

이 무렵 일본에서는 1526년 호소카와 하루모토가 아와 지방의 미요시 모토나가의 원조를 받아 1527년 호소카와 다카쿠니를 격파한 후, 교토에 입성하였다. 이에 제12대 쇼군 요시하루는 다카쿠니와 함께 도주해, 오미 관음사성 근교에 있는 구와노미데라(상실사) 경내로 3년간 막부를 옮겼는데, 이는 본격적인 막부의 이전이었다.

조선에서는 평안도 절도사 조윤손이 건주위의 침입으로 각 진보의 방비를 강화했으며, 순변사 허굉은 압록강변으로 북정을 떠날 때 데리고 갈 군관의 수와 장수 선발에 관한 일로 중종과 논의하였다.

1528년 8월 3일 호조가 "왜인들이 가지고 온 별폭기록 상품들은, 그 값이 무명 430여 동이나 되어 국가의 저축을 많이 허비하겠으니 온당하지 못합니다. 전량 공무역할지 여부를 호조가 단독으로 결단하기 어렵습니다." 하니, "호조로 하여금 요량해서 무역하도록 했으니, 호조 스스로 짐작해서 해야 한다."라고 전교하였다.

그해 8월 14일 지평 김기 등이 왜인들의 공무역 폐단을 의논드렸다.

"왜인이 긴요하지도 않는 물품을 진상하고서 쓸 데가 있는 물품을 무역해 가니 큰 폐단입니다. 지금 공무역이 무명 4백여 동어치나 되고, 사무역도 저자 사람이 바라지 않은 것을 평시서가 강박하여 무역해 주므로 괴롭다 합니다. 이 뒤부터는 한도를 정해 폐해를 제거함이 어떻겠습니까?" 하니, 상이, "딴 나라 사람이 가지고 온 물건이라 한도를 정할 수 없고, 오랑캐를 대우하기에 금단하지 못하는 것이다." 하자, 김기가, "이번에는 한도를 정할 수 없지만, 이 뒤부터는 한도를 정함이 어떻겠습니까?" 하였다.

그해 12월 7일 일본 공무역의 범위에 대해 예조가 건의하였다.

"선위사 원계채의 첩보에 '일악동당이 가져온 상물의 공무역 품목 수가 적어 노여운 마음에 상물을 모두 짐꾸려 떠나려 한다.' 하니, 어떻게 해야 합니까? 신들이 전례를 상고하여 정하였으나 공무역의 수가 적은 것에 분을 내어 모든 상물에 보이려 하지 않습니다. 그 뒤에 정부가 침향·용뇌·주홍 호초는 수량을 더했는데도 부족하다 하였습니다. 전례를 상고하니, 을해년에는 잡물을 모두 공무역으로 허가하였고, 정축년에는 정부에 수교한 뒤에 모두 공무역을 허가하였고, 신사년에도 정축년의 예에 따랐습니다. 계미년에 일악동당이 분한 말을 많이 하므로 공무역을 더 정하였으며, 을유년에는 3분의 2를 분부하셨다가 뒤에 다시 더 마련하였습니다. 이 사람들은 자주 오는데 상물을 많이 가져오면 우리나라의 포물로는 감당할 수 없는데, 공무역하지 않은 때가 없으니, 대신에게 의논하여 공사를 만드는 것이 어떠하겠습니까?" 하니, "예조·호조·의정부가 함께 의논해서 아뢰라."라고 전교하였다.

그해 12월 8일 승정원이 정승의 뜻으로 아뢰기를, "오늘 예조와 호조의 당상과 의논하였더니, 일본국 사신의 공무역은 조종조에서는 전수 다 공무역하도록 허가하였고, 계미년부터 재감하였습니다. 이제 일악동당이 가져온 물건은 그리 많지 않은데 공무역이 적다고 여겨 분을 내어 돌아가려는 것입니다. 교린의 도리를 감안하여, 계미년의 예에 따라 하는 것이 어떠할까 합니다." 하니 "아뢴 대로 하라."라고 전교하였다.

이 무렵 조선에서는 1536년에 야인의 남하로 대응책 마련에 고심하였다. 대신들은 "압록강 이북 지역은 우리 영토와 밀접하므로, 그 건너편에 수효가 늘어나면 주인 침대 곁에 외지인이 와서 코를 골며 잠자는 것과 같은 이치이므로 용납할 수 없는데, 그 수효가 날로 증가하므로 토벌하여 축출하지 않을 수 없다"라고 주청하였다.

일본 막부는 1527년에 호소카와 가문 내에서 분열이 일어나, 호소카와 하루모토가 호소카와 다카쿠니를 격파한 후, 정권을 장악하였다. 그러나 1531년 다카쿠니 전복에 힘을 합쳤던 하루모토와 미요시 모토나가 사이에 갈등이 발생하였다. 하루모토는 모토나가가 아와, 야마시로 지역에서 세력을 떨치자, 그가 두려워 살해한 뒤에, 자신이 관령이 되는 조건으로 제12대 쇼군 요시하루를 쇼군으로 인정해 20년간의 내전이 진정되었다. 막부의 내분이 호소카와 종가에서 다시 아와의 호소가와 방계가문, 호소가와 방계가문에서 다시 호소가와 가신세력으로 정권이 넘어가는 하극상이 계속되었다.

1538년 8월 1일 영의정 윤은보, 좌의정 홍언필, 우의정 김극성, 예조판서 유여림이 아뢰길, "일악동당의 청으로 배 5척을 더해 30척이 되었습니다. 왜인들은 원래 지급해오던 수량을 얻지 못해 패만스런 말을 많이 하지만 임신 약정은 가볍게 파기할 수 없습니다." 이에 중종이 답하길, "우리나라가 북쪽 오랑캐를 중하게 여기고 남쪽 오랑캐는 가볍게 여기나 이들을 소홀히 할 수 없다. 한편으로는 회유하고 한편으로는 엄하게 위엄을 보여, 우리의 형세를 무겁게 만든다면, 변방의 근심이 없어질 것이다."라고 하였다.

그해 8월 6일 참찬관 민제인이 아뢰길, "우리나라는 군액은 많으나 유명무실한 상황입니다. 하삼도와 양계의 정군에는 봉족 딸린 자가 몇 안 됩니다. 외방의 기병과 보병의 부실은 이루 다 말할 수 없습니다. 강계에 수자리 사는 군사의 곤고한 상태를 다 말할 수가 없습니다. 토병들이 모두 여역으로 죽어, 남은 자가 각진에 1~2명뿐입니다. 변진의 수졸은 모두 남쪽지방 사람으로 낮에는 역사에 지치고 밤에는 경비에 시달립니다. 변장의 횡렴도 심해 이 진의 군사가 저쪽 진으로 도피하고, 저쪽 진의 군사가 이 진으로 도피하기 때문에 진을 지키는 장소가 일정하지 않습니다. 경오왜변[86] 이후 우리나라 사람들이 남쪽 오랑캐를 가볍게 여기는데 이는 잘못된 생각입니다. 왜인이 침구할 만한 곳은 배천과 연안이 용이한데, 그런 큰 진에 군졸이 없으니 적에 대응할 일을 가히 알 수 있습니다. 피폐한 백성들을 싸움터에 몰아넣으려 한들 쓸데없는 일입니다." 하니, 상이 "말한 바가 매우 타당하다."라고 일렀다.

일본 막부에서는 1531년 호소카와 하루모토가 그의 가신 미요시 모토나가를 두려워해 처결하자, 모토나가의 아들 미요시 나가요시는 아와로 하향했다. 그러나 8년 뒤, 미요시 나가요시는 모토나가를 공격했던 세력이 하루모토와 반목하자, 하루모토 측에 가담하여 2천5백의 병력을 출병시켰고 그의 대가로 막부의 대관직을 요구했다. 이때 12대 쇼군 요시하루는 나가요시를 두려워해 오미로 도주하였다.

결국 호소카와 하루모토는 나가요시와 화친하였고 미요시 나가요시는 호소카와 가문의 중신이 되었다. 이때부터 나가요시는 적대세력을 차례로 꺾고 호소가와 정권의 최고 실권자로 부상하였다. 이로써 막부의 권력은 호소가와 종가에서 아와의 호소가와 방계가문으로, 호소가와 방계가문에서 호소가와 가신에게 넘어가는 하극상이 계속되었다.

1541년 7월 4일 영등포 만호의 치패와 왜의 창궐한 기세에 대한 경상우도 병사의 계본을 보고 정원에 전교하였다.

경상우도 병사의 계본에 "가덕도의 양장곶에 큰 진을 설치하고 우질포에 후원하는 진을 설치하면 왜인들 걱정은 영원히 없어질 것입니다. 세견선도 좌도의 동래 모노리에 왜관을 설치하여 접대해야 합니다." 아뢰자, 상이 "경상우도 병사의 말이 이치에 맞다. 삼공에게 의논하여 아뢰어라." 하였다.

그해 9월 26일 영의정 윤은보 등이 대마도 사신 파견·변방 사태에 대해 의논을 올리었다.

"서쪽 변방 사태는 지극히 우려스럽습니다. 연강 건너편은 점점 부락을 이루어 얼음으로 땅이 이어지면 돌연히 달려들 것입니다. 의주 인산의 건너편에 당인들이 들어와 살면서 부락을 이루고, 장사를 하니, 무슨 짓인들 못하겠습니까? 관방에는 강계가 주진이고, 상토 만포는 속진인데 주장에 당하관, 속진에 당상관으로 차임하니 모순입니다. 서쪽 변방은 전부터 중신으로 감사를 삼았습니다. 감사 교체시기가 되었으니 변방의 일을 다룰 만한 사람을 보내는 것이 어떻습니까?"라고 하였다. 그리고 판돈녕부사 김안국이, "대마 도주가 범죄한 왜인을 잡아 보냈으니 세사미두 및 세견선 등을 추가 지급하는 것이 어떻겠습니까?" 아뢰었다.

그해 11월 17일 윤은보·윤인경 등이 흉년으로 도적이 많이 일어날 것에 대한 대비를 건의하였다.

정부와 육조·한성부의 당상 전원과 변경의 일을 잘 아는 재상들이 이르기를, "대마도주가 죄를 범한 왜인을 압송하여 남쪽 변방에서 범하지 못하게 하였으니 정성이 지극합니다. 지난 임오년에 대마도주가 제포에서 난을 일으킨 성친 부자를 참획하고 적왜 2명을 붙잡아 바치자, 왜사가 돌아갈 때 면포 1백 필, 정포 1백 필, 쌀과 콩 1백 석 등을 대마 도주에게 보내주었습니다. 이번에도 상을 주는 것이 어떻겠습니까?" 하니, "그렇게 하라"라고 전교하였다.

그해 11월 22일 대마도에서 우리측의 배를 공격한 사건에 대해 예조에서 대마도주에게 수답할 내용을 의정부에 보고하였다.

"족하께서 죄인을 체포하여 우리의 국경에 압송해서 두 번씩이나 공개 처형하니 상께서 가상하게 여겨 예전처럼 접대하라고 명하시고 물품을 내려 포상하였다. 뒷날 다시 그러지 않는다는 보장을 하기 어려울 것인데, 귀도에서 일체의 조목을 정해서 우리에게 서계를 보내, 금명을 어기는 자는 즉시 참살하라고 하였다니 족하의 훌륭한 조처를 더욱 알겠다. 얼마 전에 우리측의 배를 공격한 사건이 있었는데, 제포와 가까와 이를 관에 있는 왜인의 소행이라고 생각했다. 족하는 전의 죄왜도 체포하여 보내왔는데, 왜인을 어찌 못 잡겠는가. 족하가 체포하여 죄를 다스린다면 어찌 아름답지 않겠는가.' 하는 내용으로 예문관으로 하여금 서계를 수답하게 하소서.

그리고 제포 첨사 송맹경의 첩보에 '대마 도주에게 보내는 서류의 내용을 제포에서 알지 못해 혹시 잘못 대답할까 염려된다.'고했는데, 이번에 수답한 내용을 변방의 장수에게 알리고 앞으로도 서계가 관계되면 변방의 장수에게 공문을 보내 착오가 없도록 하여야 합니다. 변방의 장수가 조정에 보고하지 않고 토살하면 말썽을 일으킬 수 있으니 체포하기 어려워 토살하는 경우 이외에, 체포할 수 있는 자는 즉시 토살하지 말고 보고하여 시행하는 것이 어떻겠습니까?" 하고 정부가 보고하니, 그대로 하라고 윤허하였다.

이 무렵 일본은 무역용 토산품이 적었으나, 1533년경부터 한반도에서 유출된 은 제련술 덕분에 은을 대량으로 추출할 수 있었다. 1539년(중종 34년)에 조정에서는 전라도 전주판관 유서종이 연철을 은으로 만드는 방법을 전습한 죄가 막중하니 철저히 조사하여 죄를 주도록 상주했다.[87]

조선의 은 제련술은 유럽의 제련방법보다 획기적이었다.[88] 스페인이 볼리비아에서 사용했던 은 정제법은 수은 아말감 공법으로 은을 제련하면서 수은 가스 중독으로 인디오 800만 명이 희생됐지만 일본은 조선의 기술로 인명 피해를 줄일 수 있었다. 일본은 이와미 은광에서 생산된 은을 이용해 동아시아 교역의 중심이 될 수 있었다. 17세기 초 일본의 은 생산량은 세계 1/3 규모였고 왜구들은 중국 남부 절강·복건성의 호족과 손잡고 은을 거래하면서, 약탈과 밀무역을 병행했다. 이때 중국에서 금·은의 교환비율과 국제 환율 사이에는 큰 차이가 있어, 일본상인들은 조선에서 은을 수입해 환차익도 챙길 수 있었다.

1541년 11월 24일 금은이나 주옥을 몰래 다른 나라에 팔지 못하는 금령을 방을 걸어 알리게 하였다.

　예조에서 아뢰기를 "전에는 왜인들이 은을 우리나라에 팔았기에 법으로 엄금하였는데, 지금은 왜인들이 중국 남쪽 지방에 팔면 이윤이 있기에 우리 은을 도리어 사간다고 합니다. 은을 사는 것만 금하고 파는 것을 금하지 않으니 국법을 밝혀서 왜노에게 전매하지 못하게 하는 것이 어떻겠습니까?" 하자, 이에 답하였다. "왜인이 은을 판다는 말은 들었어도 사간다는 말은 못 들었다. 우리나라 사람이 금은이나 주옥을 몰래 다른 나라에 파는 일은 금령이 있으니 해조에서 계목을 마련한 뒤에 방을 걸어 알리도록 하라." 하였다.

　1542년 5월 15일 상이 윤은보 등을 인견하고, "이번에 일본이 은을 많이 가져왔으니, 마땅하지 않으나, 접대는 후하게 하지 않을 수 없다." 하니, 김안국이, "이번에 은을 가져온 것은 예전에 없던 일이라 어떻게 처리해야 할지 몰라 어렵게 여깁니다." 하니, 상이, "은을 가져왔다 하여 대접을 박하게 하는 것도 이상하지 않는가?" 하였다.

　그해 윤5월 11일 대마 도주의 서계에 대해 대신들이 아뢰었다.

　영의정 윤은보, 좌의정 홍언필, 우의정 윤인경, 예조판서 김안국이, "대마도주의 서계를 보니, 세견선과 특송선을 옛날처럼 복귀하고자 하는 것입니다. 구조약은 변경할 수 없고, 신조약 8조 역시 경솔하게 고치기 어렵습니다. 세견선을 보내는 일은, 배의 크기를 따져 구례대로 급료하고 인원 수는 점검하지 않아도 그리 해로울 것은 없습니다. 특별히 그 청을 들어주는 것이 어떻겠습니까?" 하였다.

유보·윤인경·조사수가, "임신년 조약은 애걸하더라도 고칠 수 없는데, 이처럼 교만한 말이겠습니까? 신조약 8조는 시행한 지 오래지 않은데 고친다면 왜노들이 더욱 업신여길 것입니다." 하였다. 이에 상이 "그들의 청을 들어주지 않는다면 변방 일과 관련된다. 처음 의논이 내 뜻과 같으니 그것을 따르겠다." 하였다.

그해 윤5월 27일 세견선을 늘려주는 것과 은을 사는 것에 대해 대신들이 의논하였다.

"일체를 다 들어주지 않는다면 저들이 실망하니 3분의 2를 무역하도록 들어주는 것도 무방합니다. 공무역과 사무역으로 나누자는 것도 의도한 바가 있어서였습니다." 하고, 유관과 양연이, "왜은 2만 냥도 온당하지 못하다는 의논이 있습니다. 지금 더 허락하더라도 저들은 값을 다투어 역시 화를 낼 것이니, 더 무역해서는 안 됩니다. 세견선은 굳은 약조이니 은철의 무역으로 고쳐서는 더욱 안 됩니다." 하였다. 권벌·성세창은, "세견선은 고칠 수 없습니다. 은냥 2만 냥을 공무하도록 허락하였으나 많은 은냥을 수송해 왔으니 사무역을 하는 것이 어떻겠습니까?" 하고, 이언적이, "3분의 2를 무역하되, 공무역과 사무역으로 나누는 것이 어떻겠습니까?" 하였다.

이에 답하기를, "약조가 굳어 고칠 수 없으면 당초 고치지 말았어야 했다. 이미 5척을 더했으니 내 생각으로는, 세견선은 더하고

은은 더 무역하지 말아야 한다. 다시 의논하라." 하였다. 윤은보 등이, "은 무역은 한때의 폐단이지만, 5척을 더 허락하면 매번 와서 그 폐단이 무궁할 것입니다. 일본 국왕이 새로 즉위하여 일악동당이 왔기에 그때도 모두 불가하다고 하였지만 부득이 따랐던 것입니다. 이번에 온 객사는, 은이 중요하지 세견선은 중요하지 않습니다." 하니, 상이 윤은보 등의 의논을 따랐다.

당시 왜인들이 은으로 요구한 물건은 면포였다. 조선에서는 목면 이하의 천이 화폐로서 기능하고 있었으므로, 왜인의 요구대로 응하자니, 국가에서 사용해야 할 면이 부족해질 염려가 있었기 때문이다.

그해 7월 8일 왜 사신이 은을 더 사달라고 간청하였다.

선위사 나세찬이, "어제 객사가 말하기를 '다시 은 2만 냥만 무역하기를 청했으나 이루지 못하여 속히 돌아가고 싶다.' 하였습니다." 전교하기를, "선위사가 객사에게 사적으로 물어 '우리나라는 법으로 은냥의 무역을 허락하지 않는데, 다른 상물조차 허락하지 않는다면 이웃 나라를 대하는 뜻에 어긋날 것 같기에 모두 공무역을 허락하였는데 그 물건까지 무역하지 않고 돌아간다면 사명에 위배될 것인데 어떻게 하겠는가?' 라고 말해 주라." 하였다.

그해 7월 16일 왜의 은을 더 사는 것에 대해 대신들과 논의하였다.

은보가, "예조의 전례를 상고해 보아도 전의 상물 가격은 1천 동을 넘지 않았고 근래의 대음화상과 일악동당 두 행차 때만 1천동을 넘었는데 면포가 아닌 정포였습니다. 정포 2동의 값은 면포 1

동의 값과 같으니 받은 가격은 1천 동에 미치지 못했습니다. 지금 객사가 은 1만 냥을 무술년 값으로 요구하니 관목 1천6백 동에 해당합니다. 2만 냥을 무역해 달라면서 다른 물건을 개시하지 않으니 그들의 원대로 1만 냥을 더 무역해야겠습니다."라고 하였다.

상이, "더 무역할 경우 8백 동 값이 1천 6백 동이나 되니 너무 많다." 하니, 홍언필이, "객사가 분노했으니 변란이 염려됩니다."라고 하자, 상이, "전일 무술년 값으로 주었는데, 이제 1만냥을 더 무역할 때 지금 시세로 주어서는 안 된다. 그만둘 수 없다면 무술년 값으로 주어야 한다."라고 하였다.

이에 김안국이, "2만 냥의 은을 절반은 무술년의 값, 절반은 지금 시가로 주면 저들이 반드시 같은 값을 강청할 것입니다. 구가로 주는 것이 어떻습니까? 또 공무역으로 무역하고 나머지를 사무역하는 것은 부당합니다." 하고, 이기가, "15~16년이 지난 뒤에 은자 8만 근을 가지고 온다면 장차 어떻게 처리하겠습니까?" 하고, 이언적이, "공서계를 만들면 나라 체통이 손상되니, 1만 냥을 더 무역하더라도 국가에 손익이 없을 듯합니다. 은자를 왕부에 저장해 두면 후세에 쓸 수 있을 것입니다." 하고, 조사수가, "객사가 무역하려는 것은 1만 냥에 불과합니다. 공서계보다 은자 1만 냥을 더 무역하는 것이 어떻겠습니까?" 하였다.

이에 상이, "은자를 이곳에 두고 돌아가게 해서는 안 되며, 더 무역할 수도 없고, 공서계를 줄 수도 없으니, 모두 어렵다. 1만 냥을 더 무역할 경우 후에 더 많이 가지고 오면 어떻게 하겠는가? 우선 공서계를 써 주어 시험해 보는 것이 어떻겠는가?" 하였다. 홍언필이, "조종조에서 공서계를 써서 회답한 적이 없었습니다. 그렇게 하면 뒤폐단이 있을 것입니다." 하니, 상이, "널리 의논하려는 것은 중의를 들으려는 것이다." 하였다.

그해 7월 17일 왜 사신이 5천 냥은 팔지 않겠다며 돌아가겠다고 하였다.

예조가, "선위사가 '객사에게 「1만 냥 외에는 더 무역할 수 없다는 조정 의논이 정해져 고칠 수 없으나 특별히 5천 냥을 더 무역하도록 하라.」 하셨으므로, 낭관을 보내 알려주는 것이다.' 하였더니, 객사가 '국왕은 8만 냥의 은자를 보냈지만 3분의 2만 청하였다. 그러나 3분의 2는 무역을 허락하고 세견선은 허락하지 않으므로, 다시 3만 5천 냥을 청하였으나 들어주지 않아 2만 냥을 청했는데, 5천 냥을 무역한다니 그렇게는 할 수 없다. 회답 서계를 만들어 달라.' 하였습니다." 이에 전교하기를, "공서계를 만들지 못해 부득이 5천 냥을 무역하기로 한 것이다. 객사가 따르지 않으니 그들의 말대로 답서를 써주라" 하였다.

이때 제포첨사 서수천이 김안국을 찾아가 '안심동당이 공무한 관목면은 1천 2백 동이고 사무한 것은 그 배나 되니 3~4척에 어찌 다 싣겠는가? 그가 포소에서 백사단자 등 가벼운 물건과 바꾸어 갈 것이다. 내가 포소에서 경상을 엄금한다면 그들이 관목면을 다 가지고 가지 못할 것이다.' 하니, 김안국이 일본 사신의 물품을 대마도 선박으로 수송하도록 하여 그것이 예가 되었다. 이후 왜인들이 '가덕도를 우리에게 달라.'라고 하기까지 이르렀다.

　1543년 4월 16일 일본 국왕이 서계에, "폐방에 참람한 신하가 반역 무리와 공모하여 국고에서 보물을 훔쳐 도망하였는데, 명에 거짓 조공을 바치거나 도서 지방을 침입할 것입니다. 귀방에서 우리 서찰을 명나라에 바치고 회답을 보내준다면 감사하겠습니다." 하였다. 이에 상이, "일본과 교통하는 사실은 중국 조정에 숨겨야 하니, 소장을 가지고 왔다 해도 따를 수 없다." 하니, 영사 윤인경이 "일본과의 교통은 항상 중국에 숨겨 왔으니, 저들이 주달할 일이 있다면 스스로 주달하게 해야 합니다." 아뢰었다.

5. 사량진왜변과
정미약조

1543년 포르투갈 인을 태운 중국 선박이 규슈에 표착하자, 다네가시마의 도주는 포르투갈의 화승총의 사용법과 제조법을 배우게 했다. 이후 화승총은 사카이, 네고로에서 대량생산되었고 오다 노부나가는 3천 명의 조총부대를 편성해 다께다 신겐의 1만5천 명 기마군을 격파하였다. 이로써 조총을 활용한 보병이 기마군단을 격파하는 전술상의 변화가 시작되었다.

3포왜란 이후 조선은 일본의 교역에 많은 제한을 가했다. 일본의 상인들은 원하는 물품을 이전보다 적게 얻자, 왜구로 돌변하여 약탈을 감행하였다. 1544년 사량진왜변이 발생하자, 조정에서는 왜와 교류를 일체 끊자는 절왜론이 제기되어 막부와 대내전, 소이전을 제외하고 대마도와 통교를 중단했다.

1544년 4월 18일 경상우도 수사가 아뢰길, "사량진 왜변의 원인을 만호 유택에게 조사하니, '왜선 20여 척이 12일에 성을 포위했는데, 화살에 맞아 죽은 왜인이 20여 인, 우리 군사는 전사 1인, 부상자 8~9인이었다. 이웃 진에 위급함을 알렸는데, 적량 만호 김희장과 소비포 권관 금팽조 등이 이날 늦게 왔고, 가배 권관 남자용, 당포 만호 김준, 고성 현령 봉귀달 등은 13일 늦게야 왔다.' 했습니다. 유택은 변장의 도리를 잃었기에 시급히 교체하는 것이 어떻겠습니까?" 하였다.

그해 4월 18일 임금이 남쪽 지방의 왜변에 대해 대신들과 의논하였다. 영사 홍언필이, "성이 포위되었으니, 이는 침입할 계획을 오래 한 것입니다. 각 포구의 진장은 가려서 차임하고 서울에 있는 장사도 미리 대비해야 합니다. 싸운 상황과 사상자 숫자를 관찰사, 병사, 수사로 자세히 조사하게 하는 것이 합당합니다." 하니, 상이, "성을 포위하고 싸웠다면 사상자가 많았을 터인데, 죽은 자가 한 사람이라고만 했다. 경차관을 보내 추문하고자 한다." 하였다.

병조판서 정옥형이, "다시 침입하려고 우선 시험해 본 것인지 모르겠습니다." 하니, 상이, "왜의 서계를 보건대, 불공한 말이 많고 사신의 말도 공손하지 못했으니, 사단을 일으키려는 것이 아니겠는가?" 하였다. 예조판서 임권은, "대마도 서계를 보면 거만한 말이 많아 경멸하는 마음이 있는 듯합니다. 얼마 전에 준마를 요구했는데, 예전에 없던 일입니다. 또 '쌀이나 콩을 제급하는 것은 보통 사람을 대우하는 방법이니 세견선을 더 배정해주기 바란다.'라는 등 교오한 말이 많았으니 딴 마음이 있는가 싶습니다." 하였다.

그해 4월 20일 왜인들의 문제를 대신들과 의논하였다. 상이, "요사이 남쪽에 왜변이 있고, 서쪽에도 달자들이 방산 등지에서 노략질하니, 방어를 태만해서는 안 된다. 사량진을 침범한 왜인들을 대마도주를 시켜 잡아보내도록 한다면 거짓 꾸미는 짓이 있을 것이고 공로를 내세울 수도 있다. 이번에 네가 도주이면서 어찌 알지 못했는가 질책한다면 어떻겠는가?" 하였다.

윤인경이, "조정 의논이 이 기회에 왕래하지 않으려 합니다." 하고, 사간 경혼은, "지난번 국왕의 사신 수축·계원이 왔을 적에 처음에는 수량을 줄여 사기로 했지만, 패만한 언사가 나오자 다시 개정해 국가의 체면이 훼손되어 여론이 분개하였습니다." 하니, 상이, "왜사가 서계에는 '절반은 무역하기를 허락한다.'라고 해놓고 실지로 무역한 서계와 달랐으므로 돌아가면 죄를 얻게 될 것이기에 억지로 진소한 것이다. 서계가 모호했기에 이를 구실 삼아 우리의 형편을 엿본 것이다. 이제부터는 한번 정한 다음에는 경솔하게 고쳐서는 안 된다." 하였다.

동지사 유인숙이, "안심동당이 왔을 적에, 여러 차례 조정 의논을 변경하여 기쁘게 해 주기만 힘쓰고 원대한 생각은 하지 않아 그들의 오만이 이에 이르게 된 것입니다. 경오년 난 뒤로 통호를 허락하지 않으려 했으나, 일본국왕이 사신을 보내 요청했기에 허락했는데 요사이 능멸하니, 부끄럽게 여깁니다." 하니, 상이, "교린은 경솔하게 거절할 수 없다. 엄중한 말로 도주에게 '만일 또 다시 그와 같은 짓을 하면 용서하지 않고 끊겠다.' 하고 그들의 답을 보는 것이 어떨까 한다." 하였다.

특진관 강현은, "무자년에 사신 일악동당이 왔을 때 왜인들이 '통사를 칼로 찌르겠다.'라고, 협박했으니 그들의 교만함을 알 수 있습니다. 거절할 수 없다고 당장 편하고자 한다면 큰 환란이 있을 것입니다." 하였다. 윤인경이, "경오년의 왜란 뒤에 왜인들이 패한 뒤에야 일본이 사신을 보내 청했기에 허락하였습니다. 그러나 그때에 경솔하게 허락하고 세견선의 척 수도 너무 많게 하여 지금까지 폐단이 되었습니다." 하니, 유인숙이, "지금 군액이 줄어 수도 채우지 못하는데 하물며 무재가 있는 사람을 바랄 수 있겠습니까?" 하였다.

그해 4월 22일 윤은보·홍언필 등이 "이번에 변진을 어지럽혔습니다. 이는 우리나라를 위협해 세견선의 수를 복구하고자 하는 것이니 결코 안 될 일입니다. 관에 머물러 있는 소이전과 대마도의 제왜들에게 '사량진을 침범하였으니 다시는 통신하지 않을 것이다. 이는 너희들 자신이 끊은 것이니 누구를 탓하겠느냐?' 하는 것이 어떻겠습니까?" 아뢰니, 예조에 계하하였다.

그해 4월 24일 검토관 이담·윤은보 등이 왜인들의 접대 문제로 아뢰길, "세견선의 수는 대마도주 30척, 그의 아들 종성수 2척, 제추들 20여 척, 수직 왜인 10여 척, 소이전이 2척, 대내전은 60여 척이나 됩니다. 법에 대선은 40인, 중선은 30인, 소선은 20인으로 한도를 정했는데, 지금은 별도의 격왜라고 핑계하고 양료를 요구하므로 부득이 줍니다. 또한 공무역하는 면포가 많아 60~70척에 가득 싣고 갑니다. 예전에 공무역한 면포의 수량을 보건대, 붕중이 왔을 적에 50여 동(1동은 50필)이었으나 안심동당은 1,400여 동, 수축동당은 900여 동으로 너무 많습니다. 이번 소이전의 공무역 수량은 400여 동이나 됩니다. 또 사무역으로 포소 근처 고을의 식량이 고갈되어 먼 고을에서 실어주니, 피폐가 심합니다. 이번에 끊는 것이 어떻겠습니까?" 하였다.

상이, "거절하면 해채선과 제주를 왕래하는 배들이 해를 받게 될 것이다. 그러나 이번에 거절하려는데 어떻겠는가?" 하였다. 영사 윤은보가, "궁시·기계·병선이 20여 척이나 되었다니, 대마도에서 출발하여 목도나 가덕도에 있다가 노략질한 듯합니다. 이제는 '국가에서 접대한 것이 무슨 소용이 있는가? 거절하는 것만 같지 못했다.'라고 소이전 및 대마도의 왜인들에게 말한다면, 대마도는 답답하게 될 것입니다." 하니, 상이, "조정의 일이 왜인에 쉽사리 전파되기에 비밀로 하도록 할 것을 어제 예조에 분부했다." 하였다.

특진관 신영이, "조정의 일을 객인들이 다 알지 못하는 것이 없기에 앞서 정부에서 의논할 적에도 비밀하게 의논했습니다. 어제 왜통사들을 불러 '모든 누설이 오로지 너희들 때문이다.'라고 경계했습니다. 대마도의 서계에 또 준마를 요구했습니다. 이는 전에 없던 청으로 그 뜻이 공손하지 못하니, 다른 마음이 있는 듯합니다." 하고, 대사헌 임백령은, "왜인들이 중국에 말하기를 '조선은 우리에게 복종하여 섬기니 우리가 마땅히 그의 위에 서야 한다.'라고 했다는 것입니다. 모욕이 이보다 클 수 없습니다. 교린의 도리는 끊을 수 없지만, 이때에 재제하는 것이 합당하겠습니다." 하였다.

그해 5월 대사간 구수담이 왜노 접대를 후하게 하지 말 것을 상 차하였다.

"성을 침범하여 백성을 살육하였으니 이 기회에 세견선의 척수 를 감하고 공사 무역도 허락하지 말며, 모든 재제 방도를 다시 채 택해야 합니다." 하였다. 임금이 답하기를, "이번에 또 세견선의 수 를 감하고 공사무역도 허락하지 않는다면 대마도가 일본에 부탁 할 것이고, 일본과 소이전이 자주 청하게 되어 폐단이 많을 것이 다. 다시 고친다면 무게가 없게 될 것이고, 여러 해 동안 허락하지 않는다면 남쪽 어업에 종사하는 백성들과 제주 사람들이 피해가 많을 것이며, 표류한 사람도 살아 돌아오지 못할 것이다. 소이전 의 사자에게 예조가 이런 뜻으로 말해, 지금 다시 딴 말을 하기는 어려울 듯하다."

그해 5월 22일 왜인은 국왕의 사신 외는 일체 거절토록 하고 가 덕도에 진을 쌓도록 하였다.

윤은보·윤인경·윤임·이기·권벌은, "가덕도는 웅천에 2리 남짓 하고, 제포·영등포·다대포 등의 포구가 서로 보일 만한 지역에 있 어, 사람이 부르는 소리, 호각 소리도 들을 수 있으며, 삼면은 절벽 이고 한 면만 배를 둘 수 있어 성을 쌓고 진을 설치하는 것이 유익 합니다." 하였다. 이에 전교하길, "국왕의 사신 이외는 일체 거절하 라. 가덕도에 진을 설치하는 일은 다른 섬들과 멀지 않다니, 중의 대로 진을 쌓아라." 하였다.

그해 6월 1일 경상우도 수사 윤담이 왜선을 도둑의 배로 지목하여 죽이는 폐단이 없도록 한 것에 대해 아뢰었다.

"지난번 전교에 '변장이 공을 얻으려고 서계를 가지고 오는 왜선도 도둑의 배로 지목하여 죽이는 폐단이 있을 것이다.' 하셨습니다. 조공 왜선은 배가 크고 배에 타는 자가 백여 명이나, 황당선은 작아 먼 데에서도 분명히 알 수 있습니다. 또 조공 왜선이라면 어둡기 전에 포소에 와 닿고, 해가 저물면 외치고 노를 소리내어 들을 수 있게 하고, 도둑의 배는 매우 빠르며 타는 자는 7-8명인데, 해채하는 배를 약탈하므로, 쉽게 분변할 수 있습니다. 신이 각포에 알려 도둑의 배가 있으면 잡아 베게 하겠으나, 전교가 이러하므로 각포의 진장들이 도둑의 배를 만나더라도 감히 잡지 못할 듯합니다." 하였다.

이에 상이 "지난번 전교한 뜻은 변장들이 모두 베어 사변을 일으킬까 염려해 그렇게 말한 것이다. 변장이 쉽게 분변할 수 있다면 그렇게 할 것 없겠다." 전교하였다.

1544년 사량진 왜변 이후 무역이 중단되었으나 대마도와 막부, 소이전이 간청하자, 조선은 1547년에 정미약조를 맺고 교역 재개를 허락했다. 그러나 대마도 도주 선박의 수를 대선 9척, 중선 8척, 소선 8척으로 했으며 배에서 쓸 물품은 지급하지 않았다.

이 무렵 일본은 전국 시대의 혼란으로 중국과 밀무역이 성행했고, 밀무역은 수시로 약탈로 변했다. 1547년 제12대 쇼군 요시하루는 측근 집단을 재편성하고, 조정의 명문 고노에 가문 출신을 정실로 맞이하여 막부의 권위 회복에 힘썼다. 그러나 쇼군이 하루모토에게 패해, 그의 장남인 요시테루에게 제13대 쇼군직을 물려주고, 후견인으로 물러났다.

1547년 2월 13일 영의정 윤인경, 좌의정 이기, 우의정 정순붕, 예조판서 신광한, 공조판서 윤사익, 호조판서 정세호, 형조판서 정사룡, 이조판서 김광준, 병조참판 최연, 예조참의 박세후 등이 대마도 약조 등을 논의하였다.

"대마도는 경오년 난리 이후 25척으로 하였는데 그 뒤 계미년에 5척을 더 배정하여 30척이 되었습니다. 이제 25척으로 개정하고 정수 이외의 사람은 접대하지 않는다는 것이 이번의 약조입니다. 그러나 일체 접대하지 않는다는 것은 지나친 듯하니 유포량을 감하여 반만 주겠습니다." 하였다.

그해 2월 23일 예조판서 신광한이 대마도인의 도서·직첩을 제수하는 원칙을 건의하였다.

"어제 객사가 '접대를 거절한다면 원망이 사신에게 돌아갈 것이니, 후회가 따를 것이다.'라고 간청하였습니다. 50년 전에 도서와 직첩을 받은 자는 10명 가운데 죽은 사람을 제외하면 그 수가 많지 않을 것이니 앞으로 4~5년 더 접대한다는 뜻으로 설득하면 좋겠습니다. 또 약조에는 이제부터 도서와 직첩을 받는 사람은 그 햇수를 계산하여 몇 년으로 제한하는 것이 좋겠습니다." 하였다. 전교하기를, "대마도는 죄가 있는데도 화친을 허락하고 도서와 직첩을 받은 사람은 죄가 없는데도 거절하면 원망할 것이니, 숙의하여 아뢰라." 하였는데, 삼공이 모두 "조정 의논이 정해졌으니 고칠 수 없다" 하였다.

그해 3월 2일 일본과 사무역하는 물품의 반을 공무역으로 돌리는 일에 대해 의논하였다.

헌부가 아뢰기를, "일본 국왕의 사신이 가지고 온 물건은 공무역을 허락하는데 이것은 교린의 후의입니다. 그 밖의 사무역 물건은 요청을 들어줄 수 없으며 해당 관청도 할 수 없습니다. 영봉선이 싣고 온 후추와 단목을 반만 공무역으로 허가하였는데, 이것은 사신이 올 때 놓아둔 것이라고 하나 실은 대마도에서 몰래 조종하는 술책입니다. 그들의 요청을 들어준다면 세견선의 수를 감소시킨 본의에 어긋납니다. 무역하지 마시고, 예조 관리의 죄를 다스리소서." 하니, "대신에게 의논하여 처리하겠다" 답했다.

1548년 10월 8일 대마도주가 세견선을 5척 더해 줄 것과 심처왜인에게 도서와 관작을 다시 줄 것을 요청했다. 이에 예조가 대신들과 의논한 끝에 거절하겠다고 아뢰자, "그리하라"라고 전교하였다.

1549년 조선에서는 명종 4년에 연이은 역병과 흉년으로 국고가 고갈되기에 이르자, 강북지대를 정벌하지 못했다. 영의정 이기, 좌의정 심연원 등이 "함경북도 5진의 방어는 성저야인들이 울타리 역할을 하는데, 심처야인들이 침입하면 진장은 그들을 성원하면서 노략질을 못하게 했는데 지금은 변장이 형벌을 엄격하게 시행해 그들이 모두 옮겨가 성밑이 텅 비었다"라고 보고했다.[89] 그리고 "돌골·이마거 등 우지개가 온성의 성저야인을 노략질하는데, 이들이 지탱하지 못하면 화가 우리에게 미칠 것이나 6진에 기근이 들어 군량이 없으니 대책을 강구하기 어렵다"라고 보고하였다.

일본에서는 1546년 요시테루가 11세의 나이로 제13대 쇼군에 취임하였고 이름을 요시후지라 칭했다. 1548년 제12대 쇼군 요시하루가 하루모토와 화해하면서 하루모토가 요시후지의 쇼군 취임을 인정했다. 그러나 1549년에 이르러 막부의 대관 미요시 나가요시가 하루모토에게 적대하던 호소카와 우지쓰나 측으로 배신하면서 하루모토 정권은 무너지고 말았다. 이로써 12대 쇼군 요시하루는 쇼군 요시테루와 함께 오미로 피신하였고, 막부는 교토 주변의 지방 세력으로 전락하고 말았다.

1549년 8월 12일 조강에서 지경연사 신광한이 왜인의 적선을 대비하는 일에 관해 아뢰었다.

"안심동당의 말에 오만한 내용이 많았고 또 강원·전라 길로 나타나 뒷날 침입할 때 그 길로 오겠다는 뜻을 보이고 겁을 주면서 화친의 목적을 달성하려는 심산이었습니다. 그리고 '대마도는 귀국에 예속되었는데 우리나라와 무슨 상관이 있는가?' 하였습니다. 이에 신이 '대마도가 많은 죄를 짓지만 일본의 속국이라는 생각에서 교린의 도리로 포용하고 있다. 일본과 아무 관계가 없다면 그 작은 섬 하나를 거절하는 것이 무엇이 어렵겠는가?' 하였더니, 안심동당의 얼굴빛이 금방 달라지면서 '큰 나라가 하려 들면 무슨 일인들 못하겠는가?' 하고는 교만한 말을 못했습니다.

경오년 왜란 이후 세견선 50척에서 20척을 감하고 그 후에 또 5척을 감하고, 사람 수도 대선 40명, 중선 30명, 소선 20명으로 하였는데, 저들은 25척 모두를 대선으로만 보내 신약조에 대선 8척, 중선 8척, 소선 9척으로 하였습니다. 배의 숫자는 똑같지만 곡식 받는 실지 숫자는 대선 6척 몫으로 감소되었습니다. 저들이 '경오년 이후 30척 몫만을 주다가 지금 또 5척을 줄였는데 여기에 대선 6척 몫을 감하면 이름만 25척이지 실지는 19척밖에 되지 않는다.' 하는데, 그 말은 사실입니다. 지금은 적선이 없어 저들이 공으로 여기니, 5척을 더 주면서 '너희들이 잘 지켜 적선이 없기에 더 주는 것이다.' 한다면, 노략질하지 않을 것입니다. 대선 1척, 중선 2척, 소선 2척의 몫을 더 주더라도 사실은 대선 3척의 몫에 불과한 것이니, 저들에게도 편리하고 우리나라에도 해가 없게 하소서." 하였다.

1550년 7월 6일 예조판서 정사룡 등이 일본국왕의 서계 등을 가지고 온 여천서당의 일을 아뢰었다.

"전산전 사송 상관·부관 등은 경자년부터 69년간 왕래가 끊어졌습니다. 지금 여천서당 등이 국왕의 부험·서계 및 본전의 서계와 대마도주의 문인을 가지고 왔으니 접대가 당연하나 통신이 끊긴지 수십 년이니 예조가 독단하기 어렵습니다." 하니, 대신들의 의견은 "모두 구례에 따라 먼 곳에서 온 사람을 위로하자."라고 하여 그대로 따랐다.

그해 9월 13일 좌의정 심연원, 우의정 상진, 예조판서 정사룡, 참판 심통원, 참의 임열이 일본의 전산전에 소부를 주는 것이 불가함을 아뢰었다. "지난 성화 10년에 부험 10부를 만들어 일본 국왕과 거추들에게 보내 국왕에게 부험을 받아 오게 한 것은 거짓을 막기 위한 것이었습니다. 대내전의 계통은 백제에서 나왔으므로 우리나라와 가장 친하고, 소이전은 대마도에 와서 대대로 통신 사절이 끊이지 않았으므로 동부나 도서를 사급했습니다. 그런데 전산전은 70년간 오지 않다가 이제 처음 나왔으니 갑자기 별도의 소부를 줄 수 없다는 내용으로 답하는 것이 어떻겠습니까?"

1551년 10월 24일 일본과의 무역을 논의하고 진장으로 하여금 왜인을 잘 방비하도록 하였다.

예조가, "일본국왕의 사신과 여러 거추의 사신들이 단목과 호초를 많이 가지고 와서 우리의 면포를 무역하는데 근년에 면포가 희귀하고 저장된 옛 면포도 바닥났습니다. 지금 나라에 있는 호초, 단목은 앞으로 백년은 사용할 수 있을 것인데, 어찌 변통하지 않을 수 있습니까? 정미년에 대내전이 가져온 단목과 호초 값을 너무 깎아 도로 싣고 갔습니다. 만약 또 싸가지고 간다면 나라의 체통에 관계되니, 회답할 때 '우리의 목화가 아주 귀해졌고 너희의 단목과 호초는 너무 많아 약간만 무역할 것이니, 다시 무역을 요구해서는 안 된다.'라는 뜻으로 말하는 것이 어떻겠습니까?" 하였다.

우의정 윤개가, "왜인이 1천여 명이나 되고 우리 부방군은 반이 못되니 사변이 있으면 감당하기 어렵습니다. 진장으로 하여금 방비를 잊지 말도록 하는 것이 어떻겠습니까?" 하니, 상이 윤개의 의논을 따랐다.

그해 12월 21일 대마도주가 특별히 사신을 보내 원자의 탄신을

하례하여 왔는데, 그 접대의 허락 여부를 삼공에게 의논하라고
명하였다.

영의정 심연원이, "반년이 지난 후에 진하를 빙자하여 별선을 보
내니, 간교합니다. 약조를 어기고 나왔기 때문에 접대할 수 없다
는 뜻으로 타일러 돌려보내소서." 하고, 우의정 윤개는, "대마도주
가 특별히 사신을 보내 진하하는 것은 예절에 합당합니다. '접대를
허락하나 다른 일로 특선을 보낸다면 약조에 의해 받아들이지 않
을 것이다.' 하는 것이 어떻습니까?" 하니, 상이 윤개의 의논을 따
랐다.

1552년 제13대 쇼군 요시테루는 실권자였던 나가요시와 화평을
맺고 교토로 돌아왔으나 나가요시와 그의 가신 마쓰나가 히사히
데의 꼭두각시에 불과했다. 1553년 쇼군 요시테루는 다시 하루모
토와 손잡고 나가요시와 싸웠지만 패배하자, 오미로 도망쳐 그곳
에서 5년을 지냈다. 1558년 쇼군 요시테루는 롯카쿠 요시카타의
지원을 받아 미요시와 재차 교전했는데, 다시 열세에 처하자, 결국
쇼군 요시테루는 나가요시와 화해하고 교토로 돌아오면서 쇼군의
막부 정치가 재개되었다.

1552년 6월 12일 예조에서 "일본 사신이 은냥을 많이 가지고 왔
는데, 사목에 의해 가지고 온 물품이 많을 경우 부산포에 유치시
킨다는 내용에 대해 대신들에게 의견을 물으소서." 하니, "아뢴 대
로 하라"라고 전교하였다.

그해 11월 26일 영의정 심연원, 좌의정 상진, 우의정 윤개가 왜

인 접대하는 일로 아뢰길, "예조가 『해동제국기』를 상고하니, 구주는 우리나라와 멀지 않으니 접대한 데에는 깊은 뜻이 있을 것입니다. 현저하게 드러난 죄가 없는데 40년 전의 일로 거절한다면 원망할까 염려됩니다. 임신년에 거절한 희구 외에는 모두 다시 접대하는 것이 어떻겠습니까?" 하니, 답하기를, "왜인 접대하는 일은 대신의 의논에 따르라." 하였다.

1553년 2월 26일 선위사 이감이 왜사들이 다시 무역을 늘려줄 것을 청한다고 아뢰었다.

"중 안심은 호초·단목의 무역을 늘려 주기만을 청할 뿐, 공서계에 대해서는 아무 대답도 하지 않습니다. 신이 '조정에서 신가로 결정했으나, 상께서 특별히 구가로 주라 하셨으니, 이보다 큰 은혜가 없는데 너희들은 공서계 받기를 원하니 만들어 주겠다.'라고 하였습니다. 중 안심은 노색을 나타내며 '외교를 맺은 이후 과연 공서계가 있었습니까?' 하므로, 신이 '너희가 많은 물건을 가져왔기 때문이다. 일체 무역하지 않아야 할 것이지만 너희 신왕이 보낸 것이므로 특별히 반을 무역하는데, 박대한 것인가?' 하고, 공서계를 만들겠다 하니, 그는 곧 '절교하려 합니까?' 하였습니다." 아뢰자, 전교하기를, "객사가 처음에 공서계를 청하다가 호초·단목의 무역을 늘려달라니, 이는 우리 조정을 시험하려는 것이다. 먼저 개수한 서계를 주었다가 노하거든 곧 공서계를 주며 '이는 조정의 뜻은 아니지만 너희가 청하기에 주는 것이다.'라고 말하라."

그해 3월 4일 심연원 등이 왜선을 척량하는 것에 대해 아뢰길,

"아무리 인원 수를 조사하려 하여도 배 안에 숨어 알 수가 없으니, 구례에 따라 대·중·소로 배를 척량하여 인원 수를 정해 요를 주는 것이 무방합니다." 하고, 상진은, "왜선을 척량하고 선부를 점고하는 것이 『해동제국기』에 실려 있으나 3포 왜가 대리 점고하는 간계를 막으려고, 선체를 대·중·소 3등으로 나누어 요를 주었습니다. 이 제도는 시행된 지 오래이니, 아뢴 대로 그 요청이 합당합니다." 하고, 윤개는, "그들이 점고를 받지 않으려는 것은 '점고할 때 군관과 역관이 인정을 강요하기에 이런 요청을 하였다.' 합니다. 만약 이와 같은 이유 때문에 기피하는 것이라면 그들의 요청을 들어주는 것이 무방합니다." 하니, "의논에 따라 하라"라고 전교하였다.

1554년 6월 8일 제주목사 남치근과 전라우수사 김빈이 왜변을 치계했다.

상이 삼공과 병조·비변사를 불러 전교하길, "제주 목사와 전라 수사의 계본을 보니 대마도주의 서계가 헛된 것은 아닌 듯하다." 하였다. 심연원·상진·윤개·윤원형은 "이번에 잡힌 자들은 표류해 온 자들이니 돌려보내지 않는다면 원한을 품을 것입니다. 가리포 첨사가 제주만을 위해 조방하고 있으니 조방장을 특별히 파견할 필요는 없으나, 총통·화약·궁현 등은 보내야 합니다." 하니, 전교하기를, "스스로 잡혔으니, 타일러 보냄이 옳다." 하였다.

이 무렵 일본 오와리 지방은 오다 가문의 노부토모가 실권을 가졌다. 이때 노부토모가 다이묘 가문의 요시무네를 살해하자, 오다 가문의 방계였던 노부나가는 노부토모를 다이묘 살해 죄목으로 살해한 뒤, 오와리를 통일하였다.

1554년 12월 19일 왜인이 탐라도를 침략할 뜻이 있다고 하니 미리 조치할 것을 비변사가 아뢰었다.

"유충홍이 총통 제작을 감독하는 일로 오다 노부나가가 머무는 곳에 있었는데, 노부나가는 '내년 봄에 명나라를 침략하겠다고 공공연히 말하는데 실은 귀국 탐라도에 뜻이 있다.' 했습니다. 제주 목사를 차출해 방비를 미리 조치하는 것이 어떻겠습니까?" 하니, 전교하기를, "알았다. 새로 차임하는 목사는 대신들과 함께 의논하라." 하였다.

6. 을묘왜변

사량진 왜변으로 세견선이 감축되자, 왜인들은 1555년 을묘왜변을 일으켰다. 70여 척으로 해남군 달량성·어란포, 진도, 금갑도·남도 등의 보루를 공격하였고, 해남, 영암, 진도, 장흥·강진에 침입했다. 조정은 정예 금군을 동원하고 한량·공사노·승도를 징집하였다. 전주부윤 이윤경은 후원군이 도착하자 영암 해변에서 왜구를 격파하였다.

대마도주가 전남 해안가를 습격한 왜구의 목을 잘라 보내며 세견선의 증가를 호소하자, 조정은 대마도주의 선박을 5척으로 늘려주었다. 을묘왜변 이후 조선은 '제승방략'으로 전환하였는데, 이는 왜구가 침입할 경우 지방의 군사를 사전 예고된 거점에 집결시키면 중앙에서 파견된 장수가 이들을 지휘한다는 것이었다.

1555년 3월 대마 도주의 서계에 세견선과 사미를 종전의 액수대로 청했으나 허락하지 않았다.

그해 5월 16일 왜선 70여 척이 달량에 정박했다가 이진포와 달량포에서 성저의 민가를 불태우고 성을 포위했다고 가리포첨사 이세린이 병마절도사 원적에게 보고하였다. 병사 원적은 장흥부사 한온, 영암군수 이덕견과 함께 달량으로 갔으나 포위되었다.

그해 5월 16일 사정전에서 달량 왜변에 대한 방책을 들었다.

심연원이, "경오년 왜란 때는 3포 왜인들이 웅천을 함락시켰을 뿐이었는데, 이번에는 병사를 포위해 주장이 살해되면 국가의 치욕을 이루 말할 수 없는 것입니다." 하였다. 이준경이, "신이 지금 전라도 도순찰사가 되었습니다마는, 일찍이 그 도에 가 보지 않았기에 지형을 하나도 알지 못합니다. 더욱이 흉년이 들어 군량도 모자라고, 또 군관이 모자라니, 상중에 있는 사람이라도 다시 쓸 수 있도록 해 주소서." 하였다. 이준경이, "서울의 제장을 모두 남쪽으로 보내는데, 북쪽도 생각하지 않을 수 없습니다. 무신 중에 죄 입은 사람을 거두어 서용해야 합니다." 하였다. 남치근이, "각 포구의 병선이 부족해 왜구들이 쳐들어오면 수군으로 싸울 수 없습니다." 하니, 상이, "경이 가서 잘 조치하라." 하였다.

그해 6월 12일 순찰사 이준경이 아뢰길, "6월 3일 남치근이 병사·수사와 함께 전함 60여 척을 가지고 60여 리까지 추격하자, 왜선 26척이 패주하고 2척은 대항하였습니다. 왜적들이 한 배에 합쳐 타고 1척은 버리고 도망갔습니다." 하며 전황의 계본을 올렸다.

그해 6월 24일 장수 자질이 있는 문신을 뽑아 변방의 군정에 차임할 것을 비변사가 아뢰었다.

"장수될 만한 유신들이 과거에는 모자라지 않았는데 지금은 없습니다. 문관의 통정 이하 9품까지 궁마에 익숙하거나 재략이 있는 사람을 뽑아, 활쏘기와 말 달리기를 시험보고 기량이 특이한 사람은 발탁하여 뒷날에 대비하소서. 또 과거에는 병마절도사가 있는 곳에 모두 평사가 있었는데 함경북도와 평안도만 남기고 다른 데는 폐지한 것은 남방을 가볍게 여겼기 때문입니다. 이제는 남북방이 차이가 없으니 병사가 있는 곳에는 모두 평사를 두어 군정을 돕고 변방 일을 익히도록 해야 합니다." 하니, 모두 아뢴 대로 하라고 답하였다.

그해 10월 30일 평조광에게 세견선과 세사미를 더하는 것을 허락하지 말 것을 전교하였다.

"지금 평조광이 화를 낸다고 약조를 고쳐 세견선과 세사미를 더하는 것을 허락해서는 안 된다. 당상직 제수는 무방하니 '특별히 당상관을 제수하니 그대는 더욱 충성을 다하라. 우리나라 해변에 적선이 없도록 하면 상이 이에 그치지 않을 것이다.'라고 유시하고, 이 뜻을 감사에게 전하라."

그해 12월 7일 왜인 원성만이 바친 병부에 대해 답변할 내용으로 예조가 아뢰길,[90] "병부는 본래 57개인데 10개만 얻었다는 것은 맞지 않다. 편지만으로 믿기 어렵다. 성만의 말에 '쇼군이 경극전에게 체포하도록 명해 주류하려 한다.'는데, 이 말이 정말이라면 대대로 좋았던 사이가 실추되지 않을 수 있다. 족하가 병부만 보내니 우리는 족하가 우연히 얻은 것이라고 의심했으나, 우리 전하

께서 특명으로 인을 발급하셨고, 흑마포 5필, 정주 5필, 채화석 2
장을 보내, 성만의 직위를 올려 충성을 바치도록 하셨다."

　"일본국 서해로 상송포 당진태수 원승은 은밀히 알려드릴 일이 있어 편
지를 아룁니다. 금년 봄에 명나라로 가는 적선 1백 척 중 70여 선이 조선으
로 가려 하므로, 우리 임금에게 아뢰었더니 임금이 크게 노하여 '군사를 조
발하여 조선으로부터 돌아오는 배는 한 척도 남겨 두지 말고 도적을 죽이
라. 조선을 모독한 허물은 바로 왕명을 거스른 것과 같다. 적당을 주륙하는
자를 대충신으로 삼겠다.' 하였습니다. 신이 지키는 당진에 1척에 70여 명
이 타고 있었는데, 30여 명은 목을 베고 30여 명은 바다에 빠뜨려 죽였으
며 배는 태워 버렸습니다. 신이 죽인 자 중에 병부를 목에 건 자가 있어 병
부를 보냅니다. 가을에 명나라에 가는 적선이 많았는데, 내년 봄에는 귀국
에 갈 것이 틀림없습니다. 성곽을 단단히 지키시기 바랍니다."

　1556년 2월 29일 경상도 관찰사 조광원이 치계하길, "대마도주
가 조구를 보내 '동이·서융이 중국을 침범하고자 서해에 수백 척
이, 「지난해 조선에 갔다가 패한 것은 대마도가 조선에 알렸기 때
문이니 먼저 대마도를 치고 동이·서융의 용감한 자들을 모아 조
선을 노략한다면 어찌 성공 못하겠는가?」' 하였습니다.[91] 이에 전
교하길, "왜노의 말을 다 믿을 수는 없겠으나 여러번 변고를 알려
왔고 지난해의 경험도 있으니, 사변에 대비하는 것이 좋겠다." 하
자, 대신·비변사·예조가 "별견선은 접대하지 않는 것이 약조이지
만 조구를 특별히 보냈으니 서울로 올라오게 하여 접대하소서."

아뢰었다.

그해 12월 2일 예조가, "일본국의 유황도·천통도·찬도 세 섬은 적왜가 명나라와 유구, 우리나라로 통하는 길목입니다. 그런데 유황도 태수가 서계를 보내 '금년 4월 적선 1척을 만났는데 그 배에 실린 무기가 모두 귀국의 물건이었다. 귀국에서 우리에게 도서를 준다면 적선들을 막겠다.'라고, 우리나라의 활과 화살 등을 보내왔습니다. 왜 사맹 원가덕이 '유황도주의 뜻은 도서만 바랄 뿐, 포화 같은 상품은 바라지 않습니다.'라고 합니다. 도서를 주면 소비가 적지 않을 것이나 실망을 주는 것도 타당하지 못하니, 대신과 의논하여 조처하소서." 아뢰자, 왜인은 교활하여 믿기 어려우니 잘 처리하라고 전교하였다.

1557년 1월 15일 영의정 심연원 등이 객사에서 보낸 10조에 관해 의논하며, "저들이 성낸다고 약조를 무너뜨리면, 겁낸다는 약점을 보여주는 폐단입니다. 그렇다고 일체 거절한다면 환란을 야기시킬 염려도 있으니, 중도에 맞게 조처하는 것이 마땅합니다. 10조의 일이 어찌 우리만의 잘못이겠습니까? 조정이 의논하면 좋은 방책이 있을 것이니 채택하소서." 하였다.

1. 일본사신을 조정에서 통허하지 않은 것
2. 중림·망고라가 귀국에 표류했을 때 명나라로 보낸 것
3. 지난해 은 1천여 냥을 실었는데 조정의 소유로 한 것
4. 십팔관 등이 귀국 지경에서 패선되었는데 참살한 것

5. 국왕의 장사 물건을 부산포에 허락하지 않은 것

6. 대마도 세견선을 삭감한 것

7. 부산포를 합해 일로로 만들어 통신과 행선을 불편하게 한 것

8. 관금을 엄하게 한 것

9. 군졸을 방수하여 객인들 음식과 사환을 불편하게 한 것

10. 안심동당이 나왔을 때 선위사가 15인만 서울에 올라가게 한 것

좌의정 상진, 우의정 윤개, 영중추부사 윤원형 등이, "온화한 말로 답하지 않을 수 없습니다. 재정이 넉넉하지 못하지만 상물 값을 5백 동에 채워 가게 함이 어떠할까 합니다." 하니, 답하기를, "의논한 뜻이 마땅하다." 하였다.

그해 1월 15일 좌찬성 안현이 아뢰길, "왜사가 10조 일을 추궁하지만 우리가 분석해서 말해 준다면 저들이 사과할 것입니다. 유황 등을 더 무역해서 위로해 주는 것이 옳겠습니다." 하고, 우찬성 이준경은, "근년 왜적이 국경을 침범해 피살된 자가 많았습니다. 30년 전 일까지 우리에게 허물을 돌리니 이는 흔단을 만들려는 것입니다. 왜사의 요청을 살펴보건대 오로지 세견선에 있습니다. 신축년에 감한 5척은 도로 주어도 되겠습니다. 만약 침구한다면 그 화와 비용이 어찌 50척 정도뿐이겠습니까? 우선 5척이라도 허락해서 서서히 50척의 수를 회복하소서." 하였다.

그해 1월 19일 대마도에 통신사를 보내는 일에 관해 전교하길, "일본 사신 천부동당이 선위사에게 10조나 죄 따지듯 했으니 통분하다. 불경은 소청을 들어줄 수 없더라도 상물은 5백 동의 숫자를

채워 위로해 주는 것이 옳겠다. 통신사를 보내 도주와 다시 의논하겠으니, 대신·영부사와 의논하라." 하였다.[92] 이에 예조판서가, "3백 동만 주어 원망했는데, 이제 5백 동을 주면 서운한 마음을 없앨 수 있습니다." 하니, 전교하기를, "상물의 값으로 5백 동을 주고 나머지는 헤아려 조처하라." 하였다.

그해 1월 20일 예조판서 홍섬 등이 대마도의 일로 대신들에게 의논해서 아뢰니 3월 내에 차견하도록 명하였다.

영의정 심연원이 "통신사를 보내 살펴본 다음 환급한다면 두려워하는 흔적도 없습니다. 상의 분부대로 통신사를 보내는 것이 마땅합니다." 하고, 우의정 윤개, 예조판서 홍섬은 "통신사를 보내 그들의 방비를 살펴보고 5척을 환급해준다면 통제한다는 의의를 굳히고 해이해진 마음을 돌릴 수 있을 것입니다." 하니, 전교하기를, "통신사를 3월 내에 차견하도록 하라." 하였다.

그해 1월 30일 동지경연사 홍섬이, "조종조에서 50척을 준 것은 공로가 있어서가 아니라 종속 관계를 끊지 않기 위함이었을 뿐입니다. 관원을 보내 살펴본 후에 세선을 주어야 합니다." 하니, 상이, "대마도와는 통신을 오랫동안 폐했기 때문에 널리 의논해 알고자 한 것이다." 하였다. 영경연사 윤원형 등이 "관원을 보내 살펴본 후에 세선을 주면 저들은 관원 보낸 것을 은명으로 여길 것입니다."라고 아뢰었다.

그해 2월 4일 예조가 일본 사신들이 서계를 거절한 일을 아뢰었다.

"일본 사신들이 선위사에게 '6개월이 되도록 회답 서계를 못 보니 이는 우리나라를 가볍게 보는 것이다. 속히 서계를 주오.' 하였습니다. 그래서 서계를 만들어 전하였는데, 저들이 성내면서 '대마도 세견선과 희구의 도서도 소원대로 되지 않았으니 서계를 받을 수 없다. 상물 값을 가지고 돌아가지 못한다는 말을 기록해 주면 공서계를 가지고 가겠다.' 하기에 본조 낭청이 타일렀으나 받지 않으므로 우선 객관에다 놓고 왔습니다." 하니, 전교하기를, "예조에서 낭청을 보내 부드러운 말로 타일러 서계를 받게 하라." 하였다.

그해 2월 18일 대신들이 사신 보내는 일의 어려움을 아뢰었다.

영의정 심연원이, "조정에서 사신을 보내지 않은 지 50여 년이 되었습니다. 지금 혼단이 있는 때에 억지로 보낼 필요는 없습니다." 하고, 좌의정 상진은, "우선 세견선 약간을 환급하여 일본국왕의 청원을 따라주면 조금은 풀 수 있을 것입니다. 그런 다음 다시 사신을 의논해도 늦지 않습니다." 하고, 판중추부사 정사룡은, "지금은 변방이 해마다 침구를 당하여 저축도 고갈되었습니다. 일본국왕이 사신을 보내 통신을 고집하면, 우리나라가 곤란할 것 같습니다." 하였다. 좌참찬 임권, 우참찬 김명윤, 이조참판 원계검, 예조참판 조언수 등의 의논은 "모두 사신을 보내서는 안 된다"라고 하였다.

그해 3월 26일 예조판서 홍섬이 세견선을 환급하는 일에 대해 "대마도에 '우선 5척을 환급하나 이후로 적왜가 국경을 침범하면 도로 빼앗을 것이니 너희들은 더욱 힘써 금지하라. 중국에서 보낸 자문은 우리나라와 관계가 없기에 전하게 아뢰지 않고 도로 보낸다.'라고 답해야 합니다." 아뢰니, 상이 "아뢴 대로 하라"라고 일렀다.

그해 4월 1일 대마주 태수의 서계에 답할 내용으로 "예조가 아뢰길, '족하가 을묘년에 해로를 차단하여 적봉을 꺾었다는 말은 듣지 못했고 많지 않은 수급을 보내 죄책을 면하려고만 하였다. 그러나 우리 전하께서는 대선 2척, 중선 2척, 소선 1척을 더 주었으니 무엇으로 갚을 것인가? 만약 해로에 변이 있게 되면 5척을 도로 삭감할 뿐 아니라 전에 것까지 보내지 못할 것이다. 족하가 보낸 장 관인의 문서는 우리나라와 관계가 없어 전하께 아뢰지 못하고 도로 부친다.'라고 답을 만드는 것이 어떻겠습니까?" 하니, "계목대로 하라"라고 윤허하였다.

16세기 말 명나라가 왜구 방어를 위해 해금령을 내리자, 해안지방의 상인까지 항구를 이용하지 못했다. 무역이 원활하지 못하자, 규슈 지역의 왜인들은 다이묘의 후원을 받아 조선, 중국의 연해에서 밀무역과 침탈을 자행했다. 일본은 중국, 조선으로부터 은·동·병풍, 인도, 남만에서는 황금·유황·철·도검·청주·쌀을 수출했고, 중국, 조선에서는 비단과 면직물, 소비용품을 수입했다.

1548년에 호소카와 하루모토 정권의 중신으로 활약했던 나가요시가 적대세력 호소카와 우지쓰나 측으로 배신함으로써 하루모토와 제13대 쇼군 요시테루는 오미로 추방되었다. 나가요시는 쇼군 가문을 멸문시키지 않는다는 조건으로 실권을 장악했다. 1558년에 쇼군 요시테루와 호소카와가 연합해 다시 반격했으나, 나가요시가 이들을 다시 격파하고, 사카이의 경제력을 장악함으로써 교토 지역 일대에서 크게 패권을 떨치게 되었다.

1559년 4월 6일 경상감사 이감이 아뢰길, "대마도주 종성장이, '남해도에 적선 수십 척이 명나라로 가려 한다고 말하는데, 만일 편풍을 만나지 못하면, 귀국으로 갈 것이니, 미리 방비하는 것이 좋을 것이다."라고 보고하였다.[93] 이에 전교하길, "보고를 다 믿기는 어렵지만, 전에 맞은 적이 있었고 지금 적변을 염려할 시기에 변고를 보고하니, 미리 조치하여야 한다."라고 하였다.

1562년 11월 11일 비변사에서 왜인 대비책을 비밀리에 아뢰길, "금년에 왜적들이 영·호남 여러 도서 지방을 돌아다니면서 허실을 정탐하니, 이는 장차 크게 쳐들어오려는 계획인지 예측할 수 없습니다. 원가덕이 예조에 고한 말에도 '왜적이 명의 동해와 상국의 남해 섬을 점령하려 한다.' 하였습니다. 지난 을묘년과 무오년에 종성장과 원성만의 말이 그대로 들어맞았으니 거짓이라 소홀히 여겨서는 안 됩니다. 비밀리에 전선·기계·성지의 수축을 내년 2월까지 정비할 것을 각도의 감사 및 병사·수사에게 하명하는 것이 어떠하겠습니까? 제주도가 침입받는다면 보장하기 어려우니, 원병으로 활 잘 쏘는 사람을 골라 3월 보름 이전에 보내소서." 하자, 임금이 팔도 감사 및 병사와 수사에게 밀유하게 하였다.

이 무렵 막부의 미요시 나가요시 정권은 1563년까지 동생 소고 가즈마사, 미요시 요시카타, 적자 미요시 요시오키가 연이어 사망하자, 나가요시 가문의 세력도 점차 쇠퇴하였다.

1564년 8월 25일 예조에서 아뢰길, "임신년 조약을 맺은 후부터 특송선을 보내지 말도록 하였고 정미약조를 체결하면서도 바꾸지 않았습니다. 올 봄에 새 도주가 사은하고자 하나 접대를 허락한다면 조약이 무너질 것입니다. 박절하게 돌려보내면 새 도주가 서운할 것이니 어떻게 처리할지 대신에게 물어 결정하소서." 하자, 윤개가, "이번 특송선은 세견선을 보낼 때 사은하여도 될 터인데 특송한 것이니 접대해서는 안 됩니다." 하고, 윤원형·심통원·이준경은, "이번은 명분이 있으니 받아들여야 할 것입니다." 하였다. 이에 전교하기를, "영·좌상과 영부사의 의논에 따라 시행하라." 하였다.

일본에서는 1564년 막부의 실권자 미요시 나가요시가 죽자, 제13대 쇼군 요시테루가 막부의 재건을 시도했다. 그러나 미요시 요시츠구가 쇼군 요시테루를 살해하면서, 막부는 다시 혼란에 빠졌다. 1565년 미요시 가문의 중신 마츠나가 히사히데가 요시테루의 동생 요시히데를 제14대 쇼군으로 삼고 호족들을 규합했으나 분열된 미요시 가문은 오다 노부나가의 상대가 되지 못했다. 결국 히사히데는 오다 노부나가에게 항복해 그의 가신이 되었다.

1566년 조선은 서해평을 공한지로 비워 두었으나 호인이 제멋대로 경작하면서 무리가 많아지자, 비변사에서 야인 정벌을 주청하였다.[94] 그해 11월 자성의 상단 및 서해평에 호인들이 농사를 지으며 관군에게 대항해 인마를 살해하자, 비변사는 야인을 소탕해야 한다고 아뢰었다.

1566년 3월 13일 왜 통사 김세형 등에게 왜인으로부터 동철의 취련법을 배우게 하였다. 승정원이 아뢰기를, "왜 통사 김세형이 왜인에게 동철의 취련법을 묻자, 왜인의 승락이 떨어졌다고 합니다. 제물을 지급하여 장인으로 하여금 취련법을 배우게 하소서." 하니, 아뢴 대로 하라고 전교하였다.

1567년 5월 16일 명종은 2품 이상을 모아 놓고 일본이 요청한 5가지 사항에 대해 승락 여부를 의논하게 하였다.

이준경·심통원·이명이 아뢰길, "의논한 결과, 제포 개방은 경솔히 철수할 수 없습니다. 또 지금의 자는 세종조 때 만들어진 것이라 고칠 수 없습니다. 또 세견선 30척의 대·중·소형을 정하지 말도록 요청한 데 대하여는, 혹자는 승락, 혹자는 불가라고 합니다. 또 희구(왜인)를 접대하는 것은, 경오년 반란 때 희구가 차병된 사실이 있어 접수되지 않았습니다. 또 허락된 20명을 접대해 주고 도서를 지급해 달라는 데 대하여는, 다음 요청이 끝이 없을 것이니 아예 5가지 사항을 일체 허락하지 않는 것이 상책이라 합니다.

신들이 헤아려 보니, 네 가지 사항은 허락하지 않더라도 해동기 및 약조책·도서책에 기록된 12명은 허락하고 나머지 약조책·명부책·도서책에 기록되지 않은 8명은 허락하지 않는 것이 좋을 듯합니다." 하였다. 이에 답하기를, "도서를 모두 지급하는 것이 좋을 듯하니 경들은 다시 의계하라." 하였다.

이준경·심통원·이명·홍섬이 의계하기를, "다시 의논한 결과 모두 접대를 허락하되, 다음에는 허락하지 아니하는 것이 어떻겠습니까?" 하였다. 그러나 오겸·임열·이택·오상은, "어찌 간청이 집요하다고 허락해서 후일의 폐단을 열어 놓을 수 있겠습니까? 허락하지 않는 것이 옳을 듯합니다." 하니, "서서히 전교하겠다."라고 답하였다.

1567년 선조가 16살에 즉위했다. 선조는 신하들의 '택군'에 의해 왕위를 계승하여 왕권을 강력히 행사하지 못했다. 훈구세력이 약화되면서, 1575년에 심의겸의 서인, 김효원의 동인으로 대립했다. 서인은 정철·윤두수 등이었고 동인은 류성룡·이산해 등으로 학연을 배경으로 대립하는 양상을 보였다.

일본에서는 1568년 오다 노부나가가 쇼군 요시테루의 동생 요시아키를 제15대 쇼군으로 옹립하고 상경하면서 '천하포무' 인장을 사용해 무력으로 천하를 취하겠다는 야망을 보였다. 노부나가는 출신에 관계없이 인재를 등용하고, 구관습의 타파, 금은 광산 개발, 화폐 주조, 서양에 문호를 개방함으로써 경제가 빠르게 발전하였다. 노부나가는 조총을 개량해, 다이묘들의 기병부대를 무력화시키는 연속 사격술을 개발했다. 이때 쇼군 요시아키는 다케다 신겐, 아사쿠라 요시카게와 함께 노부나가 포위망을 결성했으나 이들이 붕괴되면서 무로마치 막부는 결국 15대에서 멸망하고 말았다.

1575년 2월 비변사가, "일본 오다 노부나가의 속이는 거짓말을 믿을 수 없더라도 우리의 방비는 미리하는 것이 무방하니, 무장을 골라 뽑고 외방에 있는 파산 무사들도 채비하게 하소서." 은밀히 아뢰었다.

그해 3월 비변사가 아뢰길,[95] "대마도주의 서계에 '금년 봄에 적도들이 배를 손질하는데 어떤 나라를 침범하려는지 모르겠습니다. 만약 귀국을 침범한다면 즉시 보고하겠습니다.' 하였습니다. 오다 노부나가의 말과 같으니, 대신들이 회의하여 각도의 방어사와 조방장에게 마련하도록 하였습니다."

1582년 오다 노부나가가 측근의 반란으로 죽자, 토요토미 히데요시는 노부나가의 후계자가 되었다. 히데요시는 여동생을 경쟁자였던 도쿠가와 이에야스에게 시집보내고, 어머니를 인질로 보내, 이에야스와 연합했다. 가마쿠라 막부의 설립자 미나모토노 요리토모가 '쇼군은 겐지(원씨)만이 될 수 있다.'라고 정했기에 히데요시는 쇼군 대신 관백의 지위에 올랐다.

이때에도 조선의 북방은 여전히 불안했다. 동몽골과 오이라트가 남하하자, 올량합 3위는 요하 만곡지역으로 남하하였고, 해서여진의 4부가 남진하면서, 건주여진과 충돌했다. 당시 명나라는 건주여진을 이용해 북방을 안정시키고자 누루하치를 지원했다. 이후 누루하치가 동몽골·해서 여진 3만 연합군을 격파하면서 여진의 최대세력으로 성장했다. 그동안 조선은 6진을 개척하면서 많은 여진이 내부해 성 밑의 울타리를 형성했으나 조선이 약해지자, 6진 주변의 번호여진들이 반란을 일으키기 시작했다.

1587년 3월 2일 병조가 왜변에 대응할 대비책을 회계하였다.

상이 "왜적은 성을 침범하기 용이한데도 바다에 체류하고 쳐들어오지 않아 실정을 측량하기 어려우니, 방어기구들이 정리되어 있는지 병조에 이르라." 하니, 회계하기를, "당상·당하의 무신과 녹명인, 잡류·공·사천으로 활쏘기에 능한 사람을 선발하게 하였으며, 궁시와 총통도 있으나, 부족한 것은 철갑과 철환이나 현재 만들고 있습니다." 하였다.

III.

임진왜란,
정유재란

1. 통신사
파견

　1582년 이조판서 이율곡은 선조에게 '시무 10조'를 올려 조선 건국 후 2백년이 경과한 시기이므로 다시 개국 초기의 자세로 돌아가야 한다며, 변법 경장론을 주장하였다. 그리고 1583년에 병조판서로 임명되면서 '시무 6조'를 올려, "지방의 군현을 합병하여 불필요한 공직자 수를 줄이고, 서얼 제도를 폐지하며 천민이나 노비 중에서 능력 있는 사람은 공직에 발탁하며 양반에게도 군역을 부과하고 병력을 증강할 것"을 주청하였다.

　이 무렵 조선의 신분제도는 많은 문제점이 있었다. 중국의 노비제도는 자손에게까지 계승되지 않았는데 조선의 노비제도는 가장 악독하였다. 양반 자손도 서자이거나 천출일 경우 신분이 크게 제약받았다. 서얼 1,600명이 소장을 올려 서얼차별의 억울함을 호소하자, 선조는 이를 개선코자 노력했으나 결과는 미흡했다. 서인의 핵심인물 송익필, 한필 형제가 신분상에 문제가 있다는 것을 기화로, 동인들이 이들을 천민으로 환천시켰는데, 이들은 원한을 품고 정여립을 역모혐의로 선조에게 고변했다. 정여립이 결성한 '대동계'는 신분과 지위에 차별을 두지 않았기에 많은 서얼과 승려까지 참여했다. 이후 정여립의 역모사건은 동인에 대한 보복형태로 진행되어, 선조가 조선사회를 개혁하려는 노력은 추진되지 못했다.

조선은 성종 대까지 일본에 19번의 사절단을 보냈으며, 일본은 70번의 사절단을 조선에 보냈다. 조선은 일본국왕에 대한 축하, 일본사절단의 답례 목적인 반면 일본은 불경의 수입이나 무역선의 운행 회수 증가, 명나라와 관계 개선을 부탁하였다.

1587년 히데요시는 "우리 사신은 매번 조선에 가는데 조선은 사절을 보내지 않으니 일본을 무시하는 처사이다."라며 대마도 도주에게 "1588년까지 조선국왕을 자신에게 알현토록 하라고 지시하면서 불응할 경우 조선을 정벌하겠다"라고 말하였다. 이에 대마도주는 통신사 파견을 요청하고 교섭이 여의치 않으면 병화가 일어날지 모른다고 간청했다. 그러나 조선은 '바닷길이 험해 통신사를 보낼 수 없다'라며 거부하였다. 히데요시가 다시 명하자, 도주는 둘째아들 평의지를 보내 통신사 내빙을 요청하였다. 평의지는 해로를 안내하겠다고, 동평관에 오래 머물면서 조선통신사와 함께 가고자 하였다.

1589년 8월 1일 상이 왜적의 동향에 대해 의논하였다.

상이, "저들에게 화친을 단절할 사세가 있던가?" 하니, 변협이, "사신들이 가지고 온 무역물이 많다면 이익을 탐내는 것이고, 적다면 진실로 염려되는 일입니다." 하였다. 상이, "물품이 적다고 한다. 서둘러 신사를 유치하려는 것은 무슨 의도인가? 평시에야 통신사를 보내는 것이 무엇이 어렵겠는가마는, 지금은 제 임금을 시해한 역적이므로 어렵다." 하자, 허성이, "저들의 악행이 우리에게 무슨 상관이겠습니까? 교빙도 괜찮다고 여깁니다." 하였다.

그해 8월 4일 일본과의 교린책에 대해 도승지에게 다음과 같이 전교를 내렸다.

"우리나라가 해로는 어렵다고 하니 대마도주의 아들을 보내, 안내하겠다는데, 더 이상 핑계대지 못하게 하자는 것이다. 나에게 한 가지 계책이 있다. 저들에게 '귀국의 오도 도주와 피난 도주가 우리나라 반적 사을포동의 꾀임에 넘어가 작폐했다. 두 도주와 사을포동, 적괴 4~5명과 포로가 된 백성을 돌려보내면 사신을 보낼 것이다.'라고 한다면, 저들이 우리 사신을 유치시키려고 도적들과 잡혀간 백성들을 돌려보낼 것이다. 그렇게 된다면 사신을 보내 사례하는 것이고, 이유 없이 역적에게 조공하는 것이 아니다."

이에 일본국 평수길·평의지·현소 등이 포로 116인을 쇄환하고 또 반민 사화동 및 정해년의 적왜 3인을 포박해 보내며, 사신이 일본에 와 주기를 간청하였다. 이튿날 대신 및 대장 변협이, "사신을 보내 답례해야 하며, 또 저들의 동정을 살피는 것도 필요합니다." 아뢰자, 사신을 허락했다.

1589년 9월 통신사는 정사 황윤길, 부사 김성일, 서장관 허성 등으로 구성해 평의지와 함께 일본에 도착하였다. 그러나 도요토미가 명나라로 건너가 400여 주를 정복하겠다고 운운하고, 선조를 합하, 조선의 예물을 조공물을 뜻하는 방물, 통신사의 일본 방문을 입조로 서술했기에 통신사 일행은 격분하여 수정을 요구했다.

조선은 남부지역 방어를 위해 경상 좌우병영의 성을 증축하고 부산-동래 방면에 1개 만호진을 통합시키고 6개 만호진을 이전시켰다. 조선은 30만 이상의 정원을 확보했으나 실제 복무자와 일치하는 병영은 중앙의 근위대와 신립의 북방 기병대, 4군 6진과 평양지역의 북방뿐이었다. 수군은 5만4천 명 정원 중 3만 명이 실제로 복무했고, 경상 좌수영과 우수영은 판옥선 180척, 전라 좌수영과 우수영은 판옥선 70척을 보유했다. 선조는 종6품의 현감이던 이순신을 단기간에 정3품의 전라좌도 수군절도사로 제수하였고, 이억기, 이천, 양응지, 원균 등 이름 있는 장수들을 모두 남쪽에 배치했다.

1591년 정철이 세자 책봉문제로 파면되면서 동인이 집권했으나 정철의 처벌을 둘러싸고 온건파는 남인, 강경파는 북인으로 나뉘었다. 조정은 남인이 주도하는 가운데 이항복 등 중도적인 서인이 견제하는 형세였다.

1591년 3월 1일 통신사 황윤길 등이 왜 사신 평조신 등과 돌아왔다.

황윤길은 그간의 실정과 형세를 치계하면서 '필시 병화가 있을 것이다.'라고 하였다. 성일은 "그러한 정상은 발견하지 못하였는데 윤길이 아뢰어 인심이 동요되니 사의에 어긋납니다." 하였다. 당시

윤길의 말에 동조하는 자에 대해 '서인이 세력을 잃어 인심을 요란시키는 것이다.'라고 배척했으므로 조정에서 감히 말을 못하였다.

그해 3월 1일 김성일이 왜인의 답서가 거만하여 현소에게 항의하였다.

왜인의 답서에, "일본국 60여 주는 내가 토벌하여 먼 섬들까지 모두 장악하였습니다. 이제 대명국에 들어가 우리나라 풍속을 4백여 주에 바꾸어 놓고 제도를 억만년토록 시행하고자 합니다. 귀국이 선구가 되어 입조한다면 좋겠습니다."라고 쓰여 있었다. 김성일은 답서 내용이 거칠고 거만하여, 현소에게 '이 글을 고치지 않으면 우리는 죽음이 있을 뿐, 가져갈 수 없다.'라고 하였다. 이에 현소가 전하와 예폐 등의 글자만 고쳤을 뿐, 거만하고 협박하는 말에는 '대명에 입조한다는 뜻'이라고 핑계대면서 고치지 않았다.

그해 3월 1일 사신 일행이 일본에 도착하였을 때, 서장관 허성은 "관백을 우리나라 주상이 동등한 예로 대하니 사신은 의당 정배해야 한다"라고 하였다. 그러나 성일이 "관백은 천황의 신하이지 왕이라 할 수 없다. 국서에는 대등한 예로 대하였으나 이곳에 도착해서야 그가 왕이 아님을 알았으니 사신은 의당 전권으로서 고쳐야 합니다." 했으나 허성이 따르지 않자, 단독으로 현소와 따져 당에 올라 기둥 밖에서 절하는 것으로 정하였다.

의지가 관백의 말이라면서, "시키는 대로 하지 않으면 돌아갈 기일을 알 수 없다." 하여 사신 일행이 근심 속에 있었다. 사신 일행은 관백의 측근에게 뇌물을 주어 속히 일을 마치고 돌아가기를 바랐으나 성일이 허락하지 않았다. 왜인들은 성일의 처신에 감복하였으나 평의지만은 유감스럽게 여겨 엄하게 대우하였기에 성일이 그곳 사정을 잘 듣지 못하였다.

그해 윤3월 1일 왜 사신 평조신·현소 등이 서울에 왔다.

상이 황윤길·김성일로 하여금 왜국의 사정을 묻고 상황을 살펴보게 하였다. 그러자 현소가 성일에게 은밀히, "중국에서 오랫동안 일본을 거절하여 조공을 못하였습니다. 조공 길을 열어준다면 조선은 무사할 것이고 일본도 전쟁의 노고를 덜게 될 것입니다." 하였다. 성일이 옳지 못한 일이라고 타이르자, 현소가 "옛날 고려가 원나라 병사를 인도하여 일본을 쳤기 때문에 조선에 원한을 갚고자 하니, 이는 사세상 당연한 일입니다." 하였다. 그의 말이 점점 패려하여 성일이 다시 캐묻지 못하였다.

그해 5월 1일 상이 대신들과 왜국 정세에 대해 의논하였다.

부제학 김수가, "평수길이 겁을 주려고 한 말을 듣고 진주하는 것이 어찌 합당하겠습니까?" 하자, 황정욱이, "이러한 말을 듣고 어찌 태연히 있으면서 주문하지 않을 수 있습니까?" 하였다. 상이, "주문해야 한다. 신하된 자로서 위를 간범하는 말을 듣고도 말하지 않을 수 있겠는가?" 하였다. 김수가, "모두 가설적인 말이니, 진주한 뒤에 간범하는 일이 없다면 중국은 비웃을 것이고, 왜국은 깊은 원한을 가질 것입니다." 하니, 상이, "복건은 일본과 가깝고 장사꾼이 통행하니, 일본이 우리에게 보낸 내용을 중국에 전달했는지 어찌 알겠는가? 중국에서 우리나라에 '일본이 너희와 약속하고 쳐들어오려는데 어찌 진주하지 않았는가?'라고 문책한다면, 면할 수 있겠는가? 주문을 그만둘 수 없다." 하였다.

김수가, "주문하더라도 군사 출동 시기까지 분명히 상주하는 것은 너무 합니다. 그리고 누구한테 들은 것으로 해야 하겠습니까? 통신의 일을 거론한다면 난처하지 않겠습니까?" 하니, 좌승지 유근이, "좌의정 유성룡의 말에 '일본에 사로잡혀 갔다 도망 온 사람에게서 들은 말이라고 주문하는 것이 좋을 것이다.'" 하였다. 이산해·유성룡 등이, "위를 범하는 말을 들은 이상, 어찌 묵묵히 있겠습니까? 일본에서 도망해 온 김대기 등에게서 들었다고 주문하는 것이 온당할 듯합니다. 그리고 일본에 답하는 내용은 분명하게 거절하되, 노여움을 사지 않도록 해야 합니다." 하니, 조정의 의논이 비로소 정해졌다.

하절사 김응남의 행차에 예부에 자문을 보내기로 하였다. 비변사에서 은밀히 경계시키기를 '요동에 이르거든 중국에서 알지 못할 경우 편의대로 정지하고 자문은 누설하지 말라.' 하였다. 응남이 요동에 들어가니, 조선이 왜적을 인도하여 중국을 침범할 것이라고 말들이 많았고 대접이 전과 달랐다. 응남이 왜정을 주문하러 간다고 둘러대니, 중국 사람들이 그제야 정성으로 맞아주었다. 당시 중국 사람이 일본에 있으면서 왜정을 본국에 보고하고 유구국도 사신을 보내 주문하였는데, 우리나라만 가지 않아 중국에서 의심하였다. 이에 응남이 자문을 가지고 가니, 의심이 약간 풀렸다.

그해 5월 1일 대마도주 평의지가 부산포에 와서 변장에게 일본이 명과 통호할 것임을 알렸다.

평의지가 부산포에 와서 배에서 내리지 않고 변장을 불러 '일본이 대명과 통호하려 한다. 조선에서 중국에 주문해 주면 다행이나 그렇지 않으면 일본과 조선의 관계가 좋지 않게 될 것이다. 중대한 일이므로 와서 알려주는 것이다.' 하였다. 변장이 조정에 아뢰었으나 아무런 답이 없자 되돌아갔다. 이후 조공 오던 왜선이 다시 오지 않았고, 관에 머물던 왜인이 일본으로 되돌아가 임진년 봄에는 온 왜관이 텅 비었다.

그해 10월 1일 진주사 한응인 등을 파견하여, 일본이 우리나라를 위협하여 대명으로 쳐들어가려 한다는 사정을 진주하는 한편 유언비어에 대하여 변무하였다. 계속해서 신점을 파견하여 자세히 적정을 주달하게 하였다.

조선은 건국 초기에 방위체제가 진관체제였으나 적이 거진을 돌파해 내륙으로 침투하면 방어가 어려웠다. 그래서 세조는 북방의 군익도 체제를 전국으로 확장하여 주진은 병마절도사, 거진은 목사가 겸하는 첨절제사, 말단의 진은 군수가 군사권을 맡게 했고, 해안은 수군절도사가 지휘했다. 진관 체제는 수령의 통제 아래 지리적 이점을 활용한 작전 구사가 가능했고, 하나의 진이 무너지더라도 다른 진이 축차적으로 방어가 가능했다.

1510년 3포 왜란을 계기로 고을 수령이 군민을 요충지에 집결시켜놓으면 중앙에서 파견된 장수가 이들을 통솔하게 했다. 그러나 병농일치 체제를 유지했던 '제승방략' 제도는 본진이 무너지면 후방이 돌파되었다. 또한 작전지역 사정과 지리를 모르는 장수가 중앙에서 파견되다 보니 방어지역도 생소했고, 현지 부대의 실정도 몰랐다. 휘하 군졸들도 자신의 상관이 누구이며 지휘관의 능력과 작전의도를 알지 못했다.

조선은 건국 후에 성리학을 통치이념으로 삼았다. 조선의 문치주의는 송나라와 유사했다. 송나라는 당나라의 절도사들이 각 지역의 행정, 사법, 군사권을 장악해 반란을 일으켰던 과오를 없애려고 무관들의 권한을 제한했다. 장수가 출전했을 때에도 황제와 조정의 문신 관료가 병부를 통해 군대를 지휘했으며, 평시에는 지휘관직을 공석이나 문신관료로 대체했다.

장수를 중심으로 군게 단결하면 역모의 조짐으로 여겼고, 유능한 장군들이 나올 때마다 역모를 의심해 숙청하곤 했다. 그래서 장수는 항상 일정한 병사가 없었고(수무상병), 병사들은 자기들의 고정된 상관이 없었다(병무상수). 정예군이던 금군은 오직 황제에게만 복종했다. 군대는 사회의 불량자로 구성되어, 황권을 위협할 수 없도록 만들어진 구조였기에, 전장에서는 쓸모가 없었다. 조선 역시 왕조를 위협할 만한 장수의 등장을 경계해 내란의 위험을 줄였지만 외적이 침입했을 때는 백성들이 도륙을 면치 못했다.

1591년 10월 비변사에서 진관법 복구를 청하였으나 시행하지 않았다.

유성룡이 의논드리기를, "국초에는 각도의 군병을 모두 진관에 분속시켰다가 위급상황에 진관이 속읍을 통솔하여 주장의 호령을 기다렸습니다. 한 진이 패하더라도 다른 진이 굳게 지켰으므로 여러 진이 연달아 붕괴되지 않았습니다. 그런데 을묘년 변란 이후 전라도 여러 고을을 순변사·방어사·조방장·도원수 및 본도의 병사와 수사에게 나누어 소속시키고 이를 '제승방략'이라고 하였습니다.

이에 각도에서 모두 본받아 위급사태에 장수가 없는 군사들은 들판에 먼저 모여 천 리 밖에서 올 장수를 기다려야 했습니다. 장수가 채 이르기도 전에 적병이 먼저 쳐들어올 경우 군사들이 흩어지면 다시 모이기 곤란하니, 장수가 누구와 함께 싸우겠습니까? 그러니 진관법보다 더 좋은 법이 없습니다." 하였다. 그러나 경상 감사 김수가, "제승방략이 시행된 지 오래되어 갑자기 변경시킬 수 없습니다." 하여, 이 의논은 폐기되었다.

2. 임진왜란

　1589년 도요토미 히데요시는 1592년 4월에 16만으로 침공하였다. 1군 고니시 유키나가, 2군 가토 기요마사, 3군 구로다 나가마사는 무명의 젊은 장수들이었고, 총사령관에는 히데요시의 양자 신분인 우키다 히데이가 맡았다. 임진왜란 당시 일본은 20만이 동원되었고, 13만이 나고야에서 대기했다.

　조선은 1590년에 30만의 정원을 확보했으나 실제 복무자와 일치하는 병영은 중앙의 근위대와 신립의 북방 기병대, 4군 6진과 평양 지역뿐이었다. 양인이 했던 군역은 노비가 돈을 받고 대립하면서 군역 도피가 만연했다. 임진왜란 당시 실제 전투에 투입된 자는 5만여 명이었고 그나마 훈련된 병사는 1만 명도 되지 않았다.

　조선은 개국 초부터 왕조를 전복시킬 수 있는 무장이 나타나는 것을 극도로 경계하였다. 그래서 개국공신들의 사병을 해체해 중앙군에 편입시켰으며, 지방군을 중앙군의 통제로 장악했기 때문에 조선에서는 평시에 대군을 지휘할 수 있는 장수가 존재할 수가 없었다. 조선의 숭문억무 정책은 중국 송나라의 문치주의와 유사했다. 송 태조 조광윤은 거란군에 맞서 출정했던 군대를 회군하여 왕위를 찬탈했는데, 그 과정이 이성계와 유사했다. 송나라는 중앙집권 관료제를 확립시켜 절도사의 행정, 사법, 군사권한을 대폭 축소하고, 직위를 공석으로 두거나 문신으로 대체하였다. 그 결과 송나라는 내부 반란을 막을 수 있었지만 무기력한 군대가 되어 거란과 여진의 침략으로 멸망하고 말았다.

조선 역시 송나라와 유사했다. 임진왜란을 맞아 선조가 피난길에 오르게 되었는데도, 선조를 호종하던 신하 중에 부모의 생존확인을 빌미로 사직을 청하는 신하가 많아 조정이 거의 빌 지경에까지 이르렀다. 조선은 성리학의 영향으로 사대부 계층에게 충, 효에서조차 효가 우선이었다. 각 도에 병마절도사를 겸하는 관찰사들은 문신관료라 군무에 어두웠고, 병마절도사는 유사시 지휘할 수 있는 상비군이 적었다. 왜란이 발생했을 때 한양에서 파견된 장수는 현지 부대의 실정을 몰랐다. 장수가 병사를 모르고 병사도 장수를 몰랐으며, 그 지역의 지형을 알지 못했다. 그렇지만 일본군은 전국시대를 거치면서 공성기술과 전투력이 향상되어 있었고, 조총으로 무장해 조선군을 쉽게 제압할 수 있었다.

1592년 2월 대장 신립과 이일을 각도에 보내 병비를 순시케 하였다.

이일은 경상도와 전라도, 신립은 경기와 해서로 갔다가 점검한 것은 궁시와 창도에 불과했고, 군읍도 모두 법을 피하기만 하였다. 당시 조야에서는 신립의 용력과 무예를 믿을 만하다고 하였고 신립 자신도 왜노들을 가볍게 여겨 근심할 것이 못된다고 생각했는데, 조정에서는 그것을 믿었다.

1592년 4월 13일 적선이 바다를 덮어오니 부산 첨사 정발은 사냥을 하다가, 조공하러 오는 왜라 여기고 대비하지 않았는데 진에 오기도 전에 적이 이미 성에 올랐다. 이튿날 동래부가 함락되고 부사 송상현이 죽었다. 적은 두 갈래로 진격하여 김해·밀양을 함락하였는데 2백 년 동안 전쟁을 모르고 지낸 백성들이라 각 군현들이 풍문만 듣고도 놀라 무너졌다. 오직 밀양 부사 박진과 우병사 김성일이 적을 진주에서 맞아 싸웠다.

그해 4월 대간이 대신을 체찰사로 삼아 장수들을 검독하게 하자고 계청하였다.

유성룡이 신립에게 계책을 물으니, "이일이 내려갔으나 후속 병력이 없다. 체찰사가 가더라도 전투하는 장수가 아니니 무장을 보내 이일을 지원해야 한다." 하였다. 이에 상이 신립을 도순변사로 삼아 장사 8천 명을 신립에게 소속시켜 떠나게 하였다. 신립이 거느린 것은 도성의 무사·재관과 외사의 서류·한량인으로 활 잘 쏘는 수천 명이었고 인근 고을에서 거둔 군사는 겨우 8천 명이었다.

일본군은 일본 사절단이 왕래하던 세 길을 따라 북진하며 수군은 남해와 서해를 돌아 물자를 조달하면서 육군과 합세하려 했다. 이일 장군이 도착하기도 전에 일본군이 진입하여 조선의 소집

된 군사가 소멸되자, 이일은 자신의 군대를 보지도 못하고 상주에서 패해 도주했다.

제승방략에 따라 작전지역 사정과 지리를 모르는 장수가 중앙에서 파견되다보니 방어지역과 현지 부대의 실정을 몰랐다. 군졸도 자신의 상관이 누구이며 장수의 능력과 작전의도를 알지 못해 양떼를 모아둔 군중에 불과했다.

신립은 탄금대에서 결전을 시도했지만 조총의 화력으로 무너졌다. 고니시 유키나가의 1군과 가토 기요마사의 2군은 20일 만에 한양을 점령하였고 도원수 김명원을 임진강 전투에서 격파한 뒤, 고니시 유키나가는 평안도, 가토 기요마사는 함경도로 진격하였다. 결국 3개월 만에 평양이 함락되자, 선조는 의주로 피신했다. 군왕 자신부터 백성과 함께 국난을 극복하려는 의지가 미약했다. 의주로 피난 갔던 선조가 백성과 국토를 버리고 중국에 위탁하려 하자, 대신들이 이를 만류했다.

조정은 명에 구원을 요청하는 한편 광해군이 분조를 꾸려 의병 봉기를 촉구했다. 일본에서는 성이 함락되면 주민이 모두 항복하였는데 조선에서는 백성들이 의병을 일으키자, 일본군 장수들은 이를 도저히 이해하지 못했고, 점령지에서 보급품을 충당하려던 일본군의 계획도 차질을 빚게 되었다. 또한 이순신 장군이 일본 수군을 패퇴시키고 제해권을 장악하자, 일본은 보급로 차단을 우려해 더 이상 북상하지 못했다.

그해 6월 9일 왜적이 강화를 요청하자 이덕형 등과 논의하였다.

적장 평조신·현소가 말하길, "지난번 동래·상주·용인 등지에서 서계를 보냈으나 귀국에서 답하지 않고 무기로 대하기에 우리들이 여기까지 이르게 된 것입니다. 요동으로 가는 길을 열어 주시오." 하자, 덕형이, "귀국이 중국만을 침범하려 하였다면 어찌 절강으로 가지 않고 이곳으로 왔습니까? 이것은 실로 우리나라를 멸망시키려는 계책입니다. 명조는 우리나라에 있어서 부모와 같은 나라이니, 죽어도 요구를 들어 줄 수 없습니다." 하니, 적이 "그렇다면 강화할 수 없습니다." 하였다.

그해 6월 24일 선조가 요동으로 가는 일을 대신들과 논의하였다.[96] 대신들이, "지금 하삼도가 모두 완전하고 강원·함경도 역시 병화를 입지 않았는데, 전하께서는 수많은 신민들을 어디에 맡기시고 굳이 필부의 행동을 하려 하십니까? 명나라에서 허락할지 여부도 예측할 수 없으며, 요동 사람들이 업신여기며 무례히 굴면 어떻게 저지하겠습니까? 상께서 당분간 여기에 머무르셨다가 수상, 벽동, 강계, 설한령을 경유하여 함흥에 이르시는 것이 온당하겠습니다." 하니, "알았다"라고 답하였다.

그해 6월 26일 왜적이 침공하자, 명나라 예부가 "환란이 위급하니 속히 조선을 구원하소서." 하니, 천자가 "조선은 우리의 속국이 되었다. 외침이 있는데 좌시해서 되겠는가? 요동 2개 부대를 보내고 은 2만 냥을 내어 왜적들을 섬멸하여 우리의 울타리가 되게 하라." 하였다.[97]

그해 6월 27일 청원사 이덕형이 요동에 들어가는 일을 중국에서 허락했다고 보고하였다. 6월 29일 왜적의 기세가 강해지자 중국은 심유경을 파견하여 강화를 꾀하였다.

그해 7월 1일 윤근수가 왜의 서계 2통을 중국 차관에게 보여주자고 아뢰었다.

왜적의 편지 두 통 중에, 한 통은 "일본은 단지 중국을 침범하려는 것뿐이다. 귀국이 길을 빌려 주었더라면 어찌 이런 화가 미쳤겠는가? 일본의 당이 된다면 볼모만 보내면 된다." 또 다른 한 통은 "일본의 당이 되어 대명을 침범하는 것이 어떻겠는가? 일본의 당이 되려 한다면 누구를 중개자로 삼겠는가?" 하였다.

편지를 보고난 뒤, 참정이 '이제 왜인의 서계를 보고 진짜 왜인이 분명함을 알았다. 그대 나라가 천자를 위하여 나라와 집을 잃고 백성이 도륙을 당하였으니 참으로 애처롭다.' 하고 가슴을 치면서 '우리들이 굳이 평양에 갈 필요가 없다. 나는 석야를 만나 그대 나라의 실정을 분명히 말할 것이며, 서계도 천자에게 주달하겠다.' 하였다. 신이 '대인이 천자께 청하여 군사를 출발시키기를 기다리면 오래 걸릴 것이니 돌아갈 적에 진무에게 말해 발병하기 바란다.' 하니, '진무에게 말해 곧 군사를 발송하겠다.' 하였고, 서 지휘는 '어찌 오래 끌겠는가? 즉시 발병하도록 하겠다.' 하였다.

그해 7월 1일 윤근수가 중국 차관 황응양에게 일본의 침략이 정명가도에 있음을 설명하였다.

윤근수가, "응양이 '처음엔 가짜 왜인이라 여겼는데, 지금 편지를 보니 진짜 왜인이다. 진무에게 즉시 병마를 출발시키도록 하겠

다.' 하였습니다." 하였다. 중국은 우리나라를 의심하던 중, 병부상
서 석성이 우리 사신에게, "그대 나라는 천하의 강한 군사인데, 어
찌하여 열흘 안에 왕경이 함락되었는가?" 하면서, 의심하였다. 이
에 세 사람이 조선에 와서 사정을 살폈고, 국왕의 진가를 시험하
고 살폈는데도 우리나라는 이를 전혀 몰랐다.

　대동강변의 왜적이 보낸 편지를 보여주자, 응양이, "이는 거짓으
로 만든 것이다." 하자, 다시 이항복이 경성에서 가지고 온 편지를
보였다. 길을 빌어 중국을 침범하겠다는 내용이었다. 응양이 보고
는 "과연 왜의 편지다." 하고 의심이 깨끗이 풀렸다.

　그해 7월 3일 청원사 이덕형이 돌아와 중국측의 반응과 요동으
로 망명하는 일 등을 아뢰었다.

　덕형이, "군사를 요청하고 내부하는 일로 정문하였더니 '포정사
의 말에 그대 나라의 절박한 일은 내가 알고 있다. 내부하는 일도
벌써 회보하였다.' 하였습니다." 하였다. 상이, "의심하는 것은 무슨
일인가?" 하니, 덕형이 "조선 팔도의 병마가 수십 일도 못 되어 이
지경에 이르렀으니, 가왜가 아닌가 의심스럽다 하였습니다." 하였
다. 상이, "요동에 들어갈 계획은 어떠한가?" 하니, 덕형이, "만일
한 고을이라도 남아 있으면 갈 수가 없습니다." 하였다. 윤승훈은
"압록강을 건넌 뒤에는 2백 년 종사를 어느 곳에 두겠습니까? 중
국 군사를 간청하고 우리도 군민을 불러 모은다면 어찌 일을 할
수 없겠습니까?" 하였다.

　그해 7월 11일 중국 병부에서 요동 도사에게 자문으로 물었다.

"조선이 대대로 동방에서 대국으로 일컬어졌는데 어찌하여 왜가 한번 쳐들어오자 달아났는가? 몹시 놀랍고 이상스럽다. 만일 위급하여 도망해 오면 여러 해 공순했던 점을 생각하여 칙령으로 용납할 것이니, 1백 명을 넘지 않게 하라. 성지에 '왜적이 조선을 함몰시킴에 국왕이 도피하였으니, 애처롭다. 원병을 파견하였고 나라를 회복하도록 선유하였'라고 하였다.

그해 8월 2일 비변사 당상을 인견하고 양 총병 등 중국군의 형편, 요동 파천 등을 논의하였다.

상이, "만일 적세가 온 나라에 가득 찬다면 앞으로 어떻게 해야겠는가?" 하니, 신잡은, "중국은 장전보에 머물도록 허락했을 뿐이니 요동으로 건너는 것은 결코 할 수 없습니다. 정주에 가서 추이를 살피든지 바다나 수상으로 가든지 편의에 따라 하는 것이 옳습니다." 하고, 항복은, "중국군이 구원하면 적은 바로 오지 못할 것입니다." 하였다.

신잡이, "요동을 건너면 필부가 되는 것입니다. 필부로 자처하기를 좋게 여긴다면 이 땅에 있더라도 피란할 수 있을 것입니다. 대가가 우리 땅에 머물러 계신다면 일푼의 희망이라도 있지만 요동으로 건너가면 의병도 모두 믿을 수 없게 될 것입니다. 제장들은 패배를 두려워하는 것이 아니라 오직 대가가 요동으로 건너가는 것만을 두려워합니다." 하였다.

이 무렵에 조선에서는 의병이 일어났다. 조헌이 충청도 옥천에서, 곽재우가 경상도 의령, 창녕, 진주에서, 고경명은 전라도 장흥,

금산성에서, 격전을 벌였다. 김천일은 수원, 강화도를 거쳐 진주에서 전투하였고, 정문부는 함경도를 수복하였다. 휴정은 승병 1,700명을 이끌고 평양 탈환전에 참여했으며, 휴정의 제자 처영도 전라도에서 활동하였다. 김시민의 제1차 진주성 전투, 권율의 이치 전투에서 조선군이 승리하면서 조선은 최대 곡창지대인 전라도를 확보해 전력을 재정비할 수 있었다.

이순신 장군이 남해의 제해권을 확보하여 일본군의 물자 공급을 차단시키자, 함경도까지 진출했던 기요마사와 평양성의 유키나가는 남쪽으로 후퇴하게 되었고 전쟁은 장기전이 되었다.

그해 9월 17일 여진이 왜적을 정벌하는 데 돕겠다고 한 것에 대해 조선이 명나라 병부와 주고받은 자문이다. 명나라에서 조선에 "건주 여진의 공이와 마삼비가 '조선이 왜노에게 침탈되었으니, 곧 건주를 침범할 것이다. 누루하치 휘하에 마병 3~4만, 보병 4~5만이 왜노를 정벌하여 황조에 공을 바칠 것이다.'" 하였다. 조선의 자문에는, "헌종 순황제께서 조선과 힘을 합쳐 정벌하여 그들의 두목 이만주를 목베었습니다. 그로부터 저 적도들은 겉으로는 돕는 체하나 속으로는 물어뜯으려는 계책을 품으니, 만일 그들의 소원을 들어준다면 예측할 수 없는 화가 발생할 것입니다." 하였다.

그해 12월 8일 진주사 정곤수 등이 중국 조정의 상황 인식을 논의하였다. 정곤수가 "신이 북경에 가보니 어떤 사람은 국경에서 막아야 한다 하고, 어떤 사람은 구원할 필요가 없다고 하였습니다." 하자, 상이, "왜 구원해서는 안 된다고 하는가?" 하니, 곤수가 "군사를 줄여 비용을 줄이려는 뜻입니다." 하였다. 상이, "군사는 얼마나 올 것인가?" 하니, "6-10만 명이라 합니다." 하였다.

1593년 1월 11일 평양을 수복하기 위해 이여송이 군사 3만 명을 거느리고 본성을 에워싸니, 행장 등이, "퇴군하고자 하니 후면을 차단하지 말기바란다." 하므로, 제독이 우리나라 복병을 철수하게 하였다. 이여송이 평양 전투에서 벤 수급 중 절반이 조선 백성이며, 죽은 1만 명도 모두 조선 백성이라 하여 중국 조정에서 진위를 조사하였다.

그해 3월 28일 비변사가 강화와 휴전은 할 수 없다고 자문을 보내자고 아뢰었다.

"송 경략이 권율에게 전한 패문을 보니 매우 통분합니다. (변장에게 왜적을 함부로 죽이지 말라고 경계하였는데도 권율이 여러 차례 적을 쳐 죽였으므로 경략이 노하여 패문을 내려 금지하였다.) 우선 이 패문을 권율에게 보내지 말고, 서둘러 자문을 만들되 '신민에게 적을 죽이지 말라 하더라도 복수하고자 하는데 어찌 듣겠는가? 휴전과 강화는 끝내 할 수 없다.'라는 내용으로 자문을 보내는 것이 마땅하겠습니다." 하니, 상이, "매우 마땅하다. 장수가 밖에서는 임금의 명령도 듣지 않을 일이 있다는 말을 더 넣어라." 하였다.

1593년 4월 3일 영의정 최흥원이 의주에서 돌아와 송 경략과 왜적과 강화하는 일에 대해 논란한 일을 아뢰었다.

"신이 경략에게 '국왕께서 속히 진병하여 섬멸해 달라는 내용으로 자문을 지어 내가 가지고 왔다. 그러나 이곳에 도착해서 노야

의 성산을 자세히 전해 듣고는 황공해서 감히 바치지 못하였다.'
하니, 경략이 '저들이 항복을 애걸하고 조공을 요청하면서 물러간
다면 나의 차관으로 하여금 관백이 있는 곳으로 가서 항복 문서
를 받아오게 할 것이다. 행장이 물러가면 굳이 죽이지 않을 것이
고 청정이 대항하면 진병하여 섬멸할 것이다. 내가 어찌 깊은 생
각없이 왜적의 말을 믿을 만하다고 여겼겠는가.' 하였습니다.

신이 '왜적은 교활하고 속임수가 많아 강화를 하고자 하나 끝내
는 반드시 어길 것이다. 이제 유정의 정병이 도착하였으니, 노야는
속히 개성으로 진격하라.' 하니, 경략이 '유정의 병마는 며칠 쉬고
개성으로 전진할 것이다. 나 역시 평양에 가서 상황을 살펴보고
개성으로 갈 것이다.' 하고는, 좌우에 있는 사람들을 물리치고 '우
리 조정의 의논은 모두 「천자의 군대가 원정하여 이미 태반을 수
복하였는데 군사는 지치고 재물이 다 떨어져서 오래 머무를 수 없
으니 철병해야 한다.」고 하였다. 그러나 나는 이에 수긍하지 아니
하고 「내가 천자의 명을 받은 것은 조선을 회복시키라는 것이었
다. 조선이 믿는 것은 우리 천병뿐인데 지금 철병하면 전에 이룩
한 공로가 모두 허사가 되니 이것이 어찌 천자의 뜻이겠는가?」라
고 하였다. 만약 나의 공명만을 위한다면 즉시 돌아간들 무슨 어
려움이 있겠는가? 그러나 10만이나 되는 왜적들을 모두 죽일 수
있겠는가? 저들이 금년에 패주할지라도 다시 오지 않겠는가? 다시
침입한다면 조선에서는 무슨 병마로 저들을 막겠는가? 천병이 매
번 구원해 주겠는가? 저 왜적이 물러갈 것을 애걸하고 조공을 요

청하는 것이 진심이라면 왕으로 봉해 주고 조공을 허락해 주는 것이 어찌 불가하겠는가? 나는 왜적이 부산으로 물러가더라도 당신네 나라가 스스로 진기하기를 기다려 철병할 것이다. 나는 수십 명의 광부를 구해 금이 나는 곳에 투입하여 널리 금은을 채취하여 군심을 얻을 밑천으로 삼으려 한다. 내가 듣건대 조선의 신하들이 문장을 좋아하여 기생을 끼고 논다는데 취할 것이 못된다.' 하였습니다."

그해 4월 26일 유성룡이 제독의 서울 입성을 따라 성에 들어가니, 모화관에는 백골이 쌓여 있고 성중에는 죽은 자가 헤아릴 수 없이 많았고, 악취가 길에 가득해서 사람이 근접할 수 없었으며 인가도 4~5분의 1만 남아 있을 뿐이었다고 도성의 피폐함을 아뢰었다.

그해 5월 28일 상이 대신들과 송 경략의 속셈과 군량의 확보, 수전에 대비할 것 등을 상의하였다.

대신들에게 전교하기를, "제독이 군을 후퇴시킨 것은 군량이 떨어졌기 때문이다. 중국군이 철수한다면 어떻게 하겠는가?" 하니, 대신들이, "호남에서 4천 석이 넘는 곡식을 운반해 왔으므로 염려 없는데 중국 장수들은 이를 핑계 삼으니, 민망합니다. '적들이 부산에 웅거하여 농사를 짓는다.'라는 말이 사실이라면 지구전을 해야 할 상황입니다. '적은 웅천 지역을 점거하고 수병을 막으므로 삼도의 수사들이 그 지역을 통과할 수 없다.' 하니, 서둘러 토벌해야 수전을 거론할 수 있을 것이니, 이를 도원수에게 하유하소서."

하였다.

그해 6월 3일 경상우도 수사 원균이 왜적과 수륙 합동 전투를 할 일을 치계하였다.

"김해·양산에 정박한 적을 내버려 둔 채 부산으로 들어가면 앞뒤로 협공하니 위험합니다. 육군으로 먼저 웅포를 공격한 후, 김해·양산을 섬멸하여 부산 길을 통하는 것이 가장 좋으나, 육군이 없으니 명나라 구원병을 고대합니다. 그러나 명나라 장수는 우리 주사가 부산의 적선을 불사르게 한 후에 뒤에서 공격하겠다고 하였습니다. 주사가 수개월 동안 해상에 주둔하면서 진퇴하였으나 꾀어낼 형세가 없었으니, 육군으로 진격하여 수륙 합공을 기해야 한다고 생각합니다."

그해 8월 10일 비변사가 주둔 비용 문제로 명군 5천 명만 머물도록 청하자고 아뢰었다.

비변사가, "원병이 2만 명에 이를 경우 한 사람당 3냥 6전을 지급하니, 1년 동안 지급할 은이 1백만 냥이나 됩니다. 우리나라는 1년 세수가 쌀 14만 석이나, 중국 군사 2만 명이 1년 동안 필요한 쌀이 12~20만 석입니다. 중국 군사만을 먹인다 할지라도 지탱하기 어려운 형세입니다. 그러므로 5천 명만을 청하고 우리 군사를 교련시키려 했던 것입니다. 황제의 윤허까지 받았으니 5천의 숫자는 가감할 수 없을 듯합니다." 하였다.

그해 10월 22일 임금이 편전에 나아가 대신들과 함께 왜적에 대한 대책 등을 논의하였다.

유성룡이, "원균의 군사 6백여 명과 이순신의 군사 1천여 명이 오랫동안 바다에 머무르고 굶주리니, 무너진다면 적군이 바다와 육지로 한꺼번에 몰려올 염려가 있습니다." 하자, 상이, "송 경략이 모든 주문도 번번이 저지한다. 주본은 우리나라의 급한 정세를 자세하게 개진해야 한다." 하니, 김응남이, "전라도에서 요동은 매우 가깝습니다. 만일 호남에서 바로 요동을 침범한다면 누가 막겠습니까?" 하니, 상이 놀라면서, "서북을 경유하지 않고도 요동에 갈 수 있는가?" 하였다.

그해 윤11월 2일 임금이 영의정 유성룡과 정세를 논의하였다.

상이, "조공은 허가하였으나 아직 봉작하지 않은 듯하다. 우리 나라가 적에게 점거되면 왜를 동번으로 삼겠는가?" 하니, 유성룡이, "적이 내년 봄에 호남에 웅거한다면, 천조의 10만 군사로도 어찌할 수 없을 것입니다. 훌륭한 장수를 얻어 수만의 군사를 훈련한다면, 중국 군사보다 나을 것입니다." 하니, 상이, "우리나라의 군사는 정하게 훈련할 수 없는 형세이다." 하니, 유성룡이, "장재가 나지 않아서 그러합니다. 군정은 다 대립한 사람이라 이름만 있으니 민망합니다." 하였다.

그러자 상이, "경중의 상번 군사는 군사가 아니라 사환이며, 대궐을 지키거나 군보를 지키는 자, 정병·갑사·기병도 다 군사가 아니니, 금군 2~3백 외에 우리나라에 군사가 없다." 하였다.

그해 12월 4일 대신과 유사 당상을 인견하여 권율이 왜군을 바로 공격하려는 것을 논하였다.

상이 권율의 장계를 내리면서 "우리나라는 장군이 병법을 몰라 양떼를 모는 것과 다름이 없으니 어떻게 적을 칠 수 있겠는가? 군대에 관한 일은 귀신도 모르게 해야 되는데 도원수의 거사 소문이 각도에 자자하니 아무리 명장이라도 어떻게 적을 칠 수 있겠는가? 평의지가 거제도를 지키고 소서행장이 부산을 지키니 이순신의 주사가 통할 수 있게 된 다음에야 가능하다. 이런 내용으로 비밀히 하서하라." 하였다.

그해 12월 21일 비변사가 송응창에게 막히지 않고 우리나라 사정을 중국에 고하는 방법을 진달하였다.

"경략이 다방면으로 저지하여 적정을 상달하지 못하게 하는 것은 통분하기 그지없는 일입니다. 송응창은 마음이 교사하고 은밀하며 그 당여들이 널려 있으니, 송응창이 황제를 속인 죄는 중국 조정에서 스스로 깨닫게 하는 것이 최선입니다." 하니, 답하기를, "지금의 계책으로는 속히 선위하는 일을 급히 중국 조정에 주문하는 것이 상책이다. 전일 사은사의 사행이 적세를 언급하지 않고 왜적이 물러갔다고 대답하여 오늘과 같은 형세를 야기시켰으니 통탄스럽기 그지없다." 하였다.

1594년 1월 중국에 왜적이 아직 철병하지 않은 상황을 알리게 하였다.[98]

승정원에 전교하였다. "우리나라의 배신이 왜적이 물러갔다고 말했기 때문에 철병한다고 한다. 한마디 말을 잘못 진달하여 국사를 이 지경으로 만들었으니 다시 무슨 말을 하겠는가? 석 상서가

'그대 나라는 정직하지 못하다. 전에 강역을 다시 찾아주었다고 표를 올려 사례하고 이제는 적이 물러가지 않았다고 한단 말인가?'라고 하니, 이 말이 우려된다. 요동의 각 아문에 급히 이자하여 상황을 자세히 진술하라."

그해 3월 29일 유성룡이 군제를 진관 체제로 복구할 것을 청하였다. "을묘년 왜변의 구급책으로 만든 『제승방략』은 소소한 적을 상대할 수는 있어도 대적을 제압할 방략은 못 됩니다. 국가의 일이 이 지경에 이르게 된 것은 다른 잘못도 많지만 『제승방략』이 그르친 것입니다. 한 도의 군병을 미리 순변사·방어사·조방장과 병사·수사에게 분속시켜 일제히 징발해 모두 국경 부근에 결집시키므로 순변사에 소속된 군병과 병사·수사·조방장에 소속된 군병도 병사가 사용할 수 없었습니다. 한차례 군병을 조발하면 일개 도가 모두 움직여 뒤에 남은 힘이 없는데 조정에서 천리 밖에서 장수를 보내니 도착할 수 없습니다. 장수가 없는 군병이 벌판에 흩어진 채 장수를 기다려도 3~4일이나 오지 않으니 적의 선봉이 육박하여 무너진 후, 서울의 장수가 단기로 달려온들 이미 흩어진 군병은 모을 수 없었습니다. 임진년에 적이 곧바로 경성에 당도하게 된 것도 이 때문입니다.

먼저 진관 수령에게 소속 고을을 통솔하여 군병 훈련과 화포·기계 등을 검칙하게 하고, 진관에서 감사나 병사에게 보고하고, 조정이 감사와 병사를 힐책한다면 모두 잘 훈련된 병사가 될 것입니다. 신의 설을 각도 감사에게 내려 시행하소서."하니, 답하기를, "그대로 시행하는 것이 마땅하다." 하였다.

그해 8월 15일 왜의 의도가 혼인을 구하고 땅을 할양받는 데 있다는 주본을 알리는 일을 상의하였다.

윤근수가 아뢰길, "총병이 '왜적의 뜻은 봉공이 아니라 실상은 혼인을 구하고 땅을 할양받기를 바란다. 혼인은 관백이 그 조카를 위해 중국에 혼인을 구함이고, 땅은 한강 이남을 왜적에게, 이북은 중국에 부치자는 것이다. 주본을 올렸으나, 중로에서 저지될 염려가 있으니 주본을 가진 배신 외에 별도로 한 배신을 차출하여 요동 무안관과 손 경략 아문에 간청하라. 주문이 중로에서 막히지 않는다면 다행이다.'라고 했습니다."

그해 8월 20일 경상, 전라를 중심으로 왜적을 방비해야 한다는 내용의 주문을 보내었다.

"소방은 도적과 대치하여 3년이 되어, 백성이 거의 사망하여 위망의 기미가 없습니다. 유정이 거느리던 5천 명 외에 다시 신병 3천 명을 더해 대구와 운봉을 지키면, 소방은 살육을 면할 것입니다. 수만 명의 장정을 조련시키면 적을 막을 수 있으나, 식량이 부족하기에 그리 못하고 있습니다. 소방의 서남 일대는 천조의 남·북직예와 산동·절강 등지와 서로 바라보이는 터라, 한강 등 세 강만 기보에 통할 수 있는 것이 아닙니다. 군량 보급로를 끊으려면 수병을 많이 조발해야만 될 일인데, 소방의 힘으로는 미치지 못하므로 안타깝게 여기는 바입니다."

1596년 명나라는 양노유·심노유 2명을 보내 오사카에서 강화를 청하였다. 이때 명에서 태합을 일본국왕에 봉하였으며 일본의 여러 장수에게도 의관을 전하고 관직을 수여하였다. 이 무렵 태합은 강화가 되어 평화롭게 될 것이라며 만족스럽게 생각했다. 그런데 근습하는 신하가 아뢰기를 명의 칙호를 받고 이국의 의관을 입으신 것은 명의 막하가 되는 것이라고 하자, 태합이 맞다고 하고 명의 칙호를 받은 것은 잘못이라고 하였다. 명이 거짓으로 나를 속여서 이렇게 했다며 그 의관, 장속 등을 모두 버렸다. 그 후 태합이 여러 장수에게 명하여 수만의 사졸을 도해시켜 전라도를 공격하게 하였다.

1596년 1월 3일 심유경이 보낸 자문에 대하여 2품 이상의 관리들에게 헌의하게 하였다.

유성룡은 "평수길이 중국 사신을 환영하고 또 우리나라 사신이 함께 오기를 요구할 뿐이라면 평조신이 어찌 연일 은밀히 의논한 후에야 유격을 보았겠습니까? 사신을 보내더라도 왜적의 철수는 기필할 수 없으니, 회답하기를, '우리나라에 무슨 요구할 것이 있어 사신으로 경중을 삼는단 말인가' 하여, 동태를 살펴야 됩니다." 하고, 윤두수는, "지금 심 유격이 중간에서 농간을 부리니, 훗날 따르기 어려운 요청을 어찌 형언할 수 있겠습니까?" 하고, 심희수는, "배신을 보내는 것은 적의 철수에 아무 관계도 없습니다. 심유격이 훗날 허물을 모면할 소지를 만들고자 하는 것으로, 관백의 본의는 아닌 것 같습니다. 황제의 명을 받은 이후에 준행해야 무함을 면할 것입니다." 하였다.

이덕형은, "우리나라 배신이 경솔히 일본으로 들어가면 적은 난처한 일로 우리에게 요구해 올 것이며, 중국에서는 우리나라의 일이 완결되었다고 우리나라의 환란을 돌아보지 않을 것입니다. 심유경의 계책도 일의 성취를 바랄 뿐, 후일의 환란을 다 말하기 어렵습니다. 황조에 주달해서 처리하면 좋을 것 같습니다." 하고, 권율은, "배신을 차임해 중국 사신을 따라가면 통신사의 명칭이 없을 것이니, 힘을 길러 복수할 기간을 얻을 수 있을 것입니다" 하였다. 윤선각은, "중국의 명령도 아니고 사신의 뜻도 아니며 다만 유격의 말에서 나온 것이니, 함부로 허락할 수 없습니다. 따를 수 없다고 회답할 것이며, 중국에 주달하는 것이 무방할 것 같습니다" 하였다.

그해 1월 8일 사섬시 정 황신이 치계를 통해 평조신이 역관 이언서에게 전한 관백의 요구사항을 보고하고 대책을 건의하였다.

"평조신이 역관에게 '관백이 「조선 연해 지역이 우리의 소유가 되었는데, 어찌 쉽게 내줄 수 있는가? 두 왕자를 송환하였는데 조선에선 사례하지 아니하니 무슨 이치인가?」하기에, 내가 「내가 나가면 조선 사신은 올 것이다.」고 하니, 관백이 허락하였다. 조선의 배신 2~3명을 얻게 된다면 심 노야도 영접할 것이다.' 하였습니다. 우선은 '관백은 포로를 송환하고 군사를 철수하라. 그러면 관원을 차임하여 회사하겠다.' 하소서." 하니 상이 비변사에 내렸다.

일본에서는 1593년 도요토미 히데요시의 측실 요도도노가 히데요리를 낳자, 1595년 히데요시는 양자로 봉해졌던 히데쓰구를 모반 혐의로 할복시켰다. 이 사건으로 히데쓰구 일가도 모두 처형되었다.

그해 2월 28일 황신이 어전에서 심유경이 왜로 간 이유와 왜의 동태 및 대책 등을 보고·논의하였다.

황신이, "심유경이 말하기를 '관백이 나를 청하니 바다를 건너가야겠다.'라고 하기에, 신이 행장의 휘하에 물었더니 '관백이 유격을 청한 것이 아니라 일본에 참간이 일어나 행장이 유격에게 함께 갈 것을 요구했다.' 하였습니다." 상이, "적이 다시 움직일 태도가 있던가?" 하니, 황신이, "당장 발동할 기미는 없습니다. '수길의 양자 수차가 수길을 암살하려다 발각되어 죽음을 당하였다.' 하였습니다."

그해 4월 23일 이항복과 적중의 사정·정사가 탈출한 곡절·지방의 동향 등에 대하여 이야기하였다.

상이, "정사가 왜 도주하였는가?" 하니, 항복이, "평조신과 가까운 하인이 정충신에게, '천사가 바다를 건너면 필시 곤욕을 받을 것이다.' 하자, 상사가 도주한 것은 오로지 이 말 때문이었습니다." 하였다. 상이, "저 수길은 동황제니 서황제니 칭하던 자라, 왕으로 봉하는 것을 귀하게 여기지 않을 것이다. 정사가 탈출한 것은 그르지만 정사의 의심은 역시 옳다. 현재 어떻게 해야 하는가? 원병을 청해야 하는가? 군량을 청해야 하는가?" 하니, 항복이, "요시라의 말이 '동산도의 군사 12만 명이 있는데, 만약 출병하면 그곳에서 나올 것이다.' 합니다." 하였다.

그해 6월 18일 배신의 차출에 왜의 개시 요구와 철군 등을 생각하여 처리할 것을 분부하였다.

"사신이 가도 철수하지 않는데 배신이 간다 하여 군사를 철수하겠는가? 적이 다른 곳에서는 철수하면서도 부산 등 두세 곳에는 그대로 머물러 있는 것에 대해 나는 옛날에 왜호처럼 살려는 것이라 의심했는데, 이제 적이 언급하였으니 익히 생각하여 처리해야 한다." 하였다.

그해 12월 21일 통신사 황신이 일본국에서 돌아와 올린 서계장은 다음과 같다.[99]

1. 평조신이 '청정·장정·길성·행장 네 사람이 선봉장이 될 것이다. 청정은 금년 겨울, 장정과 길성은 내년 봄에 나갈 것이다.' 하였습니다.
1. 왕천총이 신에게 '관백이 「조선은 중국으로 통하지 못하게 하고 왕자를 보내 사례하지 않으니, 우리를 얕본 것이다. 일본에서 조선을 공격하는 것이 당연한가, 아니면 중국에서 먼저 치겠는가?」 하니, 심 노야가 「내가 우리 조정에 조선 처벌을 청하면, 어떤 처사가 있을 것이다.」 하였습니다.
1. 조신이 박대근에게 '먼저 전라도를 침범할 것이다. 식량이 염려되니 먼저 수군을 격파한 다음에 수군과 육군이 동시에 진격할 수 있다.' 하였습니다.
1. 요시라가 비밀히 박대근에게 '관백은 인심을 많이 잃었으니, 3~5년이 지나지 않아 보전할 수 없는 형세이다. 일자를 끌면 저들도 변고가 발생할 것이다.' 하였으며, '관백은 포악하므로 일본에서 모두 원한이 뼈

에 사무쳤다. 그도 그런 점을 알아 「온 나라 대소인이 모두 나를 죽이려는 것을 알고 있으니 차라리 위세를 마음껏 부리다 죽겠다.」한다.'
하였습니다.

3. 정유재란

1597년 1월 27일 수군을 강화하는 것에 대신 및 비변사 당상과 논의하였다.

상이, "적선이 2백 척이나 매우 많다." 하니, 판중추부사 윤두수가, "이순신은 조정의 명령을 듣지 않고 한산도에 지키고 있어 이번 대계를 시행하지 못하였으니, 누군들 통분해 하지 않겠습니까?" 하였다. 상이, "이순신이 부산 왜영을 불태웠다고 조정에 속여 보고하였는데, 지금 청정의 목을 베어 오더라도 그 죄는 용서할 수 없다." 하니, 유성룡이, "신이 수사로 천거하여 임진년에 공을 세워 정헌까지 이르렀으니, 매우 과람합니다. 무릇 장수는 기가 펴지면 교만하고 게을러집니다." 하였다.

상이, "무장으로서 어찌 조정을 경멸하는가? 일본에 사신을 보내지 않으면 후회할 것이다." 하니, 유성룡이, "보내도 도움이 없을 듯합니다." 하였다. 상이, "지난번 황신이 갈 때에는 무슨 의리가 있었기에, 오늘날 사신 보내는 것만 의리가 아니란 말인가?" 하였다.

　그해 1월 27일 수군의 작전 통제권을 가지고 대신들과 논의하였다.[100] 윤두수가, "이순신의 죄상은 모두 분노하니, 체직시켜야 합니다." 하고, 정탁이, "위급할 때에 장수를 바꿀 수 없습니다." 하자, 상이, "임진년 이후에 한번도 거사를 하지 않았고, 이번도 하늘이 준 기회를 취하지 않았으니 어찌 용서할 것인가? 원균으로 대신해야겠다." 하였다. 유성룡이, "이순신이 거제에 들어가 지켰다면 영등·김해의 적이 두려워하였을 것인데 한산에 머물면서 별로 하는 일이 없었고 이번 바닷길도 요격하지 않았으니, 어찌 죄가 없다 하겠습니까?" 하니, 상이, "무신이 조정을 가볍게 여기는 습성은 다스리지 않을 수 없다." 하자, 이정형이, "이순신이 '거제도에 들어가 지키면 좋은 줄은 알지만, 한산도는 선박을 감출 수 있는 반면, 거제도는 만이 넓지만 선박을 감출 곳이 없고 건너편 안골의 적이 있어 지키기 어렵다.'라고 하니, 그 말이 합당합니다." 하였다.

　윤두수가, "이순신과 원균을 모두 통제사로 삼아, 서로 협조토록 해야 합니다." 하자, 상이, "비록 두 사람을 통제사로 삼더라도 반드시 문관으로써 두 사람을 조절하게 해야 한다." 하니, 이정형이, "원균을 통제사로 하면 일이 되지 않을까 싶으니, 자세히 살펴야 합니다." 하였다.

　유성룡이, "심유경에게 '부산의 군사를 철수시키면 우리나라도 사신을 보내겠다.' 하는 것이 어떻겠습니까?" 하자, 상이, "황제의 명령이 내렸고, 이미 황신을 보냈으니, 어찌 보내지 않을 수 있겠는가?" 하였다.

그해 4월 전라 좌수사 원균이 수륙 양군의 동시 출병을 청하였다.

"우리나라 군병 30여만 명이 4~5월 사이에 수륙 양군으로 출동시켜 승부를 겨루어야 합니다. 만약 지연시키다가 7~8월께 토지가 질척거리면 기병이나 보병이 불편할 것이니 육전도 되지 않을 듯합니다. 가을이 지난 뒤에는 파도가 높아지니 수전이 되지 않을 것입니다. 조정에서 속히 선처하소서." 하였는데, 비변사에 계하하였다.

그해 6월 10일 도체찰사 이원익이 수륙 양군의 전투계획을 말하였다. "수군을 이용하여야만 성공할 수 있기에 배 37척을 건조하는 한편 격군 충원은 제석산성 군사 5천 명에서 우선 뽑아 보내고, 통제사 원균과 의논하여 시행하라고 지시했습니다." 하였다. 비변사가 회계하기를, "진퇴의 완급은 주장의 처리에 달려 있겠습니다만 조정에서도 할 수 있는 한 요제해야 합니다. 경주·부산·공산의 세 산성은 적진과 매우 멀어 공격하기에 편리하지 못합니다. 해로 차단은 아직 한 번도 효과를 거두지 못하였으니 때를 보아 기회를 잃지 말라고 하는 것이 어떻겠습니까?" 하니, 아뢴 대로 윤허하였다.

그해 6월 14일 도원수 권율이 왜적의 재침략 계획과 목적, 방비에 관한 풍무수의 말을 보고하였다.

도원수 권율이 치계하기를, "경상우병사 김응서가 보고하기를 '왜장 풍무수가 죽도를 치겠다는 말로 공갈하기에 이를 탐지하고자 정승헌을 다시 들여보냈는데, 그가 돌아와서 말하기를 「왜장 풍무수와 상견했는데, 그가 묻기를 『중국 군사가 많이 왔다고 하는데 그런가? 관백이 여러 장수에게 조선과 교전하라고 명령을 내렸다. 6~7월 사이에 대병이 바다를 건너와 경상·전라도를 치고 다시 연해에 주둔하며 제주도를 빼앗으려 하는데, 이때 세 나라 국민이 모두 죽게 될 것이니, 우리 역시 가슴이 아프다. 조선은 지금이라도 강화를 논의하면 그래도 전쟁이 일어나는 것을 면할 수 있다.』하기에, 답하기를,『중국 군사 20만 명이 이미 압록강을 건너 연속 양식을 운반하고 있다. 어찌 강화한다는 주장이 있겠는가?』이야기했더니, 그가 말하기를『중국군의 초탐이 진주까지 이르렀다면 형세상 막기 어려울 듯하다. 7월 중에 전투가 벌어질 것인데, 조선에서 이런 기별을 알고 대응하면 혼란을 면할 수 있을 것이다.』하였다. 한참 동안 한담을 나누다가 통사의 귀에 대고 말하기를,『관백이 여러 장수에게 명령하기를, [내가 이번에 군병을 출동시키려고 점검해 보았더니, 정정의 숫자가 50여만 명이었다. 우선 30만을 보내면서 너희들은 선봉이 되어 경상·전라·제주 등지를 유린한 다음, 의령과 경주 등지로 둔거하면서 조선의 흩어진 군사와 유민을 아군에 편입시키고 농사를 지어 해마다 차츰 거점을 빼앗는다면, 조선 지방은 장차 일본 땅이 될 것이다.] 하였다. 관백이 이번에 명령서를 보내 말하기를, [의령과 경주에는 대장이 주둔하고 있다 하니, 이 성을 공격하면 다른 성은 저절로 궤멸될 것이다.] 하였다. 그래서 여러 장수들이 공성 기술을 개발하느라 날마다 상의하기를 [병목으로 두꺼운 방패를 만들고 포대를 운반하며 대총을 갖추어 앞을 가리고 나아가면 돌을 쏘더라도 막을 수가 있을 것이니, 목책을 설치하여 진영을 잇대 서로 버티면 수일이 못되어 깨뜨릴 수가 있다.] 하였다. 이런 기술을 알아서 미리 방지해야 한다. 조선은 으레 성을 한 겹으로 두르기 때문에 한 모서리가 무너지기만 하면 온 성 안 사람들이 모두 분궤되어 머리를 싸매고 죽기만을 기다리니 잘못이다. 부득이하여 산성으로 들어가 지킬 경우에는 노약자와 가속을 외딴 곳에 옮기고 정병만을 뽑을 것이며 군량과 군기를 많이 취해 놓고 성의 기계를 4~5겹으로 둘러 지키면 실수할 리가 없다. 외곽을 지키지 못하더라도 중성이 아직 있고 중성을 지키지 못해도 내성이 있으니, 반드시 보전하게 될 것이다. 조선에서 한두 성을 굳게 지켜 패배하지 않으면 전쟁을 종식시킬 단서가 될 수도 있기에 이렇게 말하는 것이다. 기구가 정제되지 못했으면 억지로 산성을 고수할 필요가 없다.」」' 하였습니다." 하였는데, 비변사에 계하하였다.

그해 7월 비변사가 아뢰기를, "적의 보급로를 끊는다면 적의 허점을 공격하는 동시에 요해처를 장악하는 것입니다. 양 총병의 분부가 이와 같으니, 도체찰사와 도원수에게 주사의 제장을 독려하는 것이 어떻겠습니까?" 하니, 상이, "아뢴 대로 시행하라. 원균에게도, '전일과 같이 후퇴하여 적을 놓아준다면 용서하지 않을 것이다.'" 하였다.

당시 비변사는 현지상황에 어두워 기민하게 대처하지 못했고 전쟁 중에 장수들의 재량권을 제한했다. 비변사에서 원균의 수륙양면 작전계획을 수용하지 않고, 권율 도원수가 원균에게 곤장을 치며 부산 출전을 재촉했다. 그리하여 악천후에 원균이 수군만으로 단독 출격해 칠천량 해전에서 패하고 말았다.

그해 7월 22일 원균이 지휘한 수군의 패배에 대한 대책을 비변사 당상들과 논의하였다.

상이, "주사 전군이 대패하였으니 이제는 어찌 할 도리가 없다. 충청과 전라 두 도에 남은 배로 방어 계책을 세우는 길뿐이다." 하였다. 좌우가 모두 침묵을 지키니, 상이 소리 높여, "주사 전군이 대패한 것은 천운이니 어찌하겠는가? 왜 후퇴하여 한산이라도 지키지 못했는가?" 하니, 성룡이, "칠천도에 도달했을 때 왜적이 우리 전선 4척을 불태우니 추격하지 못하였고, 다음날 날이 밝았을 때에 적선이 사면으로 포위하여 아군은 고성으로 향하였습니다. 육지에 내려보니 왜적이 먼저 진을 치고 있어 우리 군사는 모두 죽음을 당하였다 합니다." 하였다.

상이, "출병을 독촉하여 패배를 초래하였으니 이는 사람이 한 일이 아니고 하늘이 그렇게 만든 것이다. 한산으로 후퇴했더라면 지키기에 편리하였을 것인데 이런 요새를 버리고 지키지 않았으니 매우 잘못된 계책이다. 원균이 일찍이 절영도 앞바다에 나가기 어렵다고 하더니 이제 이 지경에 이르렀다. 원균은 처음부터 가려하지 않았지만 배설도 '군법에 의하여 나 홀로 죽음을 당할지언정 군졸들을 어떻게 사지에 보내겠는가?' 했다 한다. 이번 일은 도원수가 원균을 독촉했기에 이 같은 패배가 있게 된 것이다. 양원의 군사도 3천 명이니 어떻게 남원을 지킬 수 있겠는가? 하삼도는 수습하기가 어려울 것이다." 하니, 윤두수는, "비록 잔여 선박이 있더라도 군졸을 충당하기 어려우니 각도의 수사로 각 지방을 지키게 하는 것이 어떻겠습니까?" 하니, 상이, "한산은 적과 가까워 지킬 수 없을 것이니 후퇴하여 전라우도를 지키는 것이 좋을 것이다. 우리나라는 위로 중국이 있으니 왜적의 소유가 될 리는 없다. 그러하니 모든 일에 할 수 있는 데까지 힘을 다하여야 할 것이다." 하였다.

원균의 조선수군이 패하자, 일본군은 남해안의 제해권을 장악한 뒤, 남원과 전주를 거쳐 충청도 직산까지 진격하였다. 그해 8월 18일 왜적이 남원성을 공격하여 함락하니 양 부총은 병졸 3백여 명만을 이끌고 서문으로 빠져 나오다가 탄환 두 발을 맞았으며 10여 명만이 살아 돌아왔다.[101]

그해 11월 10일 제독 총병부에 명량해전에서 조선 수군이 승리한 전과를 알리게 하였다.

"삼도 수군통제사 이순신의 치계에 의하면 '전선 13척, 초탐선 32척으로, 적 130여 척과 싸워 진도 벽파정 앞바다에서 20여 척과 적장 마다시의 11척을 깨뜨리고 승리했으니, 서해로 진입하지 못할 것입니다. 중국 수군이 전진한다면, 소방의 수군도 한산도 일로를 수복하겠습니다."

1597년 12월부터 1598년 1월 초까지 조명연합군은 울산왜성을 공격했으나 함락시키지 못하였다. 일본군은 명량해전의 패배로 보급이 어려워 남해안으로 철군하여 약탈하였다. 일본은 화의조건으로 명 황녀를 일본의 후비로 삼을 것, 한반도 남부 4도를 내줄 것, 감합 무역을 부활할 것, 조선 왕자와 대신 12명을 인질로 삼을 것을 요구하였으나, 교섭은 결렬되었다.

1598년 조명 연합군은 왜교성 전투, 제2차 울산성 전투, 사천 전투에서 패하였으나 히데요시가 죽으면서 왜군이 철수하기 시작했다. 이순신 장군이 노량에서 왜군함대를 대파했으나 소서행장은 도주에 성공하였다. 임진왜란과 정유재란으로 조선의 사망자는 1백만 명, 경작지는 66%가 파괴되었다.

그해 11월 27일 좌의정 이덕형이 "왜적의 배 3백여 척이 노량도에 도착하자, 통제사 이순신과 중국 군사가 합세하니, 왜선 2백여 척이 부서져 죽고 부상당한 자가 수천여 명입니다. 통제사 이순신과 가리포 첨사 이영남, 낙안군수 방덕룡, 홍양현감 고득장 등 10여 명이 죽었습니다. 남은 적선 1백여 척과 소서행장은 먼 바다로 도망쳐 갔습니다." 치계를 올리었다.

그해 12월 2일 비변사가 왜적의 방어, 진의 설치에 관해 건의하였다.

"앞으로 수년 동안은 백성들을 지치게 하는 모든 일을 하지 말고, 민력이 휴식한 다음에야 할 것입니다. 무엇보다 주사가 시급합니다. 여러 도의 선척을 주사에 배속시키고 바닷가 육군을 모두 수군에 이속시킨다면 수군의 성세가 커질 것입니다. 중국군은 얼마쯤 남겨두는지의 일은 우리나라에서 결정할 수 없으니, 접반사로 하여금 주선하는 것이 어떻겠습니까?" 하였다.

그해 12월 21일 전라도 관찰사 황신이 상소하기를, "남양에서 승첩을 거두었지만 이 분을 씻을 수 없으니 어찌 통분하지 않겠습니까? 중국군이 오늘 돌아간다면 이 적들은 내일 반드시 올 것입니다. 적은 하루에 오갈 수 있는 가까운 거리에 있는데 수천 리 밖에서 구원병이 오기를 바란다는 것은 잘못된 계책입니다. 신이 생각건대, 대마도는 전부터 우리의 혜택을 받아온 지 오래였습니다. 그런데 임진왜란은 실제로 이들이 끌어들인 것이니, 오늘날의 계책은 대마도의 적을 모조리 죽여 씨도 남기지 않음으로써 통분한 마음을 조금이나마 씻어야 할 것입니다.

이 섬의 주위는 중간에 배를 정박할 수 있는 곳이 많이 있으며, 육로는 험하고 좁지만 사방에서 들어갈 수 있습니다. 장정들을 모조리 뽑는다고 하더라도 1천 명도 못될 것입니다. 그러니 만약 절강의 7~8천 병력을 선발해 우리 주사와 함께 진주하여 습격한다면 적들은 필시 놀라 무너질 것입니다.

의논하는 자들이 말하기를 '여러 섬의 적들이 구원해줄 것이다.' 하는데, 대마도에서 일기도까지는 5백 리 쯤 되고 일기도에서 평호도까지 또 130리 입니다. 저들이 아무리 빨리 기별하더라도 구원병이 나오자면 순풍을 기다려야 하니, 신속히 공격한다면 우리 뜻대로 성공할 수 있을 것입니다. 중국의 수병이 현재 남쪽 해상에 머물고 있으니 이곳에서 진격하여 정벌한다면 많은 힘을 소비하지 않아도 될 것입니다. 그러나 뱃머리를 돌린 뒤에는 다시 군사로 조발하기 어려울 것이니, 이때야말로 놓치기 아까운 절호의 기회입니다. 이번 기회를 놓쳐 도모하지 않는다면 1년도 못 되어 통상하자느니 쌀을 달라느니 하는 요청을 해올 것입니다. 국가 안위에 관계되므로 끝내 말씀드리지 않을 수 없었습니다." 하니, 전교하기를, "이 소장을 비변사에 내려 내일 안으로 신속히 의논하여 아뢰도록 하라." 하였다.

1600년 8월 24일 행 판중추부사 이덕형이 아뢰기를, "중국은 군대를 완전히 철수하기로 하고 제장들이 떠날 준비를 하고 있습니다. 훗날 다른 증세가 생기면 나라에서 어떻게 대처할지 모르겠습니다. 왜적이 가까운 시일 안에 침범할 것인데 방어할 방법이 없으면서 세월만 보내니, 어느 때 태평한 때가 돌아오겠습니까?

신의 생각으로는 임진왜란 당시 대마도가 향도 노릇을 하였으므로 그 죄를 성토해야 기미시킬 수 있을 것으로 여겼으나 조정 의논이 신중하다가 기회를 놓치고 말았으니, 한탄스러웠습니다. 선왕 때에 개시하였던 것과 요즈음 왜적이 강화를 희망한 사정을 중국에 아뢰어, 강화를 승낙하는 명이 중국 조정에서 나오고, 포로를 돌려주도록 요구해 조약을 그들의 마음에 맞게 한다면 남쪽의 일은 종결될 것입니다" 하였다. 이에 임금이, "중국 군대가 철수하면 나는 어떻게 대책을 세워야 할지 알 수가 없다. 잘 의논해서 조처해야 할 것이다." 하였다.

임진왜란 당시 히데요시는 친자 히데요리를 지키기 위해 조카

히데츠구 일족을 죽였다. 그리고 부하 영주들에게 친자 히데요리에 대한 충절을 요구했다. 이에 도쿠가와 이에야스, 마에다 토시이에, 이시다 미츠나리 등 가신들은 모두 충성 서약서를 냈다. 그러나 1600년 이에야스는 여러 다이묘들과 사돈 관계를 맺으며 사후를 대비했다. 이에야스는 전국시대에도 끝까지 살아남았던 인물이다. 과거 오다 노부나가는 이에야스에게 자기의 사위인 도쿠가와 노부야스와 그 생모를 할복시킬 것을 명령했을 때, 이에야스는 고뇌했지만 그의 요구를 받아들여 자기 아들과 부인을 할복시켰다. 배신과 하극상으로 이루어진 전국시대에서 살아남으려면 의리나 인정 같은 것은 필요 없었다.

최후의 결전을 위해 동원했던 도요토미의 서군은 10만 4천 명으로 세키가하라에서 이에야스의 동군을 포위했으나 이에야스가 서군의 일부 다이묘들과 미리 내통했기에 서군을 궤멸시킬 수 있었다. 전투 이후 이에야스는 동군에 협조한 서군 장수들에게 서군의 영지를 재할양한 후, 이들을 도자마 다이묘로 임명한 후 1603년 3월 도쿠가와 막부를 개창하였다.

화란상선 리프데(Lifde)가 일본으로 표류하자, 이에야스는 화란 선원을 외교 자문역으로 활용하였고 이들은 120톤의 대형 범선을 건조하고, 국제정세를 설명하여 서양에 대한 인식을 새롭게 가지게 했다. 이에야스는 1604년부터 에도 성을 증축하면서 도자마 다이묘 28개 가문에 공사를 명하였다. 도자마 다이묘들이 막대한 비용을 지출해 세력이 약화되자, 막부의 안정된 봉건제는 사회에

번영을 불러왔다. 이때 이에야스는 전국시대의 하극상이 반복되지 않기 위해 무사집단의 충성심을 유도할 필요를 느꼈다. 그래서 막부는 다이묘들의 영지에 유교 서원을 세우도록 장려했다.

1603년 9월 7일 비변사에서 왜의 관시에 대해 아뢰었다.

"왜가 바라는 것은 관시에 그치지 않을 것입니다. 지금 관시를 허락하더라도 뒤에 또다시 다투는 일이 있을 것입니다. 군문과 요동의 각 아문에 신보하는 것이 옳겠습니다. 회답할 때에 귤지정이 협박하는 정상을 상세히 설명하되, 우선 그 흉봉을 늦추고 방수를 꾀하지 않을 수 없다는 것을 보고하여 재결을 받는 것이 마땅합니다." 하니, 윤허한다고 전교하였다.

1605년 이에야스는 쇼군 직위를 3남 히데타다에게 계승하였다. 그러나 이에야스는 오고쇼(대어소)를 개창해 그곳에서 쇼군과 함께 정치를 이끌었다. 1606년 이에야스는 조선과 외교를 재개할 필요를 느껴 대마도주를 통해, "임진년의 일은 나는 관동에 있었기에 알지 못했습니다. 지금은 잘못을 모두 바로잡았으니 진실로 원수가 아닙니다."라고 말하며 화친을 요청하였다.

1606년 7월 4일 일본과의 국교 재개를 위해 서계와 능을 도굴한 적을 요구하자고 비변사에서 건의하였다.

"경상감사의 서장을 보니, '만일 가강의 서신을 받고 능을 토굴한 적을 묶어 보내고 통신사를 보내라고 한다면 거절할 말이 없습니다." 하니, 전교하기를, "가강의 서신과 능을 도굴한 적은 온다 해도 거짓일 뿐, 필경 속임을 당할 것이다. 그러나 진짜 도적을 묶

어 서계를 보낸다면 통신사를 파견하여 적의 형편을 염탐하는 것
이 좋을 것 같다." 하였다.

IV.

조선 후기,
일본과의 관계

1. 정묘, 병자호란과
북벌론

임진왜란 이후 조선의 국력이 약해지면서 조선 경내로 진출했던 노토 세력이 배반하기 시작했다. 이후 종성 지방의 아당개도 6진에 협력하던 여진 부락을 침입하였다. 1605년 홀라온, 올호, 노토 등 여진 기병 8천 명이 동관을 함락시키면서, 종성 지역의 조선번호들은 이탈하기 시작했다. 1607년에 누루하치가 홀라온 기병 7천 명을 격파하자, 두만강 일대의 조선번호들의 복속은 더욱 가속화되었다. 이로써 야인여진을 번호로 거느렸던 조선의 동북면 방어체제는 사실상 무너지고 말았다.

일본에서는 이에야스가 원로들을 은퇴시키면서 젊은 다이묘와 행정전문가, 유학자, 경제전문가와 거상, 윌리엄 애덤스를 오고쇼 정치의 주축으로 삼았다. 도쿠가와 막부는 "충신은 두 주군을 섬기지 않고 주군이 주군답지 못해도 신하는 신하다워야 한다."라는 것을 교육시켰다. 무사 정신은 봉건지배체제에 적합하도록 유교사

상을 바탕으로 충효 사상이 강조되었다.[102]

1601년 막부는 전국적인 화폐 통일을 시작했다. '게이초은'은 은 80%, 구리 20%로 만들었고, 시세는 등락에 상관없이 90문으로 정해져 있었다.[103] 막부는 은의 유출을 줄이려는 의도로 1607년에 순도 80%의 정은을 수출하면서 순은에 가까운 '회취은'은 금수 조치를 취했다. 16세기가 '회취은'의 시대였다면, 17세기 이후는 '정은'의 시대가 되었다.

이 무렵 대마도주는 막부의 명령에 따라 조선과의 국교 재개를 위해 힘썼다. 조선은 전제조건으로 국서를 정식으로 먼저 보내고, 왕릉을 도굴한 일본인을 압송하며, 조선인 포로 송환을 요구했다. 이에 대마도주는 번내의 범인을 왕릉을 범한 자로 지목해 인도하고, 포로를 송환했으며, 국서는 개작하여 제출하였다. 비록 위서로 의심을 받았지만, 1607년 조선이 회답사로 정사·부사·종사를 파견하자, 조선 사신들은 에도에서 쇼군직을 양도받은 히데타다에게 배례를 끝내고 귀국하는 길에 슨푸에서 이에야스에게 예를 올렸다.

1607년 6월 20일 왜관 영건과 왜관 무역에 관해 경상도 관찰사 정사호가 치계하길,[104] "왜사가 나오면 시장을 열어 접대비용을 마련했으니, 이번에 개시한다면 세금을 걷지 않을 수 없습니다. 동래부로 하여금 수세하여 접대비용으로 삼는다면 편합니다." 하니, 비변사에 계하하였다.

1608년 조선에서는 광해군이 왕위에 올랐다.

1609년 기유약조는 계해약조에 비해 일본의 권한이 크게 축소되었다. 기유조약 이후 차왜가 내왕하며 무역을 원했으나 조선은 기유조약에 들어있지 않다고 불허하다가 우호관계를 위해 접대하기 시작했다. 이후 왜인들은 차왜를 빙자해 내왕하며 의례임을 강조하자, 조선은 거절하기 어려웠다. 차왜의 유형은 36종류였는데, 일반선과 달리 용건이 있을 때마다 왔다. 당시 공무역은 무역품목과 무역액이 고정된 정량무역이었으나 사무역은 제약이 없었으므로 대마도주는 이익을 위해 최대로 사무역을 추구했다.

　　1609년 막부는 사쓰마 번주에게 병력 3천 명, 전함 100척으로 류큐를 정벌하게 했다. 포로로 잡혀갔던 류큐 국왕과 그의 신하들은 번주에게 "류큐는 사쓰마의 속국이라 선언하고, 조공을 바치겠다"라고 맹서했다. 이후부터 류큐국은 형식적으로는 독립국이었지만 실제는 중국과 일본의 이중 속국이 되었다. 막부는 나가사키에 상관을 설치해 동남아로 대형범선을 출항시켜 유럽 문물과 화란의 난학을 받아들이게 했다. 에도 막부는 무역에서 효과를 내어 경제는 비약적으로 성장했다.

　　1609년 6월 28일 비변사가 "정덕 연간에 세견선을 25척으로 줄일 때에 대선 9척, 중선과 소선 각 8척으로 정했습니다. 이 예에 의해 20척 가운데 대선 6척, 중선·소선 각 7척씩 등급을 나누어야 합니다." 하니, 아뢴 대로 하라고 전교하였다.

　　1610년 3월 6일 영의정 이덕형이 왜국과의 교역을 건의하였다.

　　영의정 이덕형이, "수교하였다면 시장 개방을 끝내 막을 수 있습니까? 지금 평의지와 평경직이 시장 개방을 청하는데, 상경을 허락하지 않고 시장 개방을 막으면 단절될 뿐입니다. 지금 삼과 호피를 엄금한다면, 변방에 오래 머물러 비용도 갑절로 들어 분노만 격동시킬 것입니다. 금지법을 풀어 교역물건을 모두 시장으로 팔게 하면 우리 백성들은 법을 범하지 않고도 이익을 얻을 것이고, 왜인도 원하는 대로 될 것입니다." 하니, 답하기를, "경의 계획을 보니 매우 가상하다. 사직하지 말고 국사에 마음을 다하라." 하였다.

그해 9월 9일 비변사에서 부산 왜관의 무역에 대하여 고하였다.

"부산 왜관에 밀무역 폐단이 있습니다. 3일마다 한 차례씩 시장을 열도록 허락하고, 중국 조정에서 금지한 망룡단 외에는 금하지 말며, 상거래를 통해 얻은 은자에는 세금을 부과하소서. 그리고 시장을 여는 날마다 어떤 행장을 소지하였는지, 상인이 가지고 온 물품은 어떤 것들인지, 무슨 물건들을 무역하였는지, 세금은 얼마나 거두는지, 기록한 다음 동래부사가 월말마다 호조와 본사에 올려 보내게 하소서. 적발해 사안이 작은 것은 감사에게, 큰 것은 법에 따라 처치함으로써 관시에 폐단이 없게 하소서."

1611년 11월 24일 경상감사 송영구를 인견하고 일본 사신의 접대와 수군의 일에 대해 유시하였다.

경상감사가 아뢰길, "이번에 나온 세견선을 고례대로 해달라는데, 물화 가격이 예전에는 30선에 3만여 필이었는데, 지금은 감당하기 어려우니 엄히 법을 세워야 합니다. 외국과의 교역에는 반드시 일정한 가격이 있어야 하는데, 어찌 수시로 오르내리게 할 수 있겠습니까?" 하였다. 임금이, "왜사가 항시 그곳에 있으니, 우리의 잔약함을 보이지 말라." 하니 영구가 "군사 중에 늙고 약한 자들은 모두 고용된 자들이기에 허술함을 면할 수 없습니다." 하였다.

이 무렵에도 막부의 제2대 쇼군 히데타다는 도요토미 히데요리에게 교토의 호코지(방광사) 대불공사를 강요하여 재력이 고갈되자, 오사카를 공격해 도요토미 가문을 멸망시켰다. 1612년 도쿠가와 막부가 네덜란드에게 독점무역을 허용한 이후, 일본의 무역선은 필리핀, 인도네시아 지역까지 진출해 서구의 선진 문물을 적극적으로 수용할 수 있었다. 특히 화란으로부터 각종 서양 의학, 과학 지식이 전파되면서, 하급 무사계층이 주축이었던 난학자들은 신분에 얽매이지 않고 박물학, 의학, 기술과학을 습득할 수 있었다.

1616년 쇼군 히데타다는 임진왜란으로 단절된 조선 및 명과의 외교 관계 수복을 위해 대마도주를 중개로 교섭을 시작했다. 쇼군은 조선에 보내는 국서에 '일본국 원수충'으로 서명하였는데, 대마도주가 '일본국왕'으로 고쳐 조선으로부터 무역 허가를 받아냈다. 대마도주는 회답사의 서찰도 개작하였다.

또 1617년 조선에서 일본에 사신으로 오윤겸·박재·이경직의 3사를 파견하여 히데타다 공에게 하례하고, 후시미성에서 배례하였다.

한편 요동에서는 1616년 누루하치가 후금을 건국하고 명의 변경을 잠식해 오자, 명은 조선에게 합공을 독촉하였다. 이때 누루하치는 조선과는 원한 관계가 없으니 군대를 일으키지 말라고 조선에 통보했다.[105] 광해군은 강홍립에게 1만 명으로 명을 지원하면서, 형세가 불리하면 투항하라는 밀지를 내렸고, 강홍립이 심하전투에서 투항해 명의 요구에 부득이 응했다고 참전 배경을 설명했다.

이때 조선에서는 1623년 인조가 반정을 성공시켜 왕위에 올랐다. 1624년 이괄이 논공행상에 불만을 품고 반란을 일으키자, 인조는 난을 평정한 뒤, 산림의 유림, 서인의 비공신세력, 남인을 발탁했다. 1624년 조선에서 일본에 사신을 파견하여, 이에미쓰 공을 에도성에서 배례하였다.

1627년 1월 정묘호란이 발생했다.

후금 태종 홍타이지는 아민에게 3만 5천 기병으로 조선을 침공하게 하였다. 후금은 침략한 7대 이유를 밝히며 조선의 만주 영토를 후금에 내놓을 것, 명나라 장수 모문룡을 잡아 보낼 것, 명나라 토벌에 3만 군사를 지원하도록 요구했다. 당시 후금은 이괄의 반란으로 조선의 평안도 정예군이 제거되자, 속전속결이 가능하다고 판단했으나 안주성 전투에서 남이흥의 결사항전으로 6천 명이 손실을 입고, 용골산성, 의주성, 능한산성 공격에서도 피해가 커지자, 1달 만에 종전을 서둘렀다.

당시 비변사는 함경북도와 강계 등 7개 고을의 정예병을 남하시켜 전국 각지의 군병과 합세하도록 독려하고 있었다.[106] 장만 도원수가 일본 조총부대를 모방해 창설한 삼수군(포수·사수·살수)으로 개성에 종심방어선을 구축하자, 후금은 후방이 공격당할 위험이 있다고 보고 화친을 선택한 것이다.

일본에서는 제2대 쇼군 히데타다가 1623년에 이르러 이에미쓰에게 제3대 쇼군을 인계했다. 히데타다는 군권을 장악한 상태로 히데타다-이에미쓰 정치체제를 운용하다가 1632년 히데타다가 사망하자, 이에미쓰는 막부의 실권을 장악했다. 조선과 일본 막부 간의 외교관계는 1607년부터 1682년까지 총 7차례 왕래가 있었다.

1629년 6월 1일 예조가 대마도 사신에게 상경을 허락하였다.

예조가 서계에, "약조를 정할 때 사행이 오면 국경에서 서계를 전하고 서울까지 오는 것은 허락 않은지 수십 년이었다. 그런데 이번은 상경을 간청했기에 파격적으로 올라오도록 한 것이다. 공무목은 귀도가 정성을 바치는 성의가 가상하므로 기유년 약조에 준하여 지급하기로 허락하였다. 그리고 정사년 미수조는 허락하지 말 것을 청하였는데, 성상께서 특별히 주었다." 하였다. 별도로 현방에게, "정묘년에 오랑캐들이 서쪽을 시끄럽게 하였으나 모두 평정되었기에 귀국까지 걱정할 일은 없다. 황조를 위하여 요동을 평정하겠다는 말은 그럴싸하나 예로부터 남의 나라 수천 리를 지나 싸움을 한다는 말은 들어보지 못했다. 황조에서 이 말을 듣는다면 의심할 것이니 귀국도 입 밖에 내서는 안 될 것이다." 하였다.

그해 12월 6일 좌부승지 정기광이 공무목에 관해 아뢰었다.

"신이 동래부사로 있을 때 여러 문서를 상고하니, 신해년은 약조를 맺은 뒤 왜선이 처음 도착했던 해로, 세견선 제2선부터 제17선까지 공무목으로 준 합계는 77동, 계축년은 36동 뿐이었습니다. 이는 처음이라 동과 납을 무역한 수량에 따라 발급했습니다. 이번은 86동으로, 그 숫자가 매우 많습니다. 제2특송선과 제3특송선에 주던 것은 당초에 131동이었는데, 임술년에 각각 19동을 더해주던 것을 존속시키는 것은 부당합니다." 하였다.

비국이 복계하기를, "조정에서 저들의 청에 따라 복구를 허락했는데 지금 다시 추가로 감한다면 앞뒤가 다른 말을 하여 안 됩니다. 다시 다툴 수 없으니 지금 이후는 이것으로 길이 항식을 삼게 하면 뒷날 더 증가되는 폐단은 없을 것입니다." 하였는데, 상이, "그 당시 이런 곡절을 알지 못하여 명백하게 하지 못하였던 것이 한탄스럽다." 하였다.

청나라는 내몽골을 평정한 뒤 조선에게 황제존호에 동참하도록 요구했다. 그러나 인조가 선전교서로 적의를 보이자, 1636년 12월 12만 8천 명으로 친정을 감행했다. 이때 조선은 600여 기의 기병을 창설하고 어영청 군을 6,2000명, 훈련도감 군을 4,000명으로 보강하였다. 또한 남한산성에는 수어청을 신설하여 경기 남부의 병력은 12,700명에 달했다. 청북방어사로 임명된 임경업은 산성 방어가 효과적이라는 판단하에 의주의 백마산성, 평양의 자모산성, 황주의 정방산성, 평산의 장수산성을 보수하였다. 그러나 청의 선봉장 마푸다는 산성공격을 포기한 채 바로 한양으로 직행하였다. 청태종이 이끄는 본진과 예친왕 도르곤 역시 산성을 회피하여 압록강을 건넌지 6일 만에 한성 근교에 도달하였다. 이때 조정에서는 어가를 강화도로 옮기자는 논의가 있었으나 인조는 "적이 깊이 들어오지 않았을 것이니, 정확한 보고를 기다려보자"라면서 지체했다. 다음날 개성유수가 적병이 송도를 지났다고 보고하자, 어가가 비로소 강도로 출발했으나 이미 청군이 길목을 차단하여 남한산성으로 옮겼다.

당시 산성 내 인원은 14,300여 명이었으나 군량미가 비축되어 있지 않아 2달을 버틸 수 없었다. 인조는 도원수와 부원수에게 구원하도록 독려하였으나 외부병력이 방어망을 뚫고 산성에 병력과 물자를 공급하지 못했다. 이때 주전파와 주화파로 서로 대립하였는데, 주전론은 김상헌, 윤집, 오달제 등이었고, 최명길과 김류 등은 주화론을 폈다. 12월 30일 청 태종은 인조의 출성 항복과 척화를 주장한 신하 2, 3명을 묶어 보내라고 요구하였다. 이때 강화도가 함락되었다는 소식이 전해지면서 인조는 척화를 주장한 윤집과 오달제를 잡아 보낸 후 삼전도에 9층으로 축조된 수항단 아래에서 무릎을 꿇고 '삼배구고두'의 예를 행하였다.

한편 일본에서는 1631년부터 대마도주 종의성과 그의 가신 유천조흥 사이의 세력 다툼으로 막부에 제소하는 사건이 발생했다.

유천조흥은 원래 대마도주의 가신이었으나, 대마도주 종의성에게 군신의 단절을 알리면서, 대마도주를 막부에 제소하였다. 1635년 쇼군 덕천가광이 직접 심리했다. "전 대마도주 요시토시가 국서를 바꿔치기했다는데, 어찌된 일인가?"라고 질의하자, 종의성은 "야나가와 시모쓰케(유천조흥) 부자는 저의 가신이면서 막부에도 알려져 있었으며 조선의 관위를 받았기 때문에, 일본·조선 사이에서 일을 꾸미고 불법을 저질렀습니다. 저의 부친은 그러한 큰일은 저지르지 않았습니다. 부젠은 저의 가신이지만 막부의 위세를 빌려 도리에 어긋난 일을 해도 집권들에게 보고하질 않았습니다."라고 아뢰었다. 이에 쇼군은 엄밀한 조사 결과, 대마도주에게는 잘못이 없으니 대마도 지배도 전과 같이 변함없이 허가한다고 명했다.[107] 결국 유천조흥은 패소하여 유배형에 처해졌고, 조선 외교와 문서 작성에 관여한 인물도 처형되었다.

1635년 막부는 일본인의 해외도항을 전면 금지하고 1639년에는 포르투갈의 내항을 금지하였다. 그리고 무역 이익을 독점하기 위해 중국과의 사무역을 나가사키에 한정하고, 그 밖에서 거래되는 무역은 밀무역으로 간주하였다. 이후부터 나가사키에 내항하는 무역선은 네덜란드선과 중국선뿐이었다.

일본에서는 1638년 '시마바라 봉기'라고 불리는 기독교도 농민의 반란이 발생했다. 이때 네덜란드 상관장 쿠케바케르가 함포 5문과 두 척의 범선을 시마바라로 파견해 막부군을 지원했다. 이후 막부의 가톨릭 정책은 엄격한 것으로 바뀌었고, 네덜란드에만 교역을 허가한 것도 이때의 결과였다.

1638년 3월 13일 동래부사 정양필가 치계하길, "'길리시단'이라고 하는 남만인들이 일본에 와 살면서 혹세무민하였는데, 가강이 모두 죽었습니다. 그런데 도원 지방에서 다시 촌사람들을 유혹하더니, 난을 일으켜 비후수를 죽였습니다. 이에 에도의 집정 등이 모두 죽였다고 합니다." 하고 아뢰었다.

1644년 명나라에서 이자성의 반란이 일어나자, 청나라는 명나라 장수 오삼계의 협조로 중원으로 입관하여 명나라는 망하고 말았다. 그럼에도 조선은 청을 중화로 인정하지 않고 효종 대까지 병자호란의 수치를 설욕하자는 여론이 우세하였다.

1644년 청나라에 볼모로 갔던 소현세자가 아담 샬 선교사로부터 서양 천문학, 수학 서적과 지구의, 천주상 등을 얻어 귀국하면서 서양 지식이 유입되었다. 1644년 7월 부산 왜관의 관수 등이 홍희남에게 "지금 관의 터가 풍수지리로 보아 좋지 않으므로, 옮겨 지으려 한다." 하며, 부산성의 옛터를 되돌려주기를 청하였다.[108] 비국이 회계하기를, "부산성으로 왜관을 옮기는 일은 결코 따를 수 없습니다." 하였다.

1649년 2월 25일 대마도에서 관왜가 차원을 때린 죄를 빌었다.

왜관을 짓는데, 다대포 첨사 조광원이 말을 타고 문에 이르는 것을 본 왜인이 자기를 깔본다고 때렸다. 임금이 조광원의 죄를 다스리며 부사 민응협을 파면하라고 명하였다. 또 개시를 정파하라고 명하고, 막부에 사신을 보내 배척하는 뜻을 보이려 하였다. 도주가 죄를 범한 왜를 묶어 보내고, 가신 평성춘이 조정에 죄를 청하였다.

당시 중국은 일본에 공무역을 허락하지 않자, 일본의 다이묘들은 동남해에서 밀무역을 후원하였고, 포르투갈도 밀무역에 합류했다. 일본 밀무역 선단은 타이완, 베트남, 필리핀까지 제해권을 장악했다. 이때 왜구가 절강, 안휘, 남경지역을 공격하자, 왜구 토벌에 협력했던 포르투갈이 중개무역을 장악했다. 그들은 명의 생사와 견직물을 일본에 팔고 일본의 도검, 해산물, 칠기 등을 중국에 팔았으며, 귀국길에는 향신료를 유럽에 팔아 이익을 챙겼다.

이 무렵 명나라는 임진왜란 때 과다한 은을 지출해 가능한 은을 많이 확보하려 하였다. 조선은 일본보다 더 비쌌기에 중국과 일본 사이에서 중개 무역을 했다. 이때 일본에서는 기독교 다이묘가 포르투갈 상선을 불태우는 사건이 발생하자, 서양선의 기항지를 나가사키, 히라토로 제한하고 네덜란드에게만 교역을 허가했다.

1649년 5월 효종이 즉위했다. 효종은 서인 강경파를 중용하고 북벌계획을 추진했다. 그러나 송시열은 '재조지은'의 의리를 주장하며 양병보다는 민생, 무력보다는 군덕을 닦는 것이 우선이라 했다. '북벌'의 기치는 같았지만 실천에서는 차이가 컸다. 그러나 1651년에 청의 섭정왕 도르곤이 죽자, 친청파를 숙청하고 무인 세력을 등용했다. 무인세력이 등장하면서 서인들의 문신 우위 체제에 동요가 일어나고 전란의 피해로 경제·사회 질서가 취약해지자, 효종은 민생을 우선 안정시키고자 대동법을 확대했다.

이때에 효종은 명의 잔존세력이던 '남명'에 밀사를 보냈으니 조선의 사상적 예속은 이루 말할 수 없었다.[109] 송시열은 윤휴가 주자의 사상을 비판했다고 사문난적이라 혹평하였다. 이런 까닭에 민족사학자 박은식 선생은 『몽배금태조』에서 "중국을 숭상하여 조선을 '소중화'라고 스스로 인식했으니, 정신상의 조선은 망한 지 오래였다. 노예정신이 깊게 뿌리 박혀 평생의 학문이 노예의 학문이고 평생사상이 모두 노예의 사상이었다."라고 질타한 것이다.[110]

효종은 홍이포가 명나라와 전투과정에서 크게 활약했다는 것을 알고 서양식 대포를 만들고자 1627년에 제주도에 표착했던 화란인 벨테브레(박연)를 조선으로 귀화시켜 활용하고 있었다. 1653년 하멜 일행 36명이 제주도에 표착했을 때, 박연을 보내 이들의 귀화를 종용했다. 그러나 하멜 일행은 탈출을 시도했다. 이들은 탈출에 실패해 죄수로 있었으나 헨드릭 얀츠 등 2명이 길에서 청 사신에게 고국으로 보내주기를 간청하자, 청 사신은 크게 놀랐다.[111] 만약 이들이 청나라로 송환되어 조선에서 정교한 조총을 모방 생산했다는 것을 발설했다면 문책받을 수도 있었다. 그래서 조선은 청 사신에게 뇌물을 주어 불문에 붙이는 한편 이들을 유배형으로 결정했다. 효종은 이들이 항해술, 화포제조에 우수하고, 세계 정세도 밝아 금군에 편입시켰으나, 청의 간섭을 우려해 충분히 활용하지는 못했다.

일본은 하멜 일행을 통해 조선이 서양문물을 습득할 것을 경계하여 "아란타(화란)는 일본의 속군이며 그들은 공물을 갖고 일본으로 오는 길이었다"라고 조선을 기만하기도 했다. 이와 같이 조선은 서양문물을 수용하는데 늦었고 청나라로부터 유입된 것이 전부였다.

이 무렵 1649년경에 러시아의 예로페이 하바로프는 1650년 알바진에 병영을 세우고, 하바롭스크 지역에 요새를 건설했다. 1652년 청군은 요새를 공격했으나 러시아군은 방어에 성공했다. 이때에 청국은 '나선을 토벌하려 하니 조총수 200명을 선발하여 영고탑에 도착하라'고 함경북도의 회령에 협조를 요청하여 효종은 함북 병마우후 신유를 총병관으로 조총수 200명을 영고탑으로 보냈다.

1656년 청은 삼번의 난이 발생하면서, 해금령을 발포해 연해지역의 상선들이 정청공에게 식량이나 물화를 파는 것을 금지시켰다. 1658년까지 청은 네르친스크 이남에서 러시아인을 쫓아냈으나 더 이상 북진하지는 못했다.

1659년에는 현종이 19세의 나이로 즉위하였다.

이때 세계적 기상 이변으로 대기근과 전염병이 창궐하자, 현종은 조세징수 체계의 정비에 주력했다. 북벌론은 잠시 중단되었으나 현종도 1665년 통제영에 불랑기 50정, 정찰자포 200문을 만들어 강화도에 배치하고 1669년 훈련별대를 창설했다. 조선은 화약 제조에 필요한 염초는 중국에서 수입하고, 유황은 일본에서 수입했으나 1621년 일본 막부에서 무기 수출금지령을 발령해 구하기 어렵게 되자, 유황광산 개발에 박차를 가했다.

1600년대 일본의 은 생산량은 1540년경 조선의 은 제련술이 일본에 유출된 이후, 크게 증가했다. 일본은 멕시코에 이어 세계의 1/3 규모였다. 당시 포르투갈, 스페인, 네덜란드는 멕시코산 은과 일본산 은을 거래하면서, 일본 밀무역 집단에 합류하였다. 포르투갈, 네덜란드는 중국 상품을 나가사키에 판매하여 무역 차익을 얻었다. 또한 부산과 대마도에서도 조선 인삼, 중국 비단, 일본 은이 대량으로 거래되었다. 조선이 일본과의 무역을 재개했던 초기에는 조선의 잠상들이 일본인과 내통하여 왜은으로 중국 비단을 구입해, 동래 왜관의 일본인에게 팔기도 했다.

1663년 6월 영상 정태화가 아뢰길,[112] "석류황은 우리나라에서 생산되지 않는데 대장 유혁연이 함창·상주 등지에서 유황석이 생산된다는 소문을 듣고 의성 현령에게 채취하게 했는데, 쓸 만하다고 합니다. 경상좌병사 이지형도 이의립을 시켜 제련하여 유황을 취했는데 색과 품질이 같다고 합니다." 하니, 상이, "제련법을 터득했다고 하니 자품을 더해주라." 하였다.

그해 8월 충청병사 이지원이, "도내에 유황이 생산되는 곳을 3군데나 발견했는데 옥천과 서원에 또 유황 비슷한 돌이 있으니 제련하여 쓰게 하기 바란다."라고 보고하자,[113] 조정은 오군문이나 비변사, 지방의 병·수영에 유황점을 소속시켜 유황을 채굴하도록 했다. 그러나 그해 11월 청나라 사신이 현종의 입회하에 심문하면서 청 사행길에 유황을 몰래 산 자를 참형에 처하고, 정사와 부사까지 혁직시키자 군비확장에 어려움이 많았다.

이 무렵 일본에서 조선에 유황을 수출하는 통로가 끊기자, 훈련대장 이완은 직접 상인을 동래에 보내 유황을 얻을 수 있는 길을 모색했다. 부산항 입구에서 대마도를 마주보는 가덕도는 밀수의 주요 통로였다.

1664년 3월 훈련도감에서 아뢰기를, "석유황은 원래 우리나라에서 생산되는 것이 아닌데 5-6년 간에 아주 귀해져, 1백 근의 값이 은자 150여 냥에 이르렀고 저축된 곳이 없어 염려스러웠습니다. 역관 한시열과 장사꾼들이 무역하여 도감에 9천 7백여 근, 어영청에 2천여 근을 납부했으니 다행입니다. 부산진의 군관 박명천과 함께 주선하여 만여 근의 유황이 생겼으니 가상합니다." 하니, 현종이 좌상 원두표에게 "유황을 사 온 사람에게는 무슨 상을 내릴 것인가?" 하고 묻자, 좌상이 답변하길, "가설 첨지가 적당합니다. 잠상 왜인 3명이 은밀히 매매를 하고 섬 안에도 배에 실어 숨겨둔 것이 있다고 합니다. 전번에 유황 1백 근 값이 은화 80냥까지 갔었는데 지금은 70냥에 불과하고, 앞으로도 더 내릴 것이므로 이 길을 끊어서는 안됩니다." 하였다.

1665년 7월 9일 경상감사 임의백이 "어떤 왜인이 몰래 배 1척에다 유황을 싣고 와서 용초도에 정박하고 전부터 왜인과 유황을 몰래 매매해온 상인을 찾는다"라고 왜인의 유황 밀매 상황을 보고하였다. 이에 비국이 동래 부사 및 통제사에게 비밀히 교역하도록 청했다. 그해 7월 29일 현종이 대신들과 유황의 밀무역에 대해 의논하였다. 형조판서 김좌명이, "유황 밀거래가 전에는 1만 5천여 근이었는데 이번에는 2만 7천 근입니다." 아뢰었다. 이때 영의정 정태화가, "정부의 노복이 면천하기 위하여 밀무역을 했던 것입니다. 이 일은 원두표가 재직하던 당시, 비국이 역관에게 분부하여 은밀히 저들에게 오게 한 데에서 유래되었습니다." 하니, 호조판서 정치화가, "밀무역은 저들 나라가 엄금하는 것입니다. 우리나라의 처사를 관왜가 뻔히 알 것이고, 또 장사꾼들이 이를 빌미 삼아 멋대로 밀무역을 할 것이니, 어찌 나라의 체통을 손상시키지 않겠습니까? 엄히 금지시켜야 합니다." 하였다.

1666년 7월에는 청사가 유황 금령의 위반자와 도망자를 조사했다. 청사가 "염초는 법으로 금한 물건인데 어떻게 샀느냐?" 물으니, 죄인이, "금한 물건인지 몰랐으며, 몸에 종기가 나서 약으로 쓰려는 것이었습니다." 하였다. 일선이 또 묻기를, "염초는 몇 근이었느냐?" 하니, 대답하기를, "한 주먹 정도의 작은 양이었습니다." 하였다. 또 영장 박선일과 황산이에게 "법령을 범하는데도 몰랐다고 하겠느냐?" 묻자, "몰래 사서 숨겨두었으니 어떻게 알았겠습니까?" 대답하였다. 칙사가, "금령을 범한 사람은 사죄를 적용하고, 영장들은 한 등 낮은 법률인 장 일백 유 삼천 리를 적용하겠다." 하였다. 더구나 1667년 일본 나가사키에서 석유황, 흑각, 조총과 장검 등 수출 금지품목의 밀수 사건이 적발되어 주모자가 처형당해 조선은 유황 확보에 어려움이 많았다.

　　1670년 러시아의 알바진 요새가 청의 공격으로부터 방어에 성공하자, 러시아는 1672년 알바진을 식민지로 인정하였다. 1681년 청국은 삼번의 난이 진압되고 1683년 대만이 복속되자, 러시아와 결전을 준비했다. 이후 청군은 알바진을 초토화시켰으나 러시아가 다시 재건하자, 강희제는 1689년 네르친스크 조약을 맺고 연해주 할양 조건으로 러시아의 남진을 저지시키는데 만족하였다. 이후 강희제는 1696년에 준가르부를 격파하고, 1721년 티베트까지 정복해 청의 영토를 확장했다.

　　1671년 6월 대마도주 평의진이 왜관을 옮겨 주기를 요구하였는데, 영상 허적이, "왜관을 옮겨 주기를 청한 것은 사실이나, 웅포는 허가할 수 없습니다." 하니, 상이, "공손한 말로 청한다면 그래도 괜찮겠으나, 공갈하는 말이 많으니 통탄스럽다." 하였다.

그해 8월 차왜 평성태가 관문을 함부로 나와 동래로 왔다.[114] 예조가 관을 옮기는 것을 허가하지 않는다고 하자, 평성태가, "허락받지 못하면 서계만 받고 돌아갈 수 없다. 아뢸 것이 있으니 두 대인이 와서 만나기 바란다. 오지 않으면 내가 가겠다." 하였다. 약조를 어기고 마구 나와서는 안 된다는 뜻으로 타일렀더니, 평성태가 크게 노하여, "두 대인이 만나지 않으면 수영으로 갈 것이고, 감사가 만나지 않으면 서울로 가고 말 것이다."라고 큰소리를 쳤다. 이들이 수행 왜인 2백여 인을 거느리고 나오므로 부산첨사 이연정이 앞길을 차단하였으나, 왜인이 칼을 휘두르며 동래부에 왔다. 함부로 나온 정상을 꾸짖으니, 평성태가, "관을 옮기는 일은 막부에 여쭈어 정한 것인데 허락받지 못하면 도주가 직임을 보전하기 어려운 형세이다. 그러면 귀국도 어찌 편안하겠는가?" 하였다.

그해 10월 5일에도 차왜 평성태 등이 수행 왜인 50여 명을 거느리고 동래 온천에 가서 닷새 동안 목욕하며, "차왜가 장차 막부에서 나올 것인데 녹이 40, 50만 석이고 비전·살마·축전의 태수 같은 이도 조만간 나올 것인데, 귀국에서는 어떻게 할지 모르겠다." 하며 방자한 행동을 하였다. 그들이 막부를 믿고 협박하기에 영남과 서울의 인심도 어수선하여 변이 곧 일어날 것이라고 하였다.

1672년 4월에도 부산의 왜인 차사와 수행원이 구역을 벗어나는가 하면 동래 향교와 온천 및 냇가와 야외 등 가지 않는 곳이 없었다. 소통사들이 만류하면, 결박하거나 환도로 때리면서 막지 못하게 하였다. 왜관의 왜인 14명이 온천에서 목욕을 하고 언덕에 올라 양산을 보는데, 통사가 막자 쫓아버리고 강변을 배회하며 구경한 뒤 돌아갔다. 이는 전에 없었던 일이었다.

현종 대에 조정에서는 예송 논쟁이 치열했다. 서인은 인조반정으로 권력을 잡았던 만큼 신권 우위의 입장이었으나 남인은 왕권 강화를 주장했다. 예송논쟁에서 윤휴가 "조선은 당당한 자주 독립국이므로 왕실의 예법을 적용해 상복을 입어야 한다"라고 주장했으나 송시열은 "조선은 중국의 제후국에 불과하므로 효종에 대한 상복은 서자의 예를 취해야 한다"라고 조선의 자주성을 부인했다. 이에 현종이 남인을 따르자, 서인 정권이 무너졌고 남인이 정권을 장악하였다.

당시 조선은 임진왜란에 원병을 파병해 조선을 구해 주었다고 이미 망해버린 명나라의 황제와 장수에게 제사를 지내고 있었다. 청나라가 중원에 입관한 뒤에도 현실을 직시하지 못한 채, 조선은 청나라를 경시하며 스스로 '소중화'로 인식했다. 조선의 사대부들은 주자학적 공리명분에 빠져 파당을 만들고, 음율시 암송으로 자긍심을 삼았으니 그저 허울뿐인 학문이었다. 주자학에 경도된 송시열은 조선을 중국의 제후국으로 이해하고, 조선을 자주국으로 인식했던 윤휴를 사문난적으로 평가하는 사상적 경직성을 보였다. 북벌론을 내세웠던 효종과 숙종, 윤휴조차 조선의 설욕보다는 명나라의 부흥에 초점을 둔 것이었다.

1674년 음력 8월 숙종이 13살의 어린 나이로 즉위하였다.

숙종은 약해진 왕권을 회복하기 위해 신하들의 정쟁을 조정하면서 왕권을 강화시켜 나갔다. 1675년 청나라에서 삼번의 난이 일어나고 대만에서 정성공이 명의 회복을 위해 소요를 일으키자, 윤휴는 북벌론을 재차 주장했다.

윤휴는 스스로 제갈량이라 여겼고 숙종에게 조정의 관료가 도체찰사부의 체찰사를 겸해 군권을 쥐고 상시 전시체제로 운용할 것과, 신기전 제조, 전차·화차의 개발과 보급을 건의하였다. 이에 숙종은 1675년 도체찰부를 복설하고 개성의 대흥산성을 축조해 북벌의 출진처로 삼는 동시에 훈련도감과 어영청의 군관을 동원하여 둔군을 훈련시켰다.

그리고 윤휴는 호패법을 개선하고,[115] 신분차별 폐지로 무예에 능한 자를 선발하도록 만인과를 설치했다. 임진왜란 당시 평양성 전투에 참전했던 군사들은 신분차별의 상징인 호패를 성벽에 걸어두고 '호패가 막을 수 있는데 왜 우리가 전투를 하느냐'라며 거부했던 전례를 고려했기 때문이다.[116] 그리고 윤휴는 관청 및 민간에서 병거를 제조해서 오랑캐의 마병을 막고 평시에는 민간 수레로 사용할 것을 청하였다. 과거 거란군이 고려를 침략했을 때 고려군은 '검차'로써 거란의 기마공격을 제압했던 사례가 있었기 때문이다.

1675년 1월 김석주가, "명나라 장수 척계광이 무강거의 이로운 것을 칭찬하여 '먹이지 않는 말이요 발이 달려 있는 성이니, 적에게 대항하는 방책으로 차전만 한 것이 없다.' 하였습니다. 그러나 우리나라는 넓은 들이 없어 어렵겠다 하였습니다."

윤휴가, "독륜이면 험한 길도 갈 수 있는데, 활용이 적당하지 않다는 것입니까?" 하였다. 이에 김석주가, "지금 백성의 힘이 다하였고 조정이 크게 어지러우니, 먼저 절검해야 합니다." 하고, 정유악이, "잇달아 흉년이 들어 내수사의 것도 면제하였는데 무슨 여축이 있겠습니까?" 하였다.

그해 6월 대마도 태수 평의진이 오삼계·정금의 반란을 알리었다. 그의 편지에, "오삼계가 명나라를 회복할 계책을 품고 군사를 일으켜 남경과 북경을 도모했다." 하였다. 이때에 정금도 연합하고 황극 달자와 서로 통하였다. 그래서 윤휴가 "일본을 매개로 정금과 통해야 한다." 하자, 묘당에서는 "왜의 서신을 청나라에 통고해야 한다."라고 서로 다투어 결정을 하지 못했다.

1676년 1월 13일 경상도관찰사 정중휘가 왜에 다녀온 역관 한시열의 수본을 치계하길,[117] "오삼계가 정금사·경정충·왕보신과 합세하자, 남방이 귀순하였다 합니다. 정금사가 전선 4백여 척에 구멍을 만들어 거짓 패하는 척하며 배를 버리면, 청인이 그 배를 타고 쫓아가다 만여 명이 익사했다 합니다. 정금사가 살마 태수를 통하여 일본에 청병을 탐문하니, '10여 년 전에 정금사의 아버지 곡천옥이 일본에 청병하였는데, 쇼군이 허락하지 아니하였고, 정금사 숙부 칠좌위문이 막부에 아뢰었으나, 크게 꾸짖고 서로 통하지 못하게 하였습니다.'" 하였다.

그해 2월 윤휴가 아뢰길, "강도에는 수천 승을 만들어야 옳을 것입니다." 하니, 임금이, "우리나라는 넓은 들이 없는데, 병거 천 승을 어느 땅에 배치하겠는가? 이로 인하여 저들과 불화가 생기면 어떻게 하겠는가? 축성은 힐문하더라도 도둑을 방비한다는 이유로 핑계 댈 수 있지만, 수레는 속여 말하기 어렵다." 하였다.

그해 3월에는 무과 급제자 1만 8천여 명을 등과시켰는데, 여섯 아들이 등과하거나, 3대가 같이 등과한 경우도 있었으며, 나이 60년차가 같이 등과했으니, 전례가 없던 일이었다.[118] 그러나 합격자 중에 노비와 평민, 상민이 함께 포함되자, 신임 무과합격자와 병사들이 반발하면서 실패하고 말았다. 이때 남인들조차 사대부를 모독하는 처사라며 반발하고, 남인의 당수 허목 역시 "장정을 많이 징발하면 국가의 일꾼이 없어지며, 조선이 소국에다 국론까지 분열되었는데 북벌이 가능하겠느냐?"라고 반대하였다. 그럼에도 숙종이 윤휴를 신임해 우참찬에 제수하자, 윤휴가 "며칠 사이에 등급을 뛰어넘기를 마치 여관에서 묵고 가듯이 하였으니 어떻게 사정을 살펴 직무를 수행할 수 있겠습니까? 명을 거두소서." 하였는데, 윤허하지 않았다.

1677년 9월 16일 진주사 이정·권대재·박순 등이 연경에서 돌아와 오삼계 사건을 아뢰길, "황제는 주색에 빠져 절도가 없고, 뇌물이 공공연히 행해지고 있었습니다. 이런데 어떻게 오랫동안 천하를 소유할 수 있겠습니까? 오래 가지 못할 듯합니다." 하였다.

1678년 8월 20일 진위 겸 진향사 이하진·정박 등이 청에서 돌아와 오삼계 사건을 아뢰길,[119] "오삼계가 경정충·정금과 연합하여

7성을 함락하고, 청군은 수전과 육전에서 대패하였습니다. 청 황제는 정사를 신하에게 위임했으나, 무거운 부역으로 백성이 고난을 받아 중국이 소란스럽습니다." 하였다.

승지 정유악이 6진에 병기를 수리하고 성지를 수축하며 강도에 저축했던 곡식을 쓰지 못하도록 청하자, 숙종은 청인의 만주 진출에 대비하는 방책을 의논하였다. 이때 조선에서는 청이 삼번의 난에 패해 옛 근거지인 영고탑으로 복귀할 것이라는 '영고탑패귀설'이 유행하였다.

그러나 1680년에 삼번의 반란이 실패하자, 남인의 영수였던 영의정 허적까지 북벌이 현실적으로 어려운 것으로 반대하였다. 이때 훈척 김익훈이 부체찰사 김석주와 함께 복창군·복선군·복평군 등이 대흥산성을 근거로 역모를 도모했다고 고변하자, 숙종은 윤휴, 류혁연 등 군부세력을 제거하고 서인 김수항을 영의정으로 복귀시키는 경신환국을 명했다.

2. 울릉도(죽도),
북간도 쟁변

1678년 초량왜관이 완성된 후에 중국산 생사, 비단이 사무역으로 대마도와 오사카, 교토에서 활발하게 매매되었는데 밀무역은 은을 미리 받고 무역품을 나중에 지급하였다. 그래서 물품을 제대로 지급하지 못할 경우 왜채는 중요한 현안이 되었다. 1682년 통신사행은 왜관에 체류하는 왜인들의 불법 행위와 과도한 무역을 해소·통제하기 위한 약조의 체결이 임무였다.

당시 대마도 측에서는 이윤이 감소하자 무역품을 저당잡혀 채무를 막았다. 이때 조선 무역을 관장하는 막부의 나가사키 지역 근무자는 "대마도가 사무역에 쓰는 7만 근의 동을 무명·쌀로 바꾼다고 했는데, 이는 오사카의 동 주조소에 매입 사항을 신고하니 숨기기 힘든 일인데, 전혀 없는 상황이다"라고 막부에 보고했다.[120]

에도에서는 난학을 통해 서양 인쇄술이 수입되어 출판된 서적이 활발하게 판매되는 것을 보고 조선 사신들은 매우 놀랐다. 심

지어 김성일의 『해사록』, 유성룡의 『징비록』, 강항의 『간양록』 등 조선에서는 반출이 금지된 서적들이 오사카에서 출판되어 팔리고 있었다. 1682년 7월 통신사 윤지완이 치계하길, "축전주의 호민이 조선과 밀무역하면서, 『동국통감』을 간행하였고, 또 『여지지』, 『대전』 등의 책을 관아의 창고에 보관했다." 하였다.

그해 11월 7일 통신사 윤지완이 왜국에서 약조를 밝힌 일을 치계하였다. "지난날에 맺은 조약에 대해, 서로 다투다가 성과가 없을 것 같아, '왜관에서 소란을 피운 두 가지 사건만은 막부에 말하려 한다.' 하였는데, 이것은 이정옥에게 칼부림하고, 평성태가 동래에 1년 동안 머물렀던 일을 말한 것이었습니다. 그랬더니 등성시는 깜짝 놀라며, '그렇게 되면 도주는 죽음을 면하지 못할 것이다.' 하더니, 여러 왜인들이 애걸했습니다. 이후부터 엄중하게 제례를 세운다는 일을 말하니, 순종하는 뜻이 드러났습니다. 대마도에 돌아와 봉행 왜인에게, '부산관의 왜인들이 제한지역을 나와 소란을 피운 사건이 있어, 폐단을 막겠다.'고 도주와 상의하게 하였습니다." 라고 아뢰었다.

이에 좌상 민정중이, "약조가 다져졌으니, 조목들을 새긴 빗돌을 왜관 안에 세워, 왜인들이 금제를 두려워 위축되게 하소서." 하니, 임금이 그대로 따랐다.

이때에 동래부사 남익훈이 약조 4가지를 계문하였는데, "첫째, 금표를 세워 경계를 정해, 함부로 나와 월경하는 자는 사형죄로 논한다. 둘째, 왜채로 발각되어 붙잡힌 뒤에는, 준 자와 받은 자에게 똑같이 사형죄를 시행한다. 셋째, 개시때 각방에 잠입하여 은밀히 사고파는 자에게는 각기 사형죄를 시행한다. 넷째, 닷새마다 잡물을 들여보내 줄 때에, 색리·고자·소통사 등을, 왜인은 절대로 끌고 다니며 구타하지 말 것이다." 등이었다.

왜사가 왜관에 머무르고 있을 때 빗돌을 세우려 하자, 왜사 평진행이 사형죄는 너무 중하여 자기 마음대로 단안을 내릴 수 없다며, 돌아가 도주에게 품하여 제례를 써 보내겠다고 말하고 돌아가 버렸다.

1683년 동래 왜관에서 이루어진 사무역은 일본의 은과 중국의 생사, 비단이 거래되는 중개무역이 대부분이었다. 조선이 대마도로부터 수입했던 '공무역'의 4대 품목은 물소뿔과 단목, 약재로 쓰였던 후추, 백반 등이었다. 수출품은 백사, 비단, 인삼 등 중국산이 80%였고 20%가 인삼이었다. 수입된 정은은 중국으로 매년 2회 이동하였다. 대마도가 거둔 사무역의 이익은 1684년에 은 1,065관, 1690년에 은 2,539관, 1691년에 은 3,577관으로 증가하였다.

1772년 막부의 사쿠마 진파치가 대마도 무역상황을 보고한 내용에는, "물소뿔과 동은 30년 전 가격이므로, 게이초은이 통용되던 시절과 비교하면 손실이나, 해마다 가격을 숙지해, 매수해 왔으므로 손실이라는 것은 맞지 않다. 은광에서 채굴되지 않는다고 했지만, 오사카로 해마다 3,000~1만근을 운반하므로 촌락에서 채석해 은밀히 운반했을 가능성이 있다"라고 보고했다.[121]

이 무렵에 조선은 울릉도(죽도)에 대해 대마도와 쟁변을 시작했다.

1694년 2월 23일 울산의 고기잡이 40여 명이 울릉도에 배를 대었는데, 왜인 배가 박어둔·안용복 2인을 꾀어 잡아갔다. 이때 대마도에서 조선에 서신을 보내, 죽도에 들어오지 못하게 하자, 임금이 왜인에게 보냈던 서계가 모호하다 하여, 찾아오게 하였다.

그해 8월 14일 조선은 울릉도 문제를 왜와 교신하였다.

대마도주의 서계에, "우리의 서계는 울릉도를 언급하지 않았는데, 회서에 갑자기 '울릉' 두 글자를 거론했습니다. 삭제하기 바랍니다." 하였다. 그러나 윤지완이, "죽도는 곧 우리 울릉도이다. 우리나라 사람이 가는 것이 어찌 경계를 범한 것인가?'한다면, 왜인들이 할 말이 없을 것이다." 하였다.

이에 남구만이 전일의 회서를 고쳤다. "강원도의 울진현에 속한 울릉도란 섬이 있는데, 몇 해 전에 백성을 옮겨 땅을 비워 놓고, 수시로 공차를 보내 수검했습니다. 이번에 우리나라 어민이 이 섬에 갔는데, 귀국 사람들이 침범해 서로 맞부딪치자, 도리어 우리나라 사람들을 막부까지 잡아갔습니다. 다행하게도 귀국 쇼군이 사정을 살펴보고 노자를 주어 보냈으니, 이는 교린하는 인정이 보통이 아님을 알 수 있는 일입니다. 우리나라 백성이 고기 잡던 땅은 본시 울릉도로서, 더러 죽도라고도 하였는데, 이번 서계 가운데 죽도를 귀국의 지방이라 하여 우리나라 어선을 금지하려 하였고, 귀국 사람들이 우리나라 지경을 침범해 우리 백성을 붙잡아간 잘못은 논하지 않았으니, 귀국의 사람들을 단속하여 울릉도에 오가며 다시 사단을 야기하는 일이 없도록 한다면, 다행이겠다."라고 했다.

1696년 10월 13일 좌의정 윤지선이 안용복을 죽이도록 청하였다.

"영부사 남구만은, '대마도의 왜인이 막부의 명이라 핑계대어 우리나라 사람들이 울릉도에 왕래하는 것을 금지하려고 농간을 부린 정상이 안용복 때문에 드러났습니다. 대마도에 글을 보내 「안용복이 정문한 것은 믿을 수 없어, 사신을 일본에 보내려는데, 너희는 장차 어떻게 처치하겠는가?」 하면, 대마도의 왜인이 두려움이 생길 것입니다. 그렇게 할 수 없다면, 도주에게 안용복이 정문한 죄를 말하고, 회답을 기다린 뒤에 처치해야 합니다. 대마도에서 우리를 속인 정상은 힐문하지 않고, 안용복의 죄를 먼저 논하여 죽인다면, 안용복의 일을 핑계 삼아 잇달아 차인을 보내면, 어떻게 감당하겠습니까?' 하였습니다. 그러나 안용복을 죄주지 않고 대마도를 꾸짖으면, 마치 국가에서 시킨 것인 듯할 것이니, 안용복은 우선 가두었다가 처치하고, 나머지는 석방해야겠습니다." 하였다. 지사 신여철이, "국가에서 못하는 일을 그가 능히 하였으므로 사형죄로 결단할 수 없습니다." 하고, 윤지선이, "안용복을 죽이지 않으면, 백성 중에 다른 나라에서 일을 일으키는 자가 많아질 것이니, 어찌 죽이지 않을 수 있습니까?" 하니, 임금이, "영상이 출사한 뒤에 처치하라." 하였다.

1693년 5월부터 대마도는 여러 통로로 얻은 정보를 통해 죽도가 울릉도일 가능성을 의심하고 있었다. 우선 대마도의 에도 가로인 다지마 쥬로베는 대마도에 알리는 서한에서 '죽도는 돗토리 번주님의 영내에 있지 않고, 돗토리에서 160리 정도 떨어진 곳에 있다라고 알렸다. 또한 1693년 9월에는 전 대마도주 요시자네는 죽도가 울릉도의 이칭이자 조선의 섬일 가능성이 있으므로 막부에 재차 확인한 후 교섭하자는 의견이었으나 '막부의 의향이라는 점을 내세운다면 교섭이 어렵지 않게 풀릴 테니 사절을 파견하자'라는 가로들의 주장이 채택되어, 조선과 교섭을 시작했다.

이때 울릉도의 처리와 관련하여 과거에 국서 작성에 참여한 경험이 있던 세이잔지 주지 스야마의 의견을 청취했다. 대마도 무사 로쿠로에몬은 죽도(울릉도)를 이번에 일본의 섬으로 확정지어야 한다면서 일본이 충분히 이길 만한 분쟁이라고 말했으나, 세이잔지 주지는 "죽도를 일본의 섬으로 확정한다는 답서를 받는 일은 결코 성사될 수 없으며, 우리 쪽에서 그처럼 이치에 맞지 않는 주장을 해서는 안 된다"라는 견해를 피력했다.

이후 조선이 2차로 발급한 회답 서계에 강경한 태도를 보이자, 재판왜 다카세는 동래부사에게 '4개조의 항의문'을 제출했다. '죽도에서 고기잡이를 하다 표착한 일본 백성들을 돌려보낸 3차례 조선 예조의 서신에서는 조선 경계를 침범했다는 뜻을 언급하지 않았으면서 어째서 이번에는 조선 국경을 침범했다고 주장하는가'라는 내용이었다.

이때에도 세이잔지 주지 스야마는 "죽도는 일본 땅에서 164리 떨어져 있지만 조선 땅에서는 나무와 해변까지 보이니, 실로 조선에 속한 땅이라는 사실은 지도·서적의 고찰이나 말로 변론하지 않아도 알 수 있습니다. 표류민을 송환할 때 '귀국의 경계인 죽도'라고 기재했던 것을 구실로 삼아 그 섬을 일본의 속도로 만들려는 것은 다른 나라의 섬을 억지로 취하여 막부에 바치는 것이기 때문에 충공이라고는 할 수 없습니다. 조선으로부터 억지로 그들의 섬을 취하여 일본에 부속시키는 것은 실로 불인불의한 일이라고 생각합니다. 막부는 그 섬의 내력을 조금도 알지 못하기 때문에 대마도에서 그 섬의 일은 막부에 아뢰어야 할 사항이라고 모두 이야기했지만, 담당 가로는 동의하지 않고 회답 서계를 반송했는데, 죽도가 조선의 섬이라는 내력을 기재해 막부에 보고한다면 그 섬을 돌려줄 것이라고 생각합니다. 로쿠로에몬이 '그 섬을 조선의 땅으로 확정지어 돌려주는 건 억울하다'라는 것은 실로 동의하기 어렵습니다."라고 피력했다.

스야마는 다음 서찰에서도 "울릉도가 80년 전부터 일본에 속해 왔다고 하는 말은 그 증거가 보이지 않습니다. 만약 조선에서 증거 문서를 제출하라고 하면 증거가 될 만한 게 있겠습니까? 3통의 서계는 표류민을 송환하는 서계였을 뿐 증거 문서가 될 수는 없습니다. 지금 쟁론을 중국에서 심사하게 된다면 어찌 일본에 죽도를 속하게 하겠습니까?"라고 자신의 견해를 피력했다. 결국 1695년 6월에 쓰시마번은 그간의 교섭 경과를 막부에 보고한 뒤 막부의 지시를 받아 조선과 교섭하기로 했다. 1696년 1월 대마도주는, "다케시마(울릉도)에 관한 조목은 논의한 지 3년이 되었으나 저 나라가 그들의 경계라고 고집을 부리므로 결코 말로 해서는 얻을 수 없겠

습니다. 어떻게 해야겠습니까?" 하며 쓰시마번 가로 히라타 나오
에몬을 통해 보고하였다.

이에 로주 아베 분고노카미가 말하길, "다케시마 땅은 원래 이
나바에 속했다고 할 수 없고, 우리나라 사람들이 거주했던 일도
없다. 제2대 쇼군 히데타다의 시대에 요나고 마을 사람들이 그 섬
에 가서 고기잡이 하기를 원했기에 허가했을 뿐이다. 지난 번 그
땅의 소재를 물어 보았더니 이나바에서는 160리 가량 거리가 떨
어져 있다고 하고, 조선에서는 단지 40리 정도만 떨어져 있다고 하
니, 원래 저들의 경계였음은 의심할 나위가 없는 것 같다. 군대의
위세를 써서 공격한다면 구해서 얻지 못할 것이 어디 있겠는가마
는, 아무 소용없는 작은 섬 때문에 이웃나라와 화평 관계를 잃는
것은 옳은 계책이 아니다." 하였다.[122]

1697년 2월 14일 동래부사 이세재가 장계를 올려, "현재의 도주
가 관백에게, '죽도는 조선에 가까우니 서로 다툴 수 없다.'라는 것
을 말하여 왜인의 왕래를 금하였으니, 주선한 힘이 많았다고 서계
를 보내는 것이 어떻겠습니까?" 아뢰자, 비변사에서, "왜인들을 왕
래하지 못하도록 금하는 것을 현 도주에게 공을 돌리니, 지난 일
을 책망할 필요는 없습니다. 풍랑에 표류된 백성이 설사 저지른
것이 있더라도 조정에서 알 바가 아니니, 서계를 보낼 일이 아닙니
다."하니, 그대로 윤허하였다.

이 무렵에 조선은 일본 은화의 평가절하로 무역에 애로가 많았다.

1680년대에 일본의 막부는 재정 적자에 봉착했다. 이는 1657년

'메이레키의 대화재' 이후 복구자금, 쇼군 쓰나요시의 사치, 광산의 광맥 고갈로 수입이 격감한 것이 원인이었다. 그래서 막부는 재정 수입의 확대를 위해 게이초은의 순도를 떨어뜨려 차액을 막부 수입으로 돌리기로 했다. 1695년 일본은 화폐개혁을 단행하여 신은(겐로쿠은)을 주조하였는데, 이 은은 형태와 양식이 고은(게이초은)과 동일하지만, 순도가 64%로 낮았다. 대마도는 일본에서 고은에서 신은으로 바뀐 지 2년이 지나도록 순도가 낮은 신은이 무역시장을 교란시킬 것을 염려해 조선에 알리지 않았다. 이로써 대마도가 왜관에서 조선인삼을 사들일 때 결제하는 은화의 순도가 1695년부터 64%까지 떨어졌다. 조선 인삼은 인기품으로 수요가 많았으나 신은(겐로쿠은)이 통용되자, 소매가격이 인삼 1근당 은 680돈에서 1700년에 840-1,080돈, 1707년에 1,440돈으로 급등했고 조선상인은 인삼수출을 거부했다.

대마도는 이를 타개하기 위해 고순도의 은화를 특별히 주조해주도록 막부에 요청했고, 막부는 이를 승인했다. 이때 인삼대금용으로 만든 옛 고은(게이초은)과 같은 순도 80%의 은화가 '특주은' 또는 '인삼대왕고은'이었다. 비록 특단의 조치였으나 인삼무역의 동요를 막지는 못했다. 1697년까지 고은과 신은이 통용되었으나, 조선에서 논란이 되어 1698년부터는 교섭 끝에 순도가 낮은 신은을 통용하는 대신 평가절하에 합의했다.

1698년 8월 13일 동래부사 박권이 새 은의 통용에 관하여 치계하였다.

"새 은에 관한 일로 대관왜가 감정소의 수표를 내보였습니다. 그 수표에, '지금 이후 백사단물의 값은 1관목마다 27목의 값을 더하도록 매매 대관에게 신부하였다.' 했습니다. 감정소는 화폐와 곡식을 맡아 대관을 총찰하는 곳이고, '1관목'은 구은 1백 냥이요, 27목의 값을 올린다는 것은 27냥을 더한다는 뜻입니다." 하고, 또 말하기를, "은화가 오래 막혀 피차에 이득을 잃었는데, 지금 또 교역을 못한다면 불행이 심합니다." 하므로 그 통행을 특별히 허락했다.

1703년 3월 5일 왜와의 교역에 대해, 예조판서 김진귀가 아뢰길, "전에 대마도의 구 도주가 별단을 보내 회사했는데, 박태항이 예조에, '저들이 신은을 보냈으니, 회사도 마땅히 나쁜 것을 주어야 한다.'라고 하기에, 신이 그 말에 의하여 수량을 감해 보내게 하였습니다. 별폭이 가자, 왜인이 노하여, '어찌 전에 비해 적으냐?' 하므로, '너희 도주가 보낸 것이 구은이 아니기에 이같이 했다.' 하였습니다. 왜인이 '신은이 통행한 지 오래되었는데, 회사를 어찌 감할 수 있는가?' 하므로, 박태항이 별폭을 고쳐 주고 조정에 품의하지 아니하였으니, 견책해야 합니다." 하였다.

우의정 신완은, "마음대로 고쳐 주었으니 후일의 폐단에 관계되며, 또 왜관에 함부로 들어가는 것을 금하는 법이 엄한데, 어찌 마음대로 들어가 구타해 상하게 하겠습니까?" 하고, 대사간 이건명은, "우리나라 사람이 왜관에 함부로 들어갔는데도 징계하지 아니하니, 저 사람들이 마음대로 나와 난동을 일으키더라도 어떻게 금하겠습니까?" 하였다. 이에 임금이, "조정에 품하지 않고 예물을 주고, 왜관에 함부로 들어간 것도 금지 못하였으니, 박태항을 정죄하라." 하였다.

1705년 12월 5일 왜인이 공작미를 허락받는 일 때문에 떠나지 않으므로 동래 부사가 계문하였다.

대신에게 의논하니, 서문중은, "팔로에 기근이 들어, 쌀을 주기에 넉넉하지 못합니다. 목면포는 막는 것이 마땅하겠습니다." 하였으나, 최석정은, "면포를 쌀로 대신 주는 것을 허락하지 않는다면 유감을 품을 것입니다. 특별히 허락하되 다시 청하지 말도록 약속하는 것이 마땅합니다." 하였다. 윤지완은, "신이 일본 사명 길에 통사왜에게, '곡식을 생산할 땅이 없는데, 너희들은 어떻게 사는가?' 하니, 대답하기를, '조선의 쌀을 얻기 전에는 자식이 굶어 죽는 것을 차마 볼 수 없어서 죄다 물에다 던졌는데, 지금은 다 키우므로 비록 일본 사람이나 실은 조선의 변민과 다를 것이 없다.' 하였습니다. 처치하기 어려운 뒤에 어쩔 수 없이 허락한다면 나라의 체면을 손상하니, 최석정의 의논이 마땅합니다." 하니, 전교하기를, "우선 5년 한정하여 쌀을 허락하되, 이 뒤로는 바라지 말라고 약속하라." 하였다.

국서를 위조, 개작한 사실을 막부에 밀고하였던 야나가와 사건 후, 막부는 조선 외교 체제를 새롭게 정비하였다. 국서에 기재된 쇼군의 칭호를 '일본국왕'에서 '일본국대군'으로 바꾸고, 교토의 승려에게 외국문서 작성과 사절의 응접, 무역의 감시 등을 명하였다. 일본에서 보내는 서한은 일본 연호로 하며, 장군의 칭호는 '대군'으로 하겠다고 조선에 알렸다. 일본 국왕이 아닌 대군이라는 칭호를 새로 설정함으로써 일본은 그동안 국서 개작의 주요 부분이었던 칭호 문제를 해결하였다.

1711년 5월 대마도 도주 평의방이 서계로 아뢰길, "지난 서계에 모두 일본국왕이라 칭하였고, 을해년에 처음 대군이라 칭하였는데, 복고해 달라는 소청입니다." 하였다. 임금이 하교하기를, "대군 칭호를 쓴 지 77년이나 되었는데, 갑자기 복고를 청하니, 묘당에게 품처하도록 하라." 하였다.

일본은 16-17세기에 서남부 다이묘들의 후원으로 베트남, 캄보디아, 필리핀, 인도네시아에서 밀무역을 하였다. 하지만 밀무역으로 은 유출이 심각하자, 막부는 무역을 제한하였으며, 은화의 함량을 줄여 유통시키거나 동광을 개발하였다. 구리는 1700년에 연 5,400톤이 중국과 조선에 수출되었으나 대부분은 인도와 동남아로 수출되었다.

일본은 은, 구리를 수출하였고 중국, 동남아에서는 금을 수입했다. 1610년대에 중국에서 금을 일본에 보내면 60% 환차익, 태국에서 일본에 보내면 35-40%의 이익을 보았다. 1684~1697년에는 순도 80%의 정은인 고은(게이초은)이 연간 2,000관 이상 조선에 수출되어 총 수출의 40%이상을 차지했다.

일본은 1695년 화폐개혁을 단행하여 순도 64%의 신은(겐로쿠은)을 주조하였으나 조선에서 논란이 되자, 1698년부터 신은을 통용하는 대신 비단 가격을 27% 인상하기로 합의하였다. 1715년 이후 일본이 은 유출을 통제하면서 조선 역시 중국 비단 등 사치품 수입을 금지하였다. 이후 상인들의 활동이 위축되어 사행원들은 경비 부족을 보충하기 위해 정부에 공용 경비를 요구하게 되었다.

1700년 이후 수출은의 변화는 대마도의 무역규모를 위축시켰다. 이에 1711년 12월 대마도주 평의방이 다시 구은을 회복할 것을 청하며, "폐단이 있어 옛날대로 무역하고자 구은 1만 7천 냥을 보내니 취련하여 품질을 본 후에 행용하소서. 도주가 원은의 손해 봄을 염려하여 막부에 폐단을 진술했기에 관백이 원은과 보은은 나라 안에서만 행용하고, 구은을 주조하여 조선에 보내도록 허락했습니다." 하며 동래부사 이정신이 치계하였다.

비국에서 계청하기를, "무인년에 육성은으로 변개한 후에 왜인이 또 보자은을 만들어 '팔성보다는 낮고, 육성보다는 위이다.'라고 말했으나, 취련하여 그 계책을 이루지 못하였는데, 이제 의논하지 않고 구은을 보내니, 참으로 나쁩니다. 구은을 허락한다면 신은은 일체 폐절해야 합니다. 이 조항을 명백하게 한 후에 팔성은을 싣고 와 정밀하게 취련해 간심하소서." 하였다.

이정신이 아뢰기를, "은을 취련했더니, 팔성에 준하기도, 넘기도 하였습니다. 또 신은을 다시는 섞는 일이 없도록 상약했습니다." 하였다. 비국에서 회계하기를, "왜인들이 은화를 자주 변경하니, 허락해서는 안 됩니다. 대마도주에게, '10여 년 동안 은화 변경이 세 차례니 이보다 심할 수 없다. 이후에 육성은을 병용하거나 보자은을 혼용한다면 통화의 길을 영원히 끊겠다.'라는 언약을 하고

난 뒤에 매매를 허락해야 합니다." 하였다.

이에 임금이 대마도주에게 답서하기를, "십 년 사이에 바꾸는 것이 무상하니, 차후에 육성은이나 보자은을 혼용하면 신의가 없으므로, 먼저 타당하게 된 후에 교역을 허락할 것이다." 하였다. 도주가 동래부에 답하길, "귀국에서 허물을 도주에게 돌리면, 도주가 막부를 속인 죄로 돌아갈 것이니, 어찌 이 글을 막부에 보내겠습니까?" 하면서 애걸하였다.

왜인들이, "도주가 대마도의 이익을 위한다고 말하지 못하고 조선에서 품질이 낮은 것을 혐의한다고 말했는데, 이번에 서계의 말이 차이가 나면, 막부에 중죄를 얻어 죽습니다." 하면서 애걸하므로 비국에서, "도주가 죄를 얻을까 염려합니다. 팔성은을 통행하게 허락해 주어 후에 변개를 청하면 들어주지 않는다는 뜻으로 서계를 고쳐 보내소서." 청하니, 임금이 그대로 따랐다.

이 무렵 조선은 청나라와 북간도의 강역과 관련해 분쟁이 있었다.

과거 청나라가 러시아의 남진을 저지하던 과정에서 강희제는 정묘호란 당시 조선과 체결했던 강도회맹의 '각수봉강' 의미가 분명하지 않다고 인식하고 있었다. 그래서 강희제는 청의 세력권 밖에 있는 청조의 발상지 3경(흥경, 동경, 성경)과 3릉(영릉, 복릉, 소릉)을 우선 유조변 안으로 포함시켰던 것이다.[123] 명나라 시대부터 요동 변장은 명의 영토를 지키는 방어 성벽이며 국경이었기에 청나라는 유조변이 성립된 이후 봉황성에 청나라로 들어가는 국경 변문이 설치되었고 그 바깥 요동팔참 지역은 청의 판도에서 벗어나 있었다. 청대에 기술된 『유변기략』에도 유조변 내지는 '입판도', 유조변 바깥 지역은 '무판도'로 기록되었다. 즉, 유조변은 변외 금지구역의 경계였으므로 유조변 밖은 조선의 황지로 인식되고 있었다.[124]

강희제는 압록강에서 두만강까지 백두산 지역을 조사하도록 했으나 삼번의 난이 일어나면서 보류되었다. 이후 삼번의 난이 끝나면서 지리조사가 재개되었다. 이때에 청은 1708년부터 『황여전람도』를 만들었으나, 강희제는 조선과의 경계가 분명하지 않다고 여겨 1711년에 목극동을 보내 백두산으로 경계를 정하려 했다. 이때에 조선은 청에서 조선을 정탐하려는 것으로 이해하여, 지형이 험하다는 이유로 거절했다.[125] 1712년에도 청은 목극등을 보내 국경을 정하자고 연락하였다. 이때 목극등은 접반사 박권과 함경감사 이선부는 험한 길을 갈 수 없다며 군관 이의복 등과 함께 백두산에 올라가 정계비를 세웠다.[126] 정계비 비면에는 '서위압록, 동위토문'이라 각서했는데 나중에 '토문'의 해석에 따라 경계가 크게 달라져 분쟁의 원인이 되었다.

1714년 6월 함경도 관찰사는 경원 건너편 2리 밖과 훈융 건너편 2리 밖에 청인들이 집을 짓고 개간하며 도로를 닦는다고 조정에 보고하였다. 그해 11월에도 경원과 훈융진 강 건너에 청인들이 개간하고 거주하려 한다는 장계를 접수하였다. 이에 숙종이 책문 밖을 황지로 남겨 사람이 거주하지 못하도록 청에 요청하였고, 강희제는 조선의 요구를 수용하였다. 이는 조선이 청에게 유조변외 황지 개간을 철회하도록 요구하는 선례가 되었다.

청조가 백두산을 탐사하던 과정을 살펴보면 조선이 주장했던 이유를 이해할 수 있다. 목극등이 변계조사를 하면서 조선 수행원의 말만 믿고 대규모의 영토(청국의 발상지를 포함한 강역)를 조선의 강역으로 인정했다는 것은 이해가 되지 않는다. 이는 명대 여진족의 분포도나 청대 초기 지도만을 보아도 쉽게 판단할 수 있다. 조선은 강도회맹에서 맺었던 '각수봉강'의 범위에서 강북의 황지를 넘긴 적이 없었기 때문에 강희·옹정·건륭제가 유조변의 범위를 확장하려던 것에 동의하지 않았던 이유인 것이다.

1720년 1월에 김창집이 대마도의 식량사정을 아뢰길,[127] "동래부사가 장계를 올려, '왜의 공목작미는 연한이 다한 뒤에는 다시 허가할 수 없다고 하니, 왜인이 「70년 동안의 작목미를 일시에 정파해 버리면 섬사람들의 목숨은 끊어지고 말 것입니다.」 간청하였습니다.' 시종 막는 것도 곤란하니, 다시 5년을 허락하는 것이 무방할 듯합니다." 하니, 세자(영조)가 옳게 여겼다.

1720년대 일본의 에도는 무역, 수공업의 중심지로 떠올랐다. 평화가 계속되면서 막부는 다이묘들의 영지에 유교 서원을 세우도록 장려했고, 사무라이들도 무술 외에 성리학과 주자의 학문을 배웠다. 막부는 또다시 일어날 전란을 우려해 신분을 사·농·공·상의 네 계급으로 나누어 신분의 변동을 엄격히 금지하였다. 사무라이는 난폭한 무사기질을 유교로 순화시킴으로써 조선의 선비와 같이 문·무의 덕치를 갖추게 되었다. 이때 조선은 통신사를 보내 유교 문화를 과시하려 했기 때문에 통신사는 문화사절단의 역할을 하게 되었다. 그러나 일본에서 일부는 '조선은 일본에 조공관계가 되어야 한다'며 통신사 접대를 비판하였다. 이러한 의식은 나중에 '정한론'으로 발전되고 조선 침략으로 이어졌다.

1720년 1월 24일 통신정사 홍치중 등이 일본에서 돌아와 세자(영조)에게 아뢰길, "병제와 같은 종류는 법령이 엄해 탐지해 낼 방도가 없었습니다. 그 나라는 법금이 엄중하며, 물력은 풍성했고, 인구도 많았습니다. 5천 리 수로가 마을마다 연결되어, 풍요로운 방도를 보니 의복은 간략하고, 먹는 것도 적었습니다. 임진년의 일은 일본이 지금까지 후회하며, 평수길을 평적이라 부르기까지 하였습니다. 그 나라는 변란이 없으니, 우선은 우려할 일이 없을 것입니다." 하였다.

1724년 음력 8월 영조가 즉위하였다.

청은 네르친스크 조약 이후 러시아인들에 대항하는 완충지를 건설하기 위해, 봉금지대에 한족 이주를 묵인했다. 그로 인해 한족이 대거 유입되었다. 1731년 5월 봉천장군 나소도는 이들을 단속하기 위해 봉황성 외곽의 호이산 부근 망우초 지역에 수로방신을 신설할 것을 청 조정에 상신하였다. 그러나 옹정제는 이 지역이 조선과 접경이므로 조선의 의견을 청취하도록 지시했다. 이때 영조는 1714년 강희제가 철회했던 전례를 따라, 이를 중지하도록 상신했고, 옹정제는 철회 명령을 내렸다.

1737년 청나라에서 만든 '신중국지도첩'의 12번째 지도가 '조선

왕국전도'이다. 조선의 국경이 흑산령산맥에서 보택산을 거쳐 압록 강 본류와 봉황성의 중간 지점을 통과해 압록강 하구에 이른 다.[128]

1746년에도 봉천장군 달이당아가 망우초에 수군설치와 유조변 연변 황지에 개간을 허용하도록 건륭제에게 상신하였다. 이때 영조는 '자기 집 문밖에 다른 사람이 담을 쌓는 것과 같다'라고 우려 하며,[129] 철회를 요청하자, 건륭제는 정지하도록 명했다.

이때 건륭제는 '조선국왕이 봉황성에 경계를 세울 때 연강에 백여 리의 광지를 남겼다'라고 하는데, 이는 우리가 군사를 주둔하고 둔전할 경우 그들의 경내에 다가갈까 두려워한 것이라고 불만을 표시하였다.[130] 그럼에도 후임장군과 대신이 이를 몰라 재차 시행 하려는 것을 방지하기 위해 그 곳의 당안에 기입하여 영원토록 준 행하라고 명하였다.[131] 1748년 6월에도 함경도 관찰사 이정보 등이 훈융진의 강 건너 지역에 청인들이 집을 짓고 개간하는 것을 발견 하였다. 영조가 강희 54년의 사례를 상기시키면서 불허해 줄 것을 요청하자, 건륭제는 이를 중지시켰다.

1743년 9월부터 세계적인 기상이변으로 전염병이 크게 번져 7 만여 명이 사망했으며, 1750년에도 22만여 명이 사망했다. 양인의 인구가 감소되자, 영조는 농민의 군포 부담을 덜기 위해 2필의 군 포를 1필로 경감했다. 그리고 농민들의 노역 대신 면포대납을 권 장했고 노비를 고립시킴으로써 농민들은 영농에 매진할 수 있었 다. 또한 방납의 폐단으로 유랑민이 증가하자, 고립제로 관청에서 일을 시키고 그 값으로 식량을 제공하였다. 대동법을 충청도, 전라도로 확대하고 토지 사유제와 토지매매를 허용함으로써 봉건적 지주제도가 확대되었다. 그 결과 상품경제가 발전하면서 상인들은 일본과 중국 간의 중계무역을 할 수 있었다.

조선의 대청 외교는 무역 통로의 역할을 했다. 사절의 공식 행차에 따라 열렸던 개시 무역보다 사무역인 후시 무역이 커짐에 따라 상인들은 10~20배 차액을 남기기도 하였다. 1750년에 사회는 사치가 심해 시골 농가에서도 비단옷을 입는 풍조가 성행하였다. 이에 영조는 은 유출을 줄이기 위해, 사치품의 무역을 금지시켰다. 문단 금지령 이후 무역이 위축되었으나 무늬없는 비단이 수입되면서 문단 금지령은 크게 성과를 거두지 못하였다.

이 무렵 대마도는 막부의 화폐개혁으로 재정이 궁핍하여 1776년 이후 막부로부터 매년 12,000냥을 받았고 참근교대를 3년에 한 번으로 단축했으나 개선되지 않았다. 당시 나가사키 부교에서 파견한 근무자는 '쓰시마 경제의 열악함과 교역문제'에 대해 "막부의 하사금도 당면 비용의 대처와 생계 보조에만 쓰며, 조선에서 예전처럼 물품을 보내지 않는다는 호소만 하고 있다. 무역이 번성했을 때 정무를 넓히고 이제 와서 축소할 방법이 없다고 주장합니다."라고 보고했다.

1776년 정조가 즉위하였다. 이 무렵 서양의 과학기술과 천주교의 천부인권 사상이 전래되면서 남인과 실학자들이 '동도서기론'을 제창하였고, 성호 이익을 중심으로 경세치용파, 연암 박지원을 중심으로 이용후생파, 추사 김정희를 주축으로 하는 실사구시파들이 현실과 밀접한 학문을 연구하기 시작했다. 당시 서학은 실학자들에게 전통적 자연관, 인간관, 종교관의 변혁을 일으켰으며, 특히 세계지도는 중국 중심의 세계관에도 변화를 주었다.

19세기 서구동점의 시대를 맞이해 일본 막부는 '난학'을 통해 서구문명에 적응하려고 노력했으나 정조는 주자학을 정학이라 인식하여 '정학을 밝히면 사교는 자연히 소멸된다'라는 논리로 서학을 배척하였다. 계몽군주로서의 역할이 아쉬운 점이다. 1795년 천주교 신부 주문모가 밀입국한 사건이 적발되면서 남인들이 세력을 잃었다.

정조는 청나라에 각종 사신을 정기적으로 보냈으므로, 대청 외교는 무역 통로의 역할을 하였다. 정조 시대에는 사무역인 후시 무역이 공무역인 개시 무역보다 규모가 커졌다. 그러나 일본과는 통신사 왕래가 없었다. 일본 역시 내정과 재정이 어려워 통신사를 요청하지 않았다. 이때에 일본에서는 조선 통신사가 자신들을 한 단계 아래로 보고 대등하게 대하지 않는다는 불만이 있었다. 그래서 일본과의 외교는 동래와 대마도로 한정되었다.

1809년 5월 12일 좌의정 김재찬이 관왜의 폐단을 제거할 것을 청했다. "관왜들의 폐단이 불어나니 혁제해야 합니다. 앞서 약정한 세견선 20척은 제1선부터 제17선까지와 1, 2, 3 특송선입니다. 2개의 송사선은 20선 이외이니, 잘못입니다. 부특송사선은 임의로 왕래하여 준례가 된 것이니 혁파해야 됩니다. 도주가 특송사선에 부송하여 56동을 해마다 입급하는데, 폐단 가운데 큰 것입니다. 고환차왜는 도주가 중첩되게 차왜를 보내니, 혁파해야 됩니다. 매년 왜인에게 지급하는 공작미는 5년 기한인데 5년마다 허락하여 항규로 굳어져버렸습니다. 재판왜가 5년마다 나오면 1백여 일 동안 지공 비용도 많습니다. 단삼은 조정 예물이기에 품질이 좋지 않더라도 점퇴할 수 없는데 근래 점퇴하니, 어찌 이런 도리가 있습니까? 왜관 수리는 1달 역사를 5, 6개월 지연시켜 수십만 냥을 허비시키니, 이혁하지 않을 수 없습니다. 그리고 각포에 표박하는 선척에 요미를 양급할 경우, 말 위로 움켜넣는 것이 거의 6,7승이나 됩니다. 호조에서 교정한 곡자를 쓰되 평목은 본부에서 보낸 것을 사용해 폐단이 없도록 해야겠습니다." 하니, 그대로 따랐다.

그해 11월 15일 대마도와의 폐단을 이정하는 약조에는,[132] 중간에 끊긴 5선은 영원히 파기하며, 공목 1필은 공작미 10두로 마련하며, 감동 연한은 40년을 기한으로 한다는 내용 등이었다.

3. 문호 개방
전후

1800년 순조가 즉위하면서 외척 세력이 정권을 장악하였다. 세도 정치는 순조, 헌종, 철종의 3대가 60여 년간 계속되었다. 당시 매관매직이 흔했고, 뇌물로 벼슬을 산 수령은 백성에게서 많은 세금을 거두었다. 삼정의 문란으로 민중의 불만은 폭발 직전이었다. 이때에 양인이나 중인 출신의 부농들은 관직을 매수했으나, 가난한 양반이나 양인들은 소작농으로 몰락했다. 청나라에서 영국의 기계로 대량 생산한 옥양목이 수입되면서 통화 역할을 했던 면포의 가치가 폭락하자, 몰락한 양반들이 농민의 불만을 이용해 반란을 선동하였다. 당시 평안도는 과거에 합격해도 요직을 주지 않는 차별이 있었다. 1811년에 큰 흉년으로 민심이 흉흉한 틈을 타서 1812년 홍경래가 거병하였다. 이들은 5개월 만에 평정되었으나 전국 71곳으로 확산되었다. 조선은 세도정치의 가렴주구와 하위 신분층의 개혁 요구로 위기를 맞았다.

한편 일본 막부는 밀무역으로 은 유출이 확대되자, 나가사키 항을 제한하였다. 이에 사쓰마번은 1820년대 누적 적자가 500만 량에 달해 파산위기에 봉착했다. 1848년 사쓰마번은 막부의 쇄국정책에도 불구하고 밀무역을 감행했다. 막부의 추궁이 있자, 번의 재정관은 모든 책임을 떠안고 죽음을 선택했다. 이때 축적한 거액의 재력은 사쓰마 번이 '삿쵸동맹'을 추진해 막부에 대항할 수 있는 기반이 되었다.

이 무렵 로마 교황이 제사금지령을 내리면서 윤지충과 권상연이 조상의 신주를 불사르자, 조정은 천주교를 사학으로 규정하고, 천주교 신부와 많은 신자들을 처형했다. 노론 벽파가 남인 시파를 제거하고자 1801년 신유사옥을 일으켰고, 풍양 조씨 정권도 1839년 기해사옥을 일으켜 서양인 신부와 천주교신자들을 처형했다. 철종 대에 이르러 민중의 항거는 전국적으로 확산되었다. 1862년 경상도 단성, 진주민란을 시작으로 경상도 20개 군현, 전라도 37개 군현, 충청도 12개 군현과 경기도·함경도·황해도에서 일어났다.

1842년 4월에 조선이 평안도 강계부 상토진 강 건너에 청인의 작사간전을 금하도록 요청하자, 청은 개간지를 파괴하고 담당 관원을 징계하였다. 1846년에도 강 건너 불법 개간지 42곳을 알리자, 청은 통순·회초 제도를 입안하여 시행하였다.[133] 그러나 태평천국의 난으로 변금이 해이해지면서 조선 변민들이 강북에 입주하기 시작하였다. 1860년부터 러시아가 연해주 개발을 위해 조선 변민의 개간을 장려하자, 청은 러시아의 남하를 막기 위해 간도 개간을 허용하였다. 이때에 조선 유민들이 대거 이주하자, 청은 1877년 국자가(현 길림성 연길시)에 초간국을 설치하고 청인들을 이주시키는 한편 변외간황지에 초민 간전하겠다고 조선에 통보하였다. 이에 조선은 청과의 분쟁을 무릅쓰고 감계회담을 제안했다. 백두산정계비에 의한 국경 설정에서 빚어진 강역문제는 경계문제로 변질되어 외교적 갈등이 빚어지게 되었다.[134] 1903년 대한제국은 간도에 대한 영유권을 주장하는 동시에 간도관리사 이범윤을 간도에 파견하기도 했다.

이 무렵 일본에서는 네덜란드의 범선이 풍랑을 만나 일본에 표류했다. 막부는 이들을 석방하는 대신 막부에 해외정보를 제공하도록 요구했다. 이후부터 네덜란드는 정례적으로 국제정세 보고를 막부에 제공했고, '풍설서'는 국제정세의 변화를 인식시키는 계기가 되었다.

이때 청국이 류큐의 조공무역을 인정해 류큐는 청의 조공책봉 체제에 편입될 수 있었다. 그러나 류큐는 사쓰마 번의 사실상의 속국이었기에, 막부는 류큐에게 사쓰마 번과의 관계를 청에게 알리지 말도록 주문했다.

1854년 일본은 페리 제독의 강요에 의해 미일 화친조약을 체결했다. 그러나 일본은 난학을 통해 이미 서양을 경험했기에, 자발적으로 서양문물을 받아들이려고 구미 사절단을 파견했다. 이때 일본 근대화에 공헌한 계몽사상가 후쿠자와 유키치는 막부의 수행원으로 미국, 프랑스, 이탈리아, 영국, 독일, 러시아, 스페인 등을 여행하였다. 첫 경유지인 홍콩에서 그는 영국인이 중국인들을 개나 고양이와 다름없이 취급하는 것을 보고 충격을 받았다. 그리하여 후쿠자와는 "일본의 문명화 과정에서 가장 핵심은 '아시아를 벗어나는 것'이다. 유교 봉건 잔재를 제거해 서양 문명의 도입과, 영국식 입헌군주제를 실천해야 한다"라며 '탈아론'을 주장하였다.

1862년 9월 일본에서 큰 사건이 발생했다. 사쓰마 번주의 행렬에 영국인이 말을 타고 '무례'했다는 이유로 살해한 것이다. 영국함대와 사쓰마 번의 육상포대 80문이 포격전을 벌였다. 결국 사쓰마 번은 서양 과학기술의 우월함에 위기를 느껴 '사쓰에이' 전쟁이후 개화로 입장을 바꾸었고, 영국도 프랑스를 견제할 목적에서 사쓰마 번과 유대를 강화했다.

이때에 막부가 미·일 수호조약을 시작으로 5개국과 대외조약을 조인하자, 국론이 분열되어 혼란을 겪었다. 1863년 8월 정변으로 사쓰마 번, 아이즈 번등의 '공무합체'파가 조슈 번의 '존왕양이'파를 교토의 정계에서 추방했으나 영국의 주일공사는 서남 지방의 웅번을 결속시키기 위해 노력했다.

사쓰마 번은 수양딸을 13대 쇼군 이에사다의 정실로 보내 막부의 실력자로 대두하였으나 '사쓰에이' 전쟁 이후에는 도막파 하급무사들에게 번의 주도권이 넘어갔다. 1866년 막부가 조슈를 정벌하려고 사쓰마 번에 출병을 요구했으나 사쓰마번은 이를 거부하고 조슈 번과 동맹을 맺었다. 그리하여 '삿초동맹'이 명치유신의 주역이 되었다.

1866년 8월 미국의 상선 제너럴셔먼호가 조선군과 교전했다. 평안도 관찰사 박규수가 셔먼호를 격침시켜 12명의 사상자가 발생했다. 일본은 문호를 개방하지 않으면 위기를 맞을지 모른다는 위기의식으로 서양문물을 수용했으나, 조선은 서양문물을 받아들일 수 있는 귀중한 세월을 잃어버려 40년 후에 일본의 식민지가 되었다.

그해 10월 26일(음력 9월) 병인양요가 일어나자, 홍선대원군은 통상수교를 거부하고 삼군부를 다시 설치했다. 이때에 예조참의 임면호가 대마도 태수에게 편지를 보내, "이양선 30여 척이 강화부 갑곶진을 약탈하였다. 우리나라는 2, 3차 싸움에서 적을 섬멸했지만 진실로 저들을 두렵게 만들지는 못하였다. 요사이 변경의 급보가 매일 오니, 귀국에서 그 기세를 꺾지 못한 것은 아닌지 걱정하고 있다."라고 하였다.

그해 12월 12일 함경감사 김유연의 장계에, "러시아 사람이 경원부의 두만강가에 와서 집을 짓는 것과 교역을 알려온 것은 매우 불칙스러운 일입니다. 경원부사 윤협이 러시아인에게 정식 공문을 보낸 것은 경솔한 행동입니다. 경원부사의 죄상을 품처하게 하소서."라고 하였다. 다음날 의정부에서, "러시아인과 무역하자는 것은 금령과 관계된 문제입니다. 병력을 시위하여 쫓아낼 것입니다." 하니, 윤허하였다.

1867년 1월 미해군 제독 로버트 슈펠트는 통상 문서를 조선에 보냈다. 1867년에도 셔먼호의 생존 선원을 돌려보내라고 요구했으나, 소득 없이 철수하였다. 이는 1865년 링컨 대통령의 암살 이후 정국이 혼란했기 때문이다.

일본에서는 1868년에 사쓰마, 조슈, 도사, 사가 번이 천황의 친정을 명분으로 막부에 반기를 들었다. 15대 쇼군 요시노부는 반군에게 패해 도쿠가와 막부는 결국 폐지되었다. 1868년 명치유신 정부는 조선과의 외교를 전담했던 대마도주의 직임을 회수하고 외무성에서 직접 국교회복을 요청했다. 그러나 조선은 서계의 격식이 종전과 다르고 도서도 조선 정부가 작성한 것이 아니라는 이유로 거부하였다.

1871년 미 해군의 로우제독은 제너럴셔먼호 사건의 재발 방지를 위해 선박의 항해 안전과 통상조약 체결을 요구하였다. 그러나 조선은 중국의 번국이므로 독자적으로 외교를 할 수 없다고 답변하였다. 이때에 미국 전함 5척이 광성보를 함락시켰으나 조선군이 초지진에 주둔한 미군을 야간에 기습하자, 철수하고 말았다.

4. 강화도 조약과
한일합방

    1869년 명치유신 정부는 274명의 다이묘에게 '판적봉환'을 통보하여, 토지와 인민을 중앙정부로 이관시켰다. 이후 유신정부는 '폐번치현'을 추진하고 징병제를 시행하였다. 이로써 200만 명 이상의 사무라이들이 대거 해고되자, 불만을 품은 무사와 농민들이 1877년 사이고 다카모리를 중심으로 '정한론'을 주장하며 반란을 일으켰다. 원래 사이고 다카모리는 '유신 3걸'이었지만 서구화 개혁이 우선이라는 방침에 따라 거부되자, 내전을 일으켰고 결국 전쟁에서 패한 뒤, 자결하여 내전은 종결되었다.

    유신정부는 신분차별 폐지와 평등을 허용하고 학제, 사법제도, 교통·통신 산업의 발전, 금융제도 등을 발전시켜 내정개혁에 성과가 있었다. 이에 명치유신 정부는 조선을 무력으로 개국시키기로 결정했다. 1872년 일본의 외무대승 하나부사 요시모토가 군함을 이끌고 부산에 내도하였으나, 조선은 '왜사가 군함을 타고 오다니 상대해 줄 수 없다'라고 냉대하여 수개월 동안 체류하다가 돌아갔다.

1873년 조선 내에서는 일본이 명치유신으로 서구화를 달성하자, 문호를 개방해 서구 문물을 수용하자는 세력이 형성되었다. 북학파 홍대용, 박규수, 오경석은 열강의 침략으로 붕괴되는 중국의 실상을 주시하고, 중국의 위기가 곧 조선에도 도래할 것이라고 인식하였다. 오경석·유홍기 등 중인계층들은 신분상의 제약으로 개화사상을 반영시키기 어려워 박규수의 사랑방에서 박영교, 김윤식, 유길준, 박영효, 서광범 등 신진 사대부들에게 개화사상을 교육하여 개화파가 양성되기에 이르렀다.

1874년 6월 29일 영의정 이유원이 아뢰길, "통신사가 왕래한 지 300년이나 되지만, 3년 동안은 까닭 없이 폐쇄한 것과 같습니다. 그런데도 우리나라는 아직 그 이유를 모르고 있습니다. 별차 또한 역관으로 대마도에 왕래하며 기밀을 탐지하는 사람인데, 최근 몇 년 동안 보내지 않아 동태를 알 길이 없습니다. 도해관을 파견하여 탐지하는 것보다 더 좋은 방도는 없습니다." 하였다. 이에 고종이, "나도 실정을 탐지할 사람을 보내려 한 지 오래다." 하였다.

우의정 박규수가, "일본 황제가 막부를 내쫓고 정사를 총괄한다는 것은 과장한 말입니다. 대마도주가 '황제'요 '칙서'요 한 것은 바로 그들 자신이 높여서 부른 것이지 우리나라에서 '황제'요 '칙서'요 하고 불러달라는 요구는 아닙니다. 그런데 격식을 어겼다고 편지를 거절한 지 여러 해가 되었으나 원인을 해명하지 않고 있습니다." 하였다.

1875년 9월 운요호가 강화도의 초지진, 영종진에 포격하였다. 일본은 포격전의 책임을 조선에 돌리며, 구로다 기요타카를 전권대사로 파견하였다. 조선은 판중추부사 신헌을 강화도에 파견했다.

1876년 1월 조선은 과거에 서계를 접수하지 않은 것은 규식에 장애뿐 아니라 중국 예부의 자문에 일본 내에 불온한 움직임이 있어 의심했기 때문이라고 해명했다.[135] 그리고 1876년 2월 3일 조선국은 자주 국가로서 일본국과 평등한 권리를 보유하며, 종전의 규례들을 혁파하여 융통성 있는 법을 기약한다는 내용의 수호조관에 서명하였다.

1876년에 이르러 대마도는 나가사키 현으로 편입되었고, 대마도주 가문은 쓰시마 후추 번의 영주로서 막부 말기까지 존속하였다. 1876년 5월 일본에서 종전에 대마도주가 쓰던 도서를 돌려보내자,[136] 의정부에서 아뢰길, "일본이 대마도주의 직책을 파하고 사신 규례도 폐지되었으니 종전에 사용하던 도서를 돌려 달라고 하였습니다. 요청대로 하라고 동래부로 보내는 것이 어떻겠습니까?" 하였다.

중국에서는 의화단 소요에 영불 연합군이 북경을 점령하자, 청조는 태평천국군의 진압을 한인 군벌이었던 증국번, 이홍장에게 위임했다. 이들은 태평천국 전쟁을 수행하는 동안 외국 무기의 우수성을 체험하면서, 서양의 군사기술을 받아들이자는 양무운동을 전개하였다. 그리하여 상해, 복주에 조선소, 병기공장, 유럽식 직포공장, 기선회사가 설립되었고, 나중에는 유럽의 학문과 언어까지 습득하자며 그 범위를 점차 넓혀가고 있었다.

1879년 2월 일본이 유구를 병합하였다. 이 사건은 일본이 조선마저 병탄하리라는 우려를 불러일으켰다. 청국은 조선의 안전을 책임질 역량을 갖추고 있지 못해 비공식적으로 간여했다. 원로대신 이유원과 이홍장이 처음으로 서함을 주고받은 것은 고종 12년 (1875) 12월부터 고종 18년(1881) 초까지 거의 매년 서함이 왕래되었다.

1879년 7월 9일 이홍장이 이유원에게 비밀리에 서신을 보내 서방 각국과 통상을 종용하였다. 이때 이유원의 회답에, "서양의 공법은 석연치 않은 점이 있습니다. 유구왕은 수 백년의 오랜 나라로서 지탱하지 못하였으니, 공법이 미치지 못하기에 그렇게 된 것입니까? 우리가 통상하더라도 창고를 몽땅 털리고 말 것입니다." 하였다.[137]

1880년 7월 고종은 이홍장의 군비강화 권고에 따라 유학생을 중국에 파견하여 군기 제조기술을 습득하도록 하였다. 그리고 이홍장이 서양과의 수교통상을 권하자, 1880년 7월 조선은 수신사 김기수 외 76명을 파견해 일본 해군성·육군성·공부성과 근대식 학교시설 등을 시찰하였고 이후 김기수는 『일동기유』를 집필하여 일본의 변화상을 고종에게 보고했다. 당시 김기수는 일본의 서양 문물 수용은 서양에 대항하는 데 있다고 이해했으나 일본의 군사 대국화에 대해서는 회의적이었다. 조선의 유학자들은 성리학의 관점에서 일본의 부국강병에 대해 난세의 패도정치에나 적합한 것으로 이해했다.[138] 그는 러시아 견제의 필요성을 인정했으나, 청국의 영향력을 약화시키려는 조·일 관계 개선에는 동의하지 않았다.

그럼에도 이홍장이 일본의 한반도 진출 야욕을 경고하고, 일·러를 견제하도록 권하자, 고종은 일본의 진의를 알아보기 위해 김홍집 외 58명을 2차 수신사로 파견했다. 김홍집 일행은 주일 청국공사 허루장, 참찬관 황쭌셴과 접촉하면서 『조선책략』을 받고, 조선이 러시아의 위협으로부터 벗어나기 위해 '친중국·결일본·연미국'의 외교정책을 권고받았다. 이에 고종은 미국과 교섭해 주권국가로 인정받은 후, 영국·독일·러시아·이탈리아·프랑스·오스트리아와 연이어 통상 조약을 체결하고자 했다.

미국과의 예비 교섭은 1881년 10월에 시작되었다. 1882년 이홍장은 '조선은 청국의 속방이다'라는 내용을 조약에 반영하려 했으나 미국은 이를 거부했다. 이홍장은 청국에 파견된 김윤식이 전권을 위임받지 않았다고 협상과정에서 배제하고 청국과 미국이 협의했던 초안만을 확인하게 했다. 그리고 이홍장과 슈펠트는 조선 측 전권대관 신헌, 부관 김홍집과 함께 가조인된 조약안을 확인하여 조미 수호통상 조약이 체결되도록 하였다.

이홍장은 조약 초안을 김윤식에게 통보하면서, ① 조선 정부는 초안을 전면적으로 수정할 수 없으며, ② 조약 체결 직후 조선 정부는 속방 조회문을 미국 정부에 통보하고, ③ 「조미 조약」 교섭에 청국 관원이 참여한다는 내용이었다. 이때 이홍장은 러시아와 일본을 견제하려고, 미국의 '거중조정' 조문을 명문화했다.[139] 조선은 슈펠트에게 조선이 내치, 외교는 자주적으로 결정해왔다고 하자, 미국은 이를 존중하여 조미 조약을 체결하게 되었다. 이후 조선은 영국·독일·러시아·이탈리아·프랑스와 조약을 체결했다.

이 무렵 러시아가 연해주에서 조선인의 개간을 장려하자 이민자가 급증하였다. 이에 청은 '이민실변' 정책으로 중국인을 이주시키고, 두만강 이북에서 조선인의 간도 이민을 장려하였다.

1882년 8월 11일 의정부에서 아뢰길, "중국 예부에서 길림 변경의 땅을 경작하는 조선 함경도 빈민들에게 모두 청국에 세금을 바치게 하고, 저들의 판도에다 예속시켜 옷차림을 바꾸게 하겠다고 자문을 보내왔습니다. 쇄환을 속히 하지 않으면 막을 방도가 없게 될 것입니다." 하니, 자문을 보내도록 윤허하였다.

1882년 청 예부는 경계를 넘어 개간하는 조선인민들은 중국 백성이므로 호적을 훈춘에 귀속시키겠다고 통지했다.[140] 이에 조선 조정에서 이주민을 되돌려 보낼 것을 요구하자, 청은 1년 내에 모두 데려가라고 하였다. 조선은 1883년 경략사 어윤중을 파견하여 이주민의 귀환을 재촉하였지만 일부는 간도가 조선 강역이라며 돌아가지 않았다. 청이 두만강 이북에 길이 700리, 너비 50리 지역을 '조선이주민 특별개간구'로 확정하자, 이주민 수는 더욱 증가하였다. 이때 이주민들은 조선의 황지에서 청나라가 배타적 권리를 행사하려는 시도를 막아달라고 조정에 청원했다. 이에 고종은 1885-1887년 함경북도 관찰사로 하여금 정계비와 간도 교민상황을 확인하여 청나라와 회담을 갖도록 하였다.

당시 조선측 감계사 이중하는 "토문강 상류에서 바다까지의 강 줄기(간도일대를 포함한 송화강 남부일대)가 두 나라의 경계선인 것은 분명합니다. 그런데 조선이 사람의 거류를 금지하여 왔기 때문에 그 지역이 황폐화되었습니다. 청국은 이 땅을 자기네 영토로 간주하고 천 여리의 땅을 러시아에 할양하였습니다. 이러한 일은 당초 청국과 협정한 국경선에 위배되는 바, 국제조례에 따라 국경선을 획정해야 합니다."라고 주장했다. 조선은 1885년 을유감계회담, 1887년 정해감계회담 문건들을 간행했는데 이를 통해 조선의 강역문제에 대한 인식을 이해할 수 있다.

청은 조선측 주장에 대해 3가지 이유를 들어 반박했다.[141] 그러나 조선은 청과의 분쟁을 우려하여 토문강 이남을 비워두고 주민들의 입거를 금했으나, 두만강을 경계로 착각하는 경우가 많아 이를 명확히 하기 위해 감계를 제안한 것이라고 했다. 그리고 조선이 6진을 개척한 후 토문강을 경계로 했으나 방어에 유리하지 않아 두만강에 방수를 설치했으며, 오라성 남쪽이 조선 경계라는 것은 토문강 이북을 가리키는 것이라고 설명했다.

개항 이후 민씨 정권은 외척들과 개화파를 대거 기용하는 한편, 1881년 신식군대 '별기군'을 창설했다. 이때 중앙군의 5군영은 2영으로 축소되는 과정에서 많은 군인들이 실직하거나 13개월치나 봉급을 받지 못해 불만이 높았다. 이는 1882년 임오군란의 원인이 되었다. 소요를 일으킨 군인들이 궁궐에 입성하자, 고종은 사태 수습을 위해 정권을 대원군에게 넘겼다.

그러나 청나라는 조선황제가 정변을 원하지 않는다는 이유로, 마건충이 육군 4,500명, 해군 제독 오장경이 남양만으로 상륙하여 왕십리·이태원 지역에서 군민을 살상한 후, 대원군을 톈진으로 납치했다. 청의 후원으로 정권을 잡은 민씨 정권은 청에 의존하지 않을 수 없었다. 청은 원세개가 지휘하는 군대를 조선에 상주시켜 조선 군대를 훈련시켰고, 마건상과 묄렌도르프를 고문으로 파견하여 조선의 내정과 외교에 간여하였다.

한편 일본은 임오군란 중 일본공사관이 불타고 일본인이 사망했다며, 한일 통상장정으로 최혜국 대우를 요구했으며, 공사관이 불탄 것에 50만 원의 배상금을 요구하였다. 일본군이 제물포에 상륙하자, 청나라는 조일간의 전쟁을 우려하여 제물포 조약을 맺도록 중재했다. 그리하여 개화파 박영효, 김만식, 민영익, 김옥균 등 15명은 일본을 방문했고 일본 정부는 제물포 조약에 의해 조선이 배상토록 했던 배상금 완납기일을 10년 연장해 주었으며, 17만 엔을 차용해 주었다. 개화파 15명은 일본의 개화사상가 후쿠자와 유키치로부터 '조선의 급진개화파를 지원해 그들이 스스로 국내 개혁을 추진해야 한다'라는 주장을 듣자, 깊은 영향을 받았다.

김옥균·박영효 등은 일본의 메이지 유신을 모델로 서양의 근대 사상·제도까지 받아들이고, 청국과의 사대관계를 종식해야 한다는 급진적 개혁을 주장했다. 그리하여 1884년 김옥균·박영효 등은 청군이 월남에서 청불전쟁으로 철수한 틈을 이용해 갑신정변을 일으켰다. 이때 일본은 군함 4척과 보병 1개 대대를 파견해 지원했으나 민씨 정권의 요청으로 청군이 개입하자 정변은 3일 만에 진압되고 말았다. 청일 양국은 천진조약을 맺고 조선에 파병할 경우 쌍방에 미리 통보하고 일이 끝난 뒤에는 철병하기로 합의했다.

일본 근대화의 사상적 지도자 후쿠자와 유키치는 갑신정변에 가담한 인사들의 비참한 처우를 듣고, 1885년 3월 16일 지지신보 사설에서 "이웃나라의 개명을 기다려 함께 아시아를 일으킬 시간이 없다. 오히려 그 대열에서 벗어나 서양과 진퇴를 같이해 중국·조선을 접수해야 한다."라며 주장했다. 그는 "조선은 부패한 유생의 소굴로서 뜻이 크고 과단성 있는 인물이 없어, 국민은 노예의 환경에서 살고 있다. 상하 모두가 문명이 무엇인지 알지 못하고, 학자는 있지만 중국의 문자만 알뿐 세계정세는 모르고 있다. 그 나라의 질을 평가한다면 글자를 아는 야만국이라 하겠다. 조선은 하루 빨리 멸망하는 쪽이 하늘의 뜻에 부합되는 일이다"라는 논설을 남기기도 했다.

1885년 영국이 러시아의 한반도 진출을 우려해 거문도를 점령했다. 그러나 러시아는 영국의 거문도 점령을 청나라가 양해한다면 한반도 일부를 점령하겠다고 위협하였다. 이에 조선이 청나라를 통해 영국에 항의하고, 청나라가 중재하자, 러시아는 조선 영토를 점거할 의사가 없다고 약속해, 1887년 영국 함대는 거문도에서 철수했다.

1885년 3월 20일 중국 북양대신 이홍장이 거문도 사건과 관련하여 편지를 보내, "제주 동북쪽 100여 리 떨어진 곳에 거마도, 서양 이름으로 해밀톤 섬입니다. 러시아가 군함을 블라디보스톡에 집결시키자, 영국은 그들이 홍콩을 침략할까봐 수군을 주둔시킬 장소로 빌린 적이 있습니다. 이 섬은 동해의 요충지로 중국 위해의 지부, 일본의 대마도, 귀국의 부산과 가깝습니다. 만일 귀국이 영국에 빌려준다면 일본의 추궁을 받을 것이며, 러시아도 부근의 다른 섬을 차지할 것이니 귀국이 무슨 말로 반대하겠습니까?" 하였다.

매천 황현은 한일합방의 비보를 듣고 자결했던 구한말의 선비였다. 그가 남긴 『매천야록』은 '원자 탄생 이후 그 행사가 팔도 명산까지 미치고, 고종도 유연을 즐겨 하루에 천금을 소모하여 내수사의 물량으로는 지탱할 수 없어 호조와 선혜청의 공금을 사용했다. 그래서 1년도 안 돼 대원군이 10년 동안 쌓아둔 저축미가 바닥나 매관매직의 폐단이 발생했다.'라고 기술했다. 동학전쟁 후에 조선에서는 매관매직이 성행했으며, 아전이나 서리들이 공금을 횡령하자, 관리들이 세금을 더 거두어 서민들의 민생고는 극에 달했다.

당시 구한말 황현의 스승인 왕석보 선생이 '홍익인간'의 전통사상을 회복해야 한다고 강조한 점은 성리학에 대한 자성이었다.[142] 그는 "공자님의 본질적인 가르침과 다르게 유교사상이 반상제도 등 인간차별 제도로 변질되어 양반은 형식적인 윤리도덕이나 입에 달고 소일하고 있다. 홍익사상 이념은 우리 조상들이 세계 으뜸 정신문화를 일으킬 수 있었음에도 유교가 도입되면서 우리 민족정신이 쇠퇴하게 되었다."라고 말했는데, 이러한 사상은 하위 신분층에게 영향을 미쳤다.

1894년 2월 15일 동학혁명이 발생했다. 동학도들은 처음에는 단순히 교조 신원운동을 벌였으나 점차 지방 수령의 학정을 규탄하였다. 고부군의 동학도들과 농민들이 군수 조병갑의 탐학에 시위를 벌였으나, 안핵사 이용태가 이를 '동학도의 반란'으로 규정하고 전라북도, 충청남도 농민들을 동학도로 처벌하자, 농민들이 전봉준, 김개남, 손화중 등과 함께 무장 봉기하였다.

1894년 5월 동학군은 정읍, 흥덕, 고창, 무장을 점령하고 전주성에 입성했으나 청, 일에게 군사주둔 빌미를 주지 않기 위해 '전주화약'을 체결한 후 자진 해산했다. 이때 동학도들은 전라도 53개 군에 집강소를 설치해 농민의 직접통치 뿐 아니라, 조정에 신분차별 철폐, 노비문서를 없애도록 요구했다. 그럼에도 고종이 청군에게 동학군 진압을 요청하도록 명하자, 김병시는 텐진조약으로 일본군 역시 진입할 수 있다고 경고했다. 그러나 조정은 이를 무시했다. 결국 일본군이 청국의 출병을 구실로 1894년 인천에 상륙하여 경복궁을 점령한 후, 대원군을 내세워 갑오경장을 실시하였다. 이때 전라도 동학군이 충청도 동조세력과 연합하고, 경기도 죽산·안성, 경상도 하동·진주, 강원도 홍천지역의 농민도 합류했으나, 일본군이 토벌에 나서면서 진압되고 말았다.

조선왕조가 자체 개혁을 추진하지 못한 채, 외세를 이용해 내부 문제를 해결하려 했던 것은 큰 과오가 되었다. 조선 건국 후 200년쯤, 이율곡은 선조에게 시무 10조로 개혁을 주창했지만 당파 논쟁으로 시행되지 못했고 임진왜란, 병자호란을 맞아 국력이 쇠퇴했다. 이후 구한말에 외세를 끌어들인 결과 강대국의 대결장으로 변하고 말았다.

1895년 청일전쟁이 일어났다. 일본 해군은 북양함대를 격파한 후, 요동반도와 여순항, 타이완을 점령했다. 이후 청나라는 시모노세키 조약으로 조선에서 일본의 우월한 위치를 인정하였고, 배상금 2억 냥과 요동반도·타이완, 펑후 제도를 할양했다. 이때 러시아는 한반도와 남만주가 일본의 세력권에 포함될 경우 황해로 나가는 출구를 잃을 것을 염려했다. 그래서 러시아, 프랑스, 독일 3국의 대사들은 "일본이 요동반도를 소유하는 것은 청의 수도에 대한 위협일 뿐 아니라 조선의 독립을 유명무실하게 만드는 것"이라며 요동반도의 반환을 요구하였다. 결국 일본은 3천만 냥의 추가 배상금을 받는다는 조건으로 요동 반도를 반환할 수밖에 없었다. 그러나 일본은 차후 전쟁에 대비해 배상금 2억 량을 모두 투입해 해군력을 확장했다.

1895년 청일전쟁 이후 민비가 도움을 청하기 위해 러시아 공사와 비밀리에 접촉하자, 일본은 을미사변을 일으켜 명성황후를 시해했다. 이에 을미의병이 일어났고, 의병들은 유학자를 중심으로 일반 농민들까지 구성이 다양했다. 1896년 고종은 을미사변 이후 경복궁에 감금당해 명성황후처럼 자신도 죽임을 당할지 모른다는 위협을 느껴 탈출을 시도했다. 처음에는 미국 공사관으로 피신하려 했으나 친위대장의 배신으로 실패했다. 그러나 러시아의 황제가 조선왕실을 보호하기 위해 해군 파견을 승인하자, 인천항에 입항했던 러시아 해군의 호위하에 고종과 순종이 러시아 공사관으로 탈출했다. 이는 을미의병을 진압하기 위해 조선군과 일본군이 지방으로 출전한 상태에서 이루어진 거사였다.

고종은 아관파천 후, 친일파 내각의 총리대신 김홍집, 외부대신 김윤식, 내부대신 유길준, 탁지부대신 어윤중, 군부대신 조희연 등을 면직 또는 체포하도록 명했다. 이에 친일파 내각이 붕괴되었고, 고종은 친러정권을 수립한 뒤, 국호를 대한제국으로 고쳐 황제에 즉위했다. 이때 영국, 미국, 독일만 간접적으로 승인 의사를 표명하였으나 대부분은 크게 주목하지 않았다.

1902년 영국은 러시아가 만주로 진출하는 것을 견제하기 위해 영일동맹을 체결하였다. 그리고 러일전쟁 기간 동안 일본에게 최신예 영국제 군함을 제작하도록 허용했다. 1903년 러시아가 용암포를 점령한 후, '용암포 조차'를 강요하자, 일본과 충돌했다. 1904년 일본이 뤼순 항을 공격해 러시아 전함 2척, 순양함 1척을 파괴하고 인천항에 정박 중인 러시아 함대를 격침시켰다.

당시 고종황제는 중립을 선언했으나 일본이 '한일의정서' 체결을 강요하자, 조미수호통상조약에 따라 미국에게 '거중조정'을 요청했다. 그러나 미국은 일본과 협력해 러시아를 견제하고 필리핀을 병합하는 데에 관심이 있었다. 일본은 '한일의정서'를 체결한 후, 병력과 군수품 수송을 위해 경부·경의선 건설을 서둘렀고 대한제국은 일본의 보호국으로 전락하고 말았다.

1904년 8월 22일 한일 협정서가 체결되었다.

조선이 위기에 처하게 되자, 고종은 1904년 말에 주미 한국공사관 고문이자 콜롬비아 대학 총장인 니담을 통해 미 국무장관에게 밀서를 전달하고, 미국정부가 현존 조약과 저촉되지 않는 범위 내에서 한국의 독립유지에 진력해 줄 것을 요청하였다.

1905년 1월 러시아의 발틱 함대가 일본해군에게 패배당하고, 모스크바에서 공산혁명이 발발하자, 러시아는 종전을 서둘렀다. 이후 1905년 7월 29일 미 육군장관 태프트는 일본 외상 카츠라와 밀약을 맺어 일본의 한반도 지배를 인정하는 절차를 밟았다.

미국의 제26대 시어도어 루스벨트 대통령은 "한국이란 이 세상에서 가장 부패하고 무능한 나라이며, 한국 민족은 가장 문명이 뒤진 미개 인종이다. 한국인은 자치에 적합하지 않으나 일본인은 지성과 활력, 활기가 넘치는 문명 국민이다."라고 평가했다.[143] 그럼에도 고종은 끝까지 미국의 선의를 기대했고, 조미수호통상조약 제1조 '불공경모' 조항을 외세침략으로부터 조선을 구해줄 바람막이로 믿었다.[144]

1905년 7월에 고종은 러일 간의 강화담판이 열린다는 사실을 알고, 한국의 독립을 보장받자는 취지로 이승만을 밀사로 선정하였다. 이때까지 대한제국은 태프트—가츠라 밀약 내용을 몰랐다. 이승만은 루스벨트 대통령과 면담하고 한국의 주권과 독립보전에 대한 청원을 전달했으나 이미 밀약을 통해 일본과 합의한 상태였으므로 특별히 기대할 것도 없는 상황이었다.[145]

결국 러일 강화조약이 일본의 한국보호권을 승인하는 것으로 결정되자, 고종은 미국인 헐버트를 1905년 10월 미국 대통령에게 보내 친서를 통해 1882년 조미조약 제1조의 '거중조정' 조항에 의거하여 미국이 나서서 한일의정서를 파기하고 일본의 침략을 견제해달라고 요청했다. 그러나 일본은 1905년 11월 을사늑약을 강요해 외교권을 박탈하였고, 그해 7월 한일신협약(정미7조약)을 체결하여 조선을 식민지로 만들기 시작했다. 1907년 고종이 헤이그 국제회의에 밀사를 파견해 제2차 '한일협약' 체결의 불법성을 국제여론에 호소했으나 일제는 이를 계기로 고종황제를 강제로 퇴위시키고 순종에게 양위하게 하였다. 1907년 7월 20일 순종이 즉위하여 "헤이그 밀사 이상설, 이위종, 이준은 어떤 음모를 품고 몰래 해외에 달려가 거짓으로 밀사라고 칭하고 나라의 외교를 망치게 하였는가? 중형에 엄히 처결하라." 하였다.

일제는 대한제국의 군대를 해산시켜 저항을 무력화시켰으며 극비리에 '한국병합 실행에 관한 방침'을 각의에서 통과시켰다. 1907년 정미의병은 고종의 강제 퇴위와 군대 해산령에 반발하여 해산된 군인들이 13도 의병을 통합해 서울 진공작전을 계획했다. 그러나 러일전쟁 이후 5년간 일본군이 의병 토벌전을 거치면서 한국병합 때에는 무장세력이 거의 남아 있지 않았다.

1909년 11월 8일 청국과 일본은 '간도협약'을 체결하였다.[146] 원래 도문강 이북의 간도 지역은 조·청 두 나라가 영유권을 주장하여 소속이 확정되지 못했으나 일본 정부가 조선을 배제한 채, 만

주진출의 이권을 대가로 청국 정부와 '간도협약'을 체결해 청국에게 양도했다. 비록 중국이 많은 예산과 학자를 동원해 동북공정의 역사왜곡을 하지만 언젠가는 해결되어야 하고 일본은 결자해지의 자세로 한국을 도와야 할 문제이다.

미국은 대서양에서 영국과 대립하면서 서태평양에서 일본을 동시에 상대하기 어려웠다. 그래서 미국은 1908년 11월에 '루트-다카히라 협정'을 체결해 조선을 일본의 '영토적 속국'으로 인정하여 1910년 일한 병합이 가능하게 되었다. 1910년 8월 22일 일한 병합 조약이 체결되었고, 8월 29일 일본국 황제에게 한국 통치권을 양도하였다.

한일 합방 이후 을사의병은 평민 출신 의병장 신돌석과 머슴 출신 안규홍 등 다양한 신분의 의병장이 나타나 을사늑약의 파기를 주장하였다. 그러나 일제의 토벌 작전으로 만주로 옮겨 항일무장 독립운동 세력이 되었다.

반면 조선 조정은 한일합방 과정에서 오직 왕실의 보존과 특혜에만 관심을 보였다. 일제는 조선왕실의 사직을 보존하며 황실 궁내부를 이왕직으로 개편하고 조선의 왕족, 고관을 일제의 황족, 귀족에 편입하며 한국 황제 및 후예에게 세비를 약속했다. 1917년 6월 순종은 일본에 가서 다이쇼 천황을 알현했다. 영친왕 이은 역시 이토 히로부미의 권유를 받고 일본 육사를 졸업하였으며, 이후 제1항공군사령관을 거쳐 육군 중장이 되었다. 영국, 스페인, 일본, 태국 등 왕실들은 타국의 식민지로 전락하지 않게 국권을 수호하거나 식민지배에서 독립시킨 공로가 있었으나 대한제국 황실은 나라를 식민지로 만들고 몰락해버렸다. 해방 이후, 이승만 대통령이 조선 황실 일족의 입국을 금지시키고 조선 황실의 재산을 국유화시킨 것에 대해 독립운동가들 어느 누구도 이의를 제기하지 않았다.

태평양 전쟁이 끝날 때까지 한민족은 자력으로 독립을 쟁취하기에는 너무도 암담했었다. 대한민국 임시정부는 연합군에 가담하여 일본에 선전포고했지만 국내 진공 직전에 일본이 항복해 결실을 보지 못했다. 일제는 항복 직전까지 미국을 상대로 '조건부 항복'을 협의하였다. '조건부 항복'이란 일본천황의 존속과 조선 영토를 일본에 존속시켜준다면 항복하겠다는 것이었다. 미국은 일본군의 저항으로 피해가 컸기에 이를 수용할 수도 있었다. 만약 '조건부 항복'에 합의했더라면 한국은 독립에 많은 어려움이 있었을 것이다.

1948년 9월 이승만 대통령은 '대마도는 한국 영토이니 일본은 속히 반환하라'는 '대마도 속령에 관한 성명'을 발표했다. 1951년 샌프란시스코 강화조약 작성 과정에서는 미 국무부에 대마도 영유권 반환을 요구했다.

그럼에도 대한민국은 1950년 6월 북한의 남침으로 위기를 맞았다. 이후 유엔군이 극적으로 참전해 한국을 구해 주었고 수많은 원조와 무역으로 한강의 기적을 이루도록 도왔다. 우리 스스로도 '새마을 운동'과 자강불식의 정신으로 한강의 기적을 이룰 수 있었다. 현재 한반도의 평화 통일정책은 세계로부터 지지를 받고 있으므로 북한도 시대의 흐름을 외면할 수 없을 것이다. 동서고금의 역사를 보았을 때, "천하는 한 사람만의 천하가 아니었다. 민심을 함께 해야 천하를 얻을 수 있었고, 천하의 이익을 독점하려 했던 자는 천하가 그를 버렸다."라는 사실은 동서고금의 진리다.

최근 한국인들은 정치, 경제, 문화, 예술 등 다양한 분야에서 저력이 분출하고 있어 세계가 놀라고 있다. 30년 전 일본의 GDP는 한국의 15배 이상이었으나 최근 한국의 1인당 GDP는 일본에 비해 차이가 크지 않다. 이제 21세기를 맞이하면서 한국인은 과거 세대가 사회제도의 제약으로 타고난 역량을 발휘하지 못했던 저력을 지금에 마음껏 발산하고 있다.

역사학자 백암 박은식 선생은 "민족의 혼은 역사에 담기는 것이며, 역사가 존재하면 국혼이 존재하고 나라가 망하지 않는다"라고 했다. 이제 조선과 일본의 역사는 새로운 시각에서 재조명할 필요가 있을 것이다.

21세기 아시아 태평양 시대에 한일 양국의 이해와 협력은 모두에게 도움이 될 것이다. 특히 한국이 통일을 앞둔 시점에 더욱 필요하지 않겠는가?

참고문헌

『조선왕조실록』,『고사기』,『근세 한일관계 사료집』,『동문휘고』,『매천야록』,
『백호전서』,『비변사등록』,『소우기』,『수신사기록』,『승정원일기』,『신증동국여지
승람』,『울릉도·독도 일본사료집』,『일동기유』,『일본서기』,『일본행록』,『조선책
략』,『징비록』,『통신사등록』,『하멜표류기』,『학파실기』,『해동제국기』

김용운,『백제의 왕자들』, 한얼사, 2010.

나종우,『중세의 대일관계』, 원광대학교출판부, 1996.

남의현,『명대 요동지배정책연구』, 강원대출판부, 2008.

동북아역사재단,『조선시대 북방사 자료집』, 동북아재단, 2007.

이덕일,『윤휴와 침묵의 제국』, 다산초당, 2011.

전호원,『간도의 역사』, 파랑새미디어, 2016.

정병준,「샌프란시스코 평화조약의 한반도 관련 조항과 한국정부의 대응」, 국
립외교원 외교협상 사례연구 최종보고서, 2018. 12. 25.

정순태,『여몽연합군의 일본 정벌』, 김영사, 2007.

한일관계사학회,『동아시아의 영토와 민족문제』, 경인문화사, 2008.

호머 헐버트,『대한제국멸망사』, 집문당, 1999.

〈디지털고령문화대전〉

〈위키 백과사전〉

〈한국민족문화대백과사전〉

주석

1   『부산일보』, 2000. 2. 3.

2   2) 성낙준, 「영산강유역의 옹관묘연구」, 『백제문화』, 15, 1983.

3   『한국민족문화대백과사전』, 파형동기

4   『디지털고령문화대전』, 한 · 일 역사학계는 고천원이 후기 가야의 수도였던 고령을 일컫는다는 주장이다.

5   『한국민족문화대백과사전』, 임나

6   일본서기 >권제9 기장족희존(氣長足姬尊)>신공황후(神功皇后) 49년 >미상

7   『위지왜인전(魏志倭人傳)』은 위진남북조 시대의 진수가 쓴 『삼국지』 위서동이전 왜인조이다.

8   김용운, 『백제의 왕자들』, 한얼사, 2010.

9   『일본서기』는 일본 국호가 만들어지고 천황제 통일국가가 완성된 시점에서 편찬되었다. 일본의 건국신화 신대로부터 7세기 말까지 역사를 기록했다. 『일본서기』는 백제가 멸망한 지 수십 년이 채 안 지난 시점에서 편찬된 만큼 백제 측 기록이 풍부하게 반영되었다. 그러나 일본의 자주성과 천황 가문의 신성성을 강조하는 서술 때문에 그대로 믿기는 어렵다. 비록 귀중한 사료는 가득하지만, 내용이 심각하게 과장됐다는 것이 문제다. 『일본서기』(720년)는 『고사기』(712년)와 함께 편찬되었다. 『고사기』는 내부 결속을 위해서, 『일본서기』는 『고사기』보다 신화적이지 않고 사서적 성격이 강하다.

10 『일본서기』, 숭신천황(崇神天皇) 12년 > 3월 >인민의 호구를 조사하여 과역을 파악하라는 명을 내림.

11 『일본서기』, 숭신천황(崇神天皇) 12년 > 9월 >인민을 조사하여 조역(調役)을 부과함.

12 『일본서기』, 경행천황(景行天皇) 56년 > 8월 >

13 『일본서기』, 중애천황(仲哀天皇) 9년 > 2월 >

14 『일본서기』, 응신천황(應神天皇) 16년 > 2월

15 나종우, 『중세의 대일관계』, 원광대학교출판부, 1996.

16 『백제신찬』은 일본의 가장 오래된 정사 『일본서기』에 나와 있는 백제삼서 중의 하나이다. 백제의 곤지를 시조로 하는 집단의 가전일 가능성이 높은 것으로 알려져 있으며, 현전하지 않는다.

17 『프레시안』김운회의 '새로 쓰는 한일고대사 (2008년 12월 5일)

18 흠명천황(欽明天皇) 23년 > 1월 > 신라가 임나를 멸망시킴.

19 흠명천황(欽明天皇) 23년 >6월 > 신라가 임나를 멸망시킨 것에 대해 분개함.

20 민달천황(敏達天皇) 12년 > 7월 >

21 황극천황(皇極天皇) 4년 > 6월

22 『위키 백과사전』, 다이카 개신.

23 『일본서기』 제명천황(齊明天皇) 6년 > 10월 >왕자 풍장 등과 구원병을 보내고자 함.

24 『일본서기』 천지천황(天智天皇) 2년 > 9월 >백제의 주유성이 당에 항복함.

25 日本 역사지리 16권 6호.

26 『일본서기』 천지천황(天智天皇) 3년 > 미상 >대마도 등에 방어를 강화하고 축자에 수
  성을 쌓음.

27 『일본서기』 권20 비다쓰(敏達) 천황 원년(572)부터 권30 지토(持統) 천황 10년(696)까
  지 기록 참조.

28 『일본서기』 천지천황(天智天皇) 3년 > 2월 >관위(冠位)를 26개로 확대 개편함.

29 『일본서기』 천지천황(天智天皇) 5년 > 미상

30 『일본서기』 천지천황(天智天皇) 6년 > 3월

31 『일본서기』 천지천황(天智天皇) 8년 > 3월

32 『삼국사기』 신라본기 670년 문무(文武10년12월)조에 왜국이 국호를 바꿔 일본이라 하
  였다. '倭國更號日本. 自言近日所出以爲名' 한편 중국의 '구당서' '동이전(東夷傳)'에는 서
  기 670년 왜가 일본으로 국호를 바꾼 배경을 다음과 같이 설명하였다. "日本國者倭之
  別稱也 以其國在日處故爲名.或曰倭國自惡其名不雅.故改爲日本"

33 '속일본기'(789년) 기록이다. '황태후의 성은 화씨(和氏)이고 이름은 신립(新笠)이다. 황
  태후의 선조는 백제 무령왕의 아들인 순타 태자다.'

34 『日本紀略』 後篇 6, 天祿 3년 9월.

35 『日本紀略』 後篇 6, 天延 2년 윤 10월.

36 『高麗史』 권 7, 世家 7, 문종 10년 10월 기유.

37 『水左記』, 承曆 4년 윤 8월.

38 앞의 글.

39 『高麗史』 권 35, 世家 25, 원종 4년 4월.

40 『高麗史』 권 35, 世家 25, 원종 4년 4월.

41 하우봉, 「전근대시기 한국과 일본의 대마도 인식」, 동북아 역사논총, 41호.

42 『高麗史』 권 35, 世家 25, 원종 4년 4월.

43 정순태, 『여몽연합군의 일본 정벌』, 김영사, 2007, p.80.

44 『한국민족문화대백과사전』, 왜구.

45 태조 1권 총서 49번째 기사.

46 남의현, 『명대 요동지배정책연구』, 강원대출판부, 2008, pp.174-75.

47 태조 8권, 4년(1395 을해 / 명 홍무(洪武) 28년) 12월 14일(계묘) 2번째 기사.

48 태조 3권, 2년(1393년) 5월 23일.

49 태조 3권, 2년(1393 계유/ 명 홍무 26년) 5월 25일(기사) 2번째 기사.

50 태조 11권, 6년(1397 정축 / 명 홍무(洪武) 30년) 4월 17일(기해) 1번째 기사.

51 아시카가 다카우지가 1336년에 무로마치 막부를 제정하고 1338년 쇼군에 취임하고부
    터, 15대 쇼군 요시아키가 1573년 오다 노부나가에 의해 추방당하기까지의 237년간을
    가리킨다.
52 태조실록 10권, 태조 5년 11월 17일 신미 1번째 기사 1396년 명 홍무(洪武) 29년.
53 태조실록 11권, 태조 6년 5월 6일 정사 1번째 기사 1397년 명 홍무(洪武) 30년.
54 태조실록 12권, 태조 6년 12월 25일 계묘 3번째 기사 1397년 명 홍무(洪武) 30년.
55 정종실록 2권, 정종 1년 7월 10일 무인 6번째 기사 1399년 명 건문(建文) 1년.
56 태종 7권, 4년(1404 갑신 / 명 영락(永樂) 2년) 5월 19일(기미) 4번째 기사.
57 16세기 중엽까지 모두 60여 차례 국왕사가 조선을 찾았고, 조선도 1473년까지 막부에
    통신사절을 파견했다. 『세종실록』에는 쇼군가의 본성인 미나모토(원)를 성씨로 써서 미
    나모토노 요시모치(원의지)라고 되어 있다.
58 송희경은 2달이 지나서야 세종의 국서를 전할 수 있었다. 일본 관리들이 명 연호 대신
    일본연호를 써야 한다고 강요했으나 공은 구금을 당하였어도 교린의 필요성을 이야기
    하니 일본 관리도 왜왕을 설득하여 국서를 전할 수 있었다. 1420년 일본 사신으로, 여
    행했던 기록을 『일본행록』이라 이름 붙였다.
59 왜의 사신이 가지고 오던 신임장. 대마도주 종씨가 발행하였는데, 그 안에는 사신 일행
    의 수, 조선에서 머무는 포구, 체류 일자 등이 자세히 적혀 있었다.
60 노송 선생의 『일본행록(日本行錄)』 2월28일.
61 세종실록 13권, 세종 3년 10월 4일 계사 3번째 기사 1421년 명 영락(永樂) 19년.
62 세종실록 31권, 세종 8년 1월 18일 계축 3번째 기사 1426년 명 선덕(宣德) 1년.
63 세종실록 32권, 세종 8년 5월 21일 갑인 2번째 기사 1426년 명 선덕(宣德) 1년.
64 세종실록 34권, 세종 8년 11월 26일 을묘 2번째 기사 1426년 명 선덕(宣德) 1년.
65 세종 58권, 14년(1432 임자 / 명 선덕(宣德) 7년) 12월 9일(갑오).
66 세종 59권, 15년(1433 계축 / 명 선덕(宣德) 8년) 3월 20일(계유) 1번째 기사.
67 세종 60권, 15년(1433 계축 / 명 선덕(宣德) 8년) 6월 29일(경술) 1번째 기사.
68 세종 92권, 23년(1441 신유 / 명 정통(正統) 6년) 1월 29일(정묘) 2번째 기사.
69 세종실록 73권, 세종 18년 윤6월 27일 신묘 1번째 기사 1436년 명 정통(正統) 1년.
70 세종실록 75권, 세종 18년 12월 26일 정해 7번째 기사 1436년 명 정통(正統) 1년.
71 세종실록 76권, 세종 19년 1월 30일 경신 2번째 기사 1437년 명 정통(正統) 2년.
72 세조 9년에 정척, 양성지가 제작한 『동국지도』에는 윤관장군이 '고려지경(高麗之境)' 비
    석을 세운 선춘령 위치가 속평강 수분하 위, 두만강 유역에서 목단강을 따라 구개원에
    이르는 납단부 동북육로의 동쪽 근처라고 기록되어 있다. 한편 『동국여지승람』에는 회
    령, 고령진-두만강 건너 고라이-오동참-영가참을 지나 소하강 강가에 공험진 옛터가 있
    다고 했다. 그리고 『신증동국여지승람』 권50 회령도호부조에는 회령 고령진-두만강너
    머 고라이-오동참-영가참을 지나 소하강 강가에 공험진 옛터가 있으며 선춘령은 두만
    강 북쪽 700여 리에 '고려지경'이란 문장을 새긴 비석이 남아 있다고 기록하고 있다. 공
    험진까지가 조선의 강역이란 인식은 18세기 중엽의 대표적 관방지도 『서북피아양계만

리일람지도』에도 계승되어 선춘령비가 두만강 이북에 그려져 있다.

73 세종실록 100권, 세종 25년 6월 14일 정유 1번째 기사 1443년 명 정통(正統) 8년.

74 세종실록 101권, 세종 25년 7월 18일 신미 2번째 기사 1443년 명 정통(正統) 8년.

75 세종실록 104권, 세종 26년 5월 19일 무진 1번째 기사 1444년 명 정통(正統) 9년.

76 세조실록 7권, 세조 3년 4월 2일 을미 1번째 기사 1457년 명 천순(天順) 1년.

77 세조실록 15권, 세조 5년 1월 10일 계사 2번째 기사 1459년 명 천순(天順) 3년.

78 세조 8권, 3년(1457 정축 / 명 천순(天順) 1년) 7월 29일(경인) 2번째 기사.

79 세조 17권, 5년(1459 기묘 / 명 천순(天順) 3년) 7월 19일(무술) 1번째 기사.

80 세조 25권, 7년(1461 신사 / 명 천순(天順) 5년) 9월 5일(임인) 2번째 기사.

81 성종실록 13권, 성종 2년 11월 2일 경자 3번째 기사 1471년 명 성화(成化) 7년.

82 성종 263권, 23년(1492 임자 / 명 홍치(弘治) 5년) 3월 13일(계미) 6번째 기사.

83 연산 14권, 2년(1496 병진 / 명 홍치(弘治) 9년) 윤3월 21일(무진) 2번째 기사.

84 연산군 일기 38권, 연산 6년 8월 22일 갑진 2번째 기사 1500년 명 홍치(弘治) 13년.

85 연산 43권, 8년(1502 임술 / 명 홍치(弘治) 15년) 4월 30일(신미) 3번째 기사.

86 중종 5년(1510) 일본인 거류민의 폭동 사건. 3포에 거류하던 일본인의 숫자를 계해조약 당시 60명으로 제한했으나 세종 말년에 2천 명으로 불어났다. 중종 5년에 대마도 종씨의 군사 4~5천 명이 폭동을 일으켜 제포와 부산포까지 함락시켰으나, 황형과 유담년에 의해 진압되었다.

87 중종실록 91권, 중종 34년 8월 10일 갑술 2번째 기사 1539년 명 가정(嘉靖) 18년.

88 스페인이 볼리비아에서 사용했던 은정제법은 수은아말감 공법으로 은을 제련하면서 수은가스 중독으로 인디오 800만 명이 희생됐지만 일본은 조선의 기술로 인명 피해를 줄일 수 있었다.

89 명종 9권, 4년(1549 기유 / 명 가정(嘉靖) 28년) 10월 17일(계축) 2번째 기사.

90 명종실록 19권, 명종 10년 12월 7일 정유 2번째 기사 1555년 명 가정(嘉靖) 34년.

91 명종실록 20권, 명종 11년 2월 29일 무오 1번째 기사 1556년 명 가정(嘉靖) 35년.

92 명종실록 22권, 명종 12년 1월 19일 계유 1번째 기사 1557년 명 가정(嘉靖) 36년.

93 명종실록 25권, 명종 14년 4월 6일 정미 1번째 기사 1559년 명 가정(嘉靖) 38년.

94 명종 32권, 21년(1566 병인 / 명 가정(嘉靖) 45년) 1월 11일(계묘) 2번째 기사.

95 선조실록 9권, 선조 8년 3월 17일 병진 2번째 기사 1575년 명 만력(萬曆) 3년.

96 선조실록 27권, 선조 25년 6월 24일 임자 1번째 기사 1592년 명 만력(萬曆) 20년.

97 선조실록 27권, 선조 25년 6월 26일 갑인 8번째 기사 1592년 명 만력(萬曆) 20년.

98 선조실록 47권, 선조 27년 1월 22일 신축 5번째 기사 1594년 명 만력(萬曆) 22년.

99 선조실록 83권, 선조 29년 12월 21일 계미 3번째 기사 1596년 명 만력(萬曆) 24년.

100 선조실록 84권, 선조 30년 1월 27일 무오 3번째 기사 1597년 명 만력(萬曆) 25년.

101 선조실록 91권, 선조 30년 8월 18일 병자 2번째 기사 1597년 명 만력(萬曆) 25년.

102 김현구, 『김현구 교수의 일본 이야기』, 창작과 비평사, 1996.

103 근세 한일관계 사료집 > 사쿠마 진파치 보고서 >세이분은(正文銀)과 게이초은(古銀)의

시세.

104 선조실록 212권, 선조 40년 6월 20일 신해 2번째 기사 1607년 명 만력(萬曆) 35년.

105 광해 128권, 10년(1618 무오 / 명 만력(萬曆) 46년) 5월 29일(병진) 3번째 기사.

106 인조 15권, 5년(1627 정묘 / 명 천계(天啓) 7년) 1월 28일(병신) 9번째 기사.

107 근세 한일관계 사료집 > 야나가와 시게오키 구지 기록 > 야나가와 시게오키 구지 기록 상(上).

108 인조실록 45권, 인조 22년 7월 12일 정유 3번째 기사 1644년 명 숭정(崇禎) 17년.

109 효종 19권, 8년(1657 정유 / 청 순치(順治) 14년) 10월 25일(갑오) 1번째 기사.

110 『몽배금태조(夢拜金太祖)』, 저자 백암 박은식 선생은 상해 임시정부 대통령, 독립운동가, 역사학자였다.

111 효종실록 14권, 효종 6년 4월 25일 기묘 4번째 기사 1655년 청 순치(順治) 12년.

112 현종개수실록 8권, 현종 4년 6월 16일 임자 1번째 기사 1663년 청 강희(康熙) 2년.

113 현종개수실록 9권, 현종 4년 8월 8일 계묘 3번째 기사 1663년 청 강희(康熙) 2년.

114 현종실록 19권, 현종 12년 8월 27일 을사 1번째 기사 1671년 청 강희(康熙) 10년.

115 양반은 상아, 일반 선비는 녹각, 평민·노비는 목패를 패용하는 것은 위화감을 불러일으키는 원인이므로 모든 사람들이 종이에 신분을 적어 주머니에 차고 다니는 지패를 소지하자고 했다.

116 백골징포와 황구첨정 등으로 군포를 거두는 것과 도망친 농민, 상인의 몫까지 부과하는 연좌제는 커다란 폐단이었다.

117 숙종실록 5권, 숙종 2년 1월 13일 병신 2번째기사 1676년 청 강희(康熙) 15년.

118 숙종실록 5권, 숙종 2년 3월 4일 병술 4번째기사 1676년 청 강희(康熙) 15년.

119 숙종실록 7권, 숙종 4년 8월 20일 무자 1번째기사 1678년 청 강희(康熙) 17년.

120 근세 한일관계 사료집 > 사쿠마 진파치 보고서 >쓰시마의 조선 무역.

121 근세 한일관계 사료집 >「사쿠마 진파치 보고서(佐久間甚八報告書)」 참고.

122 울릉도·독도 일본사료집 >죽도기사본말> 소 요시자네의 경과보고와 아베 분고노가미의 의견.

123 張杰, 「柳條邊, 印票與靑朝東北封禁新論」, 『中國封疆史地研究』, 1999-1, p.80.

124 『靑史稿』, 本紀, 嘉慶 17(1812) 1000여 리가 넘는 공광지가 유조변 밖에 있음을 설명하고 있다.

125 숙종 50권, 37년(1711 신묘 / 청 강희(康熙) 50년) 5월 26일(갑인) 2번째 기사; 고려 말 이성계는 동북면 지역으로부터 설한령을 넘어 북원의 나하추를 요격하여 격퇴시킨 바 있는 전략적 단기 접근로이다.

126 정계비 비면에 '오라총관 목극등, 봉지사변, 지차심시, 서위압록, 동위토문, 고어분수령, 륵석위기, 강희 오십일년 오월십오일'이라 각서하고 양쪽의 수행원 명단을 열기하였다. 정계비에 의하면 서간도 지역은 중국 영토가 되나 북간도 지역과 연해주는 조선의 강역에 해당된다.

127 숙종실록 65권, 숙종 46년 1월 5일 임신 2번째 기사 1720년 청 강희(康熙) 59년.

128 『과학동아』, 2004년 10월호.

129 『승정원일기』, 1000책, 영조, 22년 윤3월 26일.

130 『청고종실록』, 권270, 건륭 11년 7월 무신.

131 『청고종실록』, 권270, 건륭 11년 7월 을묘.

132 순조실록 12권, 순조 9년 11월 15일 신미 2번째기사 1809년 청 가경(嘉慶) 14년.

133 ① 애강(압록강) 서안에 카륜 3좌 추가 설치 ② 계절마다 실시하던 통순을 봄, 가을에만 실시 ③ 3년마다 변외 순사 ④ 통순 때마다 조선 지방관과 회초 실시 ⑤ 변문 출입자에 대한 등록과 검사 ⑥ 애강, 혼강이 합류하는 삼도랑두에 관병 추가 배치에 관한 것이다. 『동문휘고』 원속편 강계 I 은 압록강 서안 변외 지역의 관리 체제 수립 및 운영, 즉 '통순·회초 시스템'에 관한 것이다.

134 『조선시대 북방사』, 동북아역사재단, pp.33-34.

135 고종실록 13권, 고종 13년 1월 25일 정사 4번째 기사 1876년 조선 개국(開國) 485년.

136 고종실록 13권, 고종 13년 5월 3일 계사 1번째 기사 1876년 조선 개국(開國) 485년.

137 고종실록 16권, 고종 16년 7월 9일 신사 1번째 기사 1879년 조선 개국(開國) 488년.

138 『중종실록』, 13년 4월 28일.

139 국사편찬위원회, 사료로 본 한국사 > 시대별 > 근대 > 정치 > 개항과 불평등 조약.

140 1882년(고종 19)에서 1883년까지 청 예부에서 보낸 자문에 대한 회답인 1882년 <5월 5일자 계문>, <5월 9일자 계문>은 청이 조선에 통지한 자문을 조선이 접수하였다는 내용이다.

141 첫째, 『흠정황조통전』의 <변방문 흠정황조4예>에는 길림과 조선은 도문강을 경계로 한다고만 되어 있을 뿐 두만이라는 지류가 없고 둘째, 『황조일통여도』에도 청과 조선은 도문, 압록 두강을 동서 양계로 할 뿐 소도문이라는 강이 없다는 것이며, 셋째, 두만강은 도문강의 전음이라 실로 하나의 강이며 조선에서는 1712년에 목극등이 정계비를 세웠다고 하지만 총관이라는 명칭이 순치제 초기의 것이므로 믿을 수 없다고 강변하였다.

142 한승연, 『매천야록』, 한누리미디어, 2009, pp.146-152.

143 『서울경제』, 2016. 7. 29.

144 조선과 미국은 제3국으로부터 부당하게 업신여김을 당하면 서로 문제 해결을 알선하며 돕는다는 의미.

145 「시어도어 루스벨트의 대일 비밀조약(Theodore Roosevelt's Secret Pact with Japan)」 논문 내용은 1924년에 와서 미국 외교사학자 타일러 데넷에 의해 비로소 밝혀졌다. 그러나 1959년 미국 역사학자 레이먼드 에스더스는 '가쓰라-태프트 데넷의 견해를 비판했다. 어떤 견해가 맞는지 속단할 수 없다. 그러나 밀약이든 구두합의든 일본은 밀약이 오간 뒤 100여 일이 지나 을사늑약을 체결해 대한제국을 보호국으로 삼았고 미국은 가장 먼저 외교공관을 철수했다.

146 순종실록 3권, 순종 2년 11월 8일 양력 1번째 기사 1909년 대한 융희(隆熙) 3년.